Alfred Georg Frei · Kurt Hochstuhl

Wegbereiter der Demokratie

Die badische Revolution 1848/49
Der Traum von der Freiheit

G. Braun

Bildnachweis

Badische Landesbibliothek, Karlsruhe: 23
Badisches Landesmuseum, Karlsruhe: 6
Generallandesarchiv, Karlsruhe: 10, 19, 31, 79, 133, 147, 152/153, 156/157, 160/161, 169, 171
Hauptstaatsarchiv, Stuttgart: 69
Staatliche Graphische Sammlung, München: Umschlag
Stadtarchiv, Heilbronn: 176
Stadtarchiv, Karlsruhe (8PBS III, 530): 25
Stadtarchiv, Offenburg: 45, 64/65
Franz-Xaver Vollmer, Freiburg: 11, 81

G.BRAUN BUCHVERLAG 🄱🄱

© 1997 G. Braun GmbH & Co.
Karl-Friedrich-Str. 14–18, 76133 Karlsruhe

Die Deutsche Bibliothek – CIP-Einheitsaufnahme

Wegbereiter der Demokratie : die badische Revolution 1848/49;
der Traum von der Freiheit / Alfred Georg Frei ; Kurt Hochstuhl. –
Karlsruhe : Braun, 1997
ISBN 3-7650-8168-X

Inhalt

Die badische Krone (1811)

Die neue badische Krone

Die Krone der badischen Großherzöge besteht aus einem mit Pappe verstärkten Drahtgerüst. Sie wurde in hoher Eile zusammengeschustert und stammt von 1811 – eine im Vergleich sehr junge Krone. Sie ist so jung und neu wie der badische Staat: Erst 1806 waren die ehemaligen badischen Markgrafen vom französischen Eroberer Napoleon zu Großherzögen ernannt worden. Auch Großherzog Karl Friedrich (1728–1811) wäre gerne König geworden – wie die Herrscher der Württemberger oder der Bayern. Er scheiterte jedoch mit diesem Ansinnen. Immerhin wollte er Kroninsignien: Krone, Zepter, Schwert. Doch die Juweliere, die sich ans Werk machten, schafften es nicht mehr rechtzeitig. Bei den Begräbnisfeiern für Karl Friedrich wurde die Krone seinem Sarg vorangetragen.

Die Krone ist mit insgesamt 2451 Edelsteinen besetzt. Sie stammen zum Teil aus dem Hofkirchenschatz in Rastatt. Dorthin waren die Monstranzen, Kreuze und Kelche gelangt, als um 1803 Kirchengüter dem badischen Staat einverleibt wurden. So ist die Krone in doppelter Hinsicht Symbol des neuen badischen Staates: Er wurde sehr rasch zusammengebaut. Viele früher selbständige oder zu anderen Staaten gehörende Teile kamen so unter badischer Herrschaft zusammen.

Die Gründungsgeschichte des neuen Baden und seine Nähe zu Frankreich sollten weniger als 50 Jahre später Konsequenzen haben. In Baden entstanden Gedanken, die unseren heutigen demokratischen Grundrechten den Weg bereitet haben. Das ist Thema dieses Buches: Die Grundrechtsbewegung der Jahre 1848 und 1849, in der viele Badener ein freies und einheitliches Deutschland forderten. Sie wurden damit zu Wegbereitern der Demokratie.

Wir wollen zunächst schlaglichtartig einige Biografien vorstellen – Staatsbeamte, Bankiers, Bürger, Bauern, Handwerker, die für und gegen die Revolution waren. In ihnen werden die Forderungen nach einem einheitlichen Deutschland, nach Freiheit und der Einsatz für soziale Rechte deutlich.

Im einzelnen geht es um

Sigismund von Reitzenstein (1766–1847), der im Geist der Aufklärung die vielen Teile des neuen badischen Staates zusammenzufügen versuchte.

Moritz von Haber (1798–1874), der als Jude zwischen Adel, Hof und Bürgertum lebte – und damit in der Spannung zwischen Anpassung und Antisemitismus. Seine Biografie repräsentiert zugleich die Hofgesellschaft, die allzu sehr mit sich selbst beschäftigt, widersprüchlich und bestenfalls passiv gegenüber der demokratischen Revolution war.

Friedrich Daniel Bassermann (1811–1855), der als Mannheimer Handelsbürger und führender Liberaler ein einheitliches und freies Deutschland forderte.

Gustav von Struve (1805–1866), ein Jurist für Freiheit und Gleichheit.

Die Sulzfelder Bauern, die gegen Reste feudaler Abhängigkeit ankämpften.

Simpert Speer, geboren 1813 in Konstanz, der als Schuhmachermeister für Schutz seiner sozialen Existenz und gegen den Sturz ins Elend kämpfte.

Sodann folgen die Stationen der badischen Revolution
von der Offenburger Versammlung 1847 bis zum Hecker-Zug,
der Herbst der Revolution 1848,
die Grundrechtsbewegung 1849,
die militärische Auseinandersetzung,
Niederlage und Unterdrückung der „Wegbereiter der Demokratie".

Staatsgründer, Lebemänner, Bürger, Bauern, Handwerker.
Ein Panorama der badischen Gesellschaft

Sigismund von Reitzenstein (1766–1847)
Der Konstrukteur des neuen badischen Staates: „Der Garten
Deutschlands voller Unkraut"

Sigismund von Reitzenstein entstammte einer fränkischen Soldatenfamilie. Das Studium an den Universitäten Göttingen und Erlangen bereitete ihn für den Beamtendienst vor. Im Jahr 1788 bewarb er sich mit Erfolg um eine Stelle im badischen Dienst. Er wurde Hofrat und Kammerherr des Markgrafen Karl Friedrich, eines Monarchen, der seine absolute Herrschaft mit den Gedanken der Aufklärung verband. So schaffte er die Leibeigenschaft und die Folter ab. 1792 ernannte er Reitzenstein zum Landvogt der Landgrafschaft Sausenberg und der Herrschaft von Rötteln mit Sitz in Lörrach. Bald hatten Lörrach und andere Gegenden unter der Einquartierung der österreichischen Besatzung zu leiden, die den verbündeten Monarchen zu Hilfe eilen wollten, um der französischen Bürger-Regierung das Lebenslicht auszublasen, das sie 1789 gerade erst erblickt hatte.

Allerdings stand das Kriegsglück auf Seiten der Franzosen mit ihrer Volksarmee. 1796 überrannten sie Süddeutschland. Reitzenstein verhandelte im Auftrag des Markgrafen und des badischen Geheimen Rats mit Frankreich. Er vereinbarte einen Waffenstillstand, auf dessen Grundlage er in Paris einen Friedensvertrag erreichen wollte. Am 22. August 1796 schloß er diesen Vertrag ab, der den badischen Markgrafen in „Friede, Freundschaft und gutem Einvernehmen" mit der französischen Republik verband. Als Entschädigung für die an Frankreich abgetretenen linksrheinischen Gebiete erhielt Baden 1802 das Bistum Konstanz, die rechtsrheinischen Teile der Bistümer Speyer, Straßburg und Basel, die Grafschaft Hanau-Lichtenberg, die Reichsstädte Offenburg, Zell, Gengenbach, Überlingen, Biberach, Pfullendorf und Wimpfen, die Abteien Schwarzach, Frauenalb, Lichtental, Allerheiligen, Gengenbach, Ettenheimmünster, Petershausen und Salmannsweiler, dazu noch weitere Gebiete – und

9

*Sigismund von
Reitzenstein (1766–1847)*

die Kurfürstenwürde. 1806 wurde der badische Kurfürst zum Großherzog
ernannt. Er bildete mit Napoleon und den anderen süddeutschen Monarchen den Rheinbund und erhielt das vorderösterreichische Gebiet mit
Freiburg als Hauptstadt des Breisgaus, die rechtsrheinische Kurpfalz genauso wie das Gebiet früherer Ritterschaften und der Standesherren wie
der Fürsten von Fürstenberg, von Leiningen, von Löwenstein. Diese Standesherren verstanden sich aber als mit dem Großherzog auf einer Stufe
stehend. Reitzenstein formulierte hingegen als Ziel, „einem zwar um das
Doppelte vermehrten, aber aus einer Menge heterogener Bestandteile
zusammengesetzten Lande eine durchaus neue Gestalt zu geben."

Die ehemals kleine Markgrafschaft vergrößerte sich beinahe auf
das Vierfache – von 3.900 auf 14.000 Quadratkilometer. Aus den 1771
in der Hand Karl Friedrichs vereinigten Markgrafschaften Baden-Durlach und Baden-Baden war ein deutscher Mittelstaat geworden. Er umfaßte nun 900.000 Einwohner; die Markgrafschaften hatten 165.000

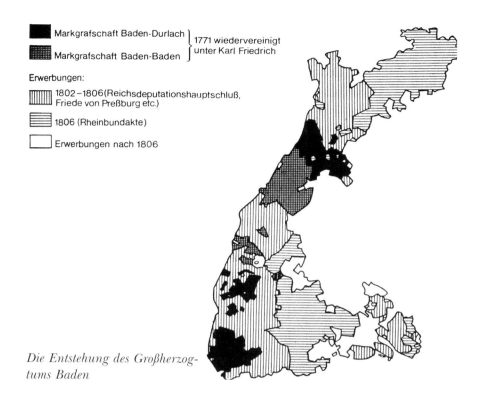

Markgrafschaft Baden-Durlach ⎱ 1771 wiedervereinigt
Markgrafschaft Baden-Baden ⎰ unter Karl Friedrich

Erwerbungen:

1802–1806 (Reichsdeputationshauptschluß,
Friede von Preßburg etc.)

1806 (Rheinbundakte)

Erwerbungen nach 1806

*Die Entstehung des Großherzog-
tums Baden*

Einwohner gezählt. Neu-Baden hatte damit unter den deutschen Flächenstaaten eine hohe Bevölkerungsdichte.

Der Reitzenstein-Biograph Franz Schnabel schreibt jedoch von „zahlreich spielenden Intrigen am Hofe des bejahrten und unsicheren Kurfürsten". Bei seinem Thronfolger, dem Kurprinzen Karl, handelte es sich um einen „weichen und energielosen Jüngling", der aber wenigstens die große Gunst wahrnahm, 1803 mit Napoleons Stieftochter Stéphanie de Beauharnais (1789–1860) verheiratet zu werden.

Reitzenstein schied aufgrund dieser Intrigen 1806 aus der badischen Regierung aus und widmete sich in Heidelberg als ehrenamtlicher Kurator mit Eifer der Universität, staatlicher Verwalter der Hochschule also. Der Geist der Aufklärung sollte die ehemals kurpfälzische Hochschule durchziehen, doch die „Intriguen" in der Karlsruher Regierung behinderten seine Reformpolitik auch hier. So legte er im Oktober 1807 das Heidelberger Ehrenamt nieder und suchte Erholung im südli-

11

chen Frankreich. Innenpolitisch stellte sich die Situation widersprüchlich dar. Der Verwaltungshistoriker Joachim Eibach urteilt über die Zeit der versuchten und verwirklichten Reformen bis 1809: „Das Verhältnis zwischen dem das Gewaltmonopol anstrebenden modernen Staat und dem auf feudalen Rechten beharrenden Adel war in der Reformära undefiniert geblieben." Die ehemaligen Standesgenossen verstanden sich noch immer dem Großherzog gegenüber als gleichwertig. Sie verfügten in der Regierung über viele Fürsprecher. Der neue Staat brauchte Geld – Geld für Napoleon, Geld für die hohen Schulden, die von den ehemaligen selbständigen Herrschaften auf den neuen Staat übergegangen waren. Stabilität hätte nur eine straffe Bürokratie bringen können, die das Funktionieren des neuen Staates sicherstellte.

Doch die Politik kam nicht von der Stelle. Da besannen sich der Großherzog und der Erbgroßherzog auf den abgeschobenen Reformer. Aber wo war dieser? Reitzenstein wurde 1809 in Montpellier aufgestöbert. „Halbe Maßnahmen genügten jetzt nicht mehr", schreibt Franz Schnabel dazu. „Wenn die Staatsmaschine nicht stillstehen und zusammenfallen sollte, dann mußte man sich nun endgültig mit dem Gedanken vertraut machen, den Reitzenstein schon so oft eingehend entwickelt hatte: man mußte den notwendigen Neubau der Staatsverwaltung durchführen", oder, mit Reitzensteins Worten: „das ganze Gebäude auf völlig neuen Fundamenten aufrichten."

Allerdings stellte Reitzenstein für eine Rückkehr nach Baden dem Großherzog Bedingungen. Er meinte, daß Baden „der Garten Deutschlands" sei, „aber zugewachsen von Ranken und von Unkraut … es braucht starke Arme, um es auszureißen; er muß dann von treuen Gärtnern gehegt und gepflegt werden und darf nicht abgefressen werden wie bis jetzt von einer Herde ungebärdiger Tiere."

Die Lage war so katastrophal, daß sich der Erbgroßherzog zur folgenden Radikalkur bereit erklärte. Nach französischem Vorbild faßte Reitzenstein die Amtsbezirke in Kreise zusammen – wie die *départements*. An die Spitze stellte er einen dem Präfekten nachempfundenen Direktor. Die Kreise waren am grünen Tisch von der Regierung abgezirkelt worden: nach Einwohnerzahl, Verkehrsverbindungen, Größe. Laut großherzoglichem Edikt vom 26. November 1809 waren es zehn Kreise, deren Zahl ein Jahr später auf neun verringert wurde. Die Zentrale setzte die Hierarchie fort: die Ministerien waren als Fachressorts mit dem Kabinettsministerium an der Spitze aufgebaut. Seine Reformen richteten sich gegen die traditionelle, historisch gewachsene Gliederung der Regionen und durchkreuzten die alten Grenzen von Fürstentümern, Grundherrschaften und Klöstern.

Napoleon verlangte Gegenleistungen dafür, aus der ehemals kleinen Markgrafschaft ein Großherzogtum gemacht zu haben. Laufend flossen Zahlungen nach Frankreich. Und 1812 mußten 7.000 Badener als Soldaten mit ihm nach Rußland ziehen. Die glücklicheren unter ihnen gerieten in russische und preußische Gefangenschaft, andere kamen als Krüppel oder gar nicht mehr zurück. Wegen des gescheiterten Rußland-Feldzuges begann Napoleons Stern zu sinken.

1813 schloß sich Baden auf Anraten Reitzensteins den Siegermächten an, die auf dem Wiener Kongreß 1815 das alte Europa nach der Niederlage Napoleons wiederherstellen wollten. Wie sollte das Schicksal des Landes Baden aussehen, das doch ein Kind Napoleons war? Es war Zar Alexander, der dabei half, Baden 1815 über die Klippe des Wiener Kongresses zu hieven. Der politische Todfeind Napoleons rettete so ein Land, das wie kein anderes mit Napoleon und der Französischen Revolution verbunden war. Schon hatten die Könige von Bayern und Württemberg begierig ihre Finger ausgestreckt: die Württemberger zur Begradigung ihrer Grenzen und um einen Zugang zum Rhein zu bekommen, die Bayern hatten den Verlust der rechtsrheinischen Kurpfalz noch nicht verschmerzt. Zum Wirken des russischen Zaren für den Fortbestand Badens mag die Heiratspolitik der badischen Markgräfin Amalie (1754–1832) beigetragen haben. Die gebürtige Prinzessin von Hessen-Darmstadt war zwar nie Großherzogin geworden, denn ihr Mann, der Sohn von Karl Friedrich, verunglückte im Jahr 1801 tödlich in Schweden, bevor er auf den badischen Thron gelangen konnte. Beim Verheiraten ihrer Töchter aber war sie erfolgreich. Die beste Partie machte Prinzessin Luise (1779–1826) durch ihre Heirat mit Alexander I., dem angehenden Zaren von Rußland (1777–1825). Diese Verbindung hatte für die diplomatischen Geschicke des Großherzogtums eine große Bedeutung.

So war der Jubel verständlich, der in Karlsruhe ausbrach, als Zar Alexander Ende November 1818 nach Baden zu Besuch kam. Auf einem der vielen Transparente stand geschrieben:

> „Hoch lebe Kaiser Alexander!
> Er ist unser bester Verwandter"

Die Aufgabe, Baden politisch zu einem Land zu machen, blieb bestehen. Das zwang einmal dazu, dem Staat auf allen Gebieten, in der Verwaltung, im Recht, in der Wirtschaft, im Schulwesen, in der Heeresorganisation, im religiösen wie im kulturellen Bereich eine einheitliche Form zu geben. Es ging darum, das Gewaltmonopol des Staates gegen überlieferte standesherrliche, reichsstädtische und kirchliche Rechte durchzusetzen. Gleichartige und landesweite Organisation der Verwaltung war das Leitwort, mit dem ganz Baden zu einer Einheit geschmiedet werden sollte. Doch dies allein genügte nicht. Gleichzeitig ging es darum, den Prozeß der Vereinheitlichung der staatlichen Einrichtungen zu ergänzen: im Volk sollte ein Staats- und Einheitsbewußtsein geweckt und die Identifikation mit dem neuen Staat gefördert werden.

Dies war nur möglich, wenn man das Volk in irgendeiner Form am Staat beteiligte, ihm das Gefühl der Mitverantwortung für die Geschicke des Landes gab. Dies waren die Gedanken, die zur badischen Verfassung von 1818 geführt haben.

Staatsrat Karl Friedrich Nebenius (1784–1857) von der großherzoglichen Regierung erarbeitete eine Verfassung. Sie wollte das Bürgertum an den badischen Staat binden. Noch auf dem Sterbebett unterschrieb Großherzog Karl die Verfassung. Mit ihrem Sitz in der 1. Kammer sollten die Angehörigen der alten Stände ein Stück weit für die nicht gänzlich verlorenen, aber doch in Frage gestellten Privilegien entschädigt werden. Die Kammer umfaßte, ganz im Sinne des Großherzogs, mit Vertretern der Universitäten, der Kirchen und anderen „Säulen" des Staates auch die ehemaligen Standesherren. Dazu erhielt nach der Verfassung das Bürgertum eine Vertretung: die gewählte 2. Kammer – ein Gremium, in dem die Abgeordneten zumindest mitreden durften. Jeder Abgeordnete mußte 10.000 Gulden Vermögen aufweisen. Er wurde von einem Wahlmännerkollegium gewählt, zu dem nur besitzsteuerpflichtige Männer stimmberechtigt waren. Die so gewählten Abgeordneten konnten aber keine Minister wählen, keinen Haushalt vorlegen und hatten kein Recht, Gesetze einzubringen. Trotzdem war dieses Parlament in Deutschland einmalig: wo sonst konnten die Bürger offen diskutieren und ihre Forderungen durch Petitionen stellen? Die Neuheit wurde im Karlsruher Ständehaus von Gästen aus anderen Teilen Deutschlands bestaunt, die badischen Wahlkreise überreichten ihren Abgeordneten Ehrenkronen, Pokale und Weinfässer. In der 2. Kammer „wurde nicht nur das badische Volk, sondern das höhere Interesse der Menschheit vertreten", wußte der preußische Schriftsteller Willibald Alexis (1798–1871). In Baden wurde die Verfassung zum politischen Höhenflug der liberalen und demokratischen Bewegung.

Und dennoch beruhte die Verfassung auf einem Mißverständnis. Ihr Schöpfer, Staatsrat Nebenius, und der Großherzog, der sie dem Volk „gnädigst" gewährte, sahen in ihr den Endpunkt einer Entwicklung, die Versöhnung des absolutistischen Staates mit der verfassungsmäßigen Monarchie, in der das Volk seine Vertretung fand. Für die bürgerliche Öffentlichkeit hingegen stand die Verfassung am Anfang einer Entwicklung, die den absolutistischen Anstaltsstaat überwinden sollte. Der Kompromißcharakter der Verfassung kommt schon darin zum Ausdruck, daß lediglich die 2. Kammer bürgerlich-demokratische Elemente enthält. Daneben stand jedoch die 1. Kammer. Sie spiegelte das altständische Element wider: alle Mitglieder wurden vom Großherzog ernannt und entzogen sich so der Kontrolle durch die Öffentlichkeit. Altständisches und Modernes standen so nebeneinander – Spannungen und Konflikte waren vorprogrammiert.

Großherzog Karl starb bald nach dem Erlaß der badischen Verfassung. Sein Nachfolger wurde Ludwig (1763–1830). Er hatte in Preußen Militärdienst geleistet und stand auf der Seite von Clemens Wenzel Fürst von Metternich (1773–1859), dem österreichischen Minister und monarchistischen Dirigenten des Wiener Kongresses. Der Verfassung stand er reserviert gegenüber. Ludwig war ein guter Verwalter, aber jedem offiziellen gesellschaftlichen Leben abhold. Sein Vergnügen fand er bei Schauspielerinnen und Tänzerinnen. Seiner Geliebten Katharina Werner, Tochter eines badischen Korporals, kaufte er 1826 das Schloß Langenstein bei Eigeltingen und erhob sie und ihre gemeinsamen drei Kinder in den Grafenstand.

Gleich am Anfang seiner Amtszeit hatte Ludwig Gelegenheit, Elemente der ungeliebten Verfassung wieder zurückzunehmen. Der freiheitlich gesonnene Student Karl Ludwig Sand hatte 1819 in Mannheim den konservativen Theaterdichter August von Kotzebue ermordet – aus politischen Gründen. Metternich drängte den monarchistischen Bundestag, die sogenannten Karlsbader Beschlüsse zu erlassen: unter dem Vorwand der „Demagogenjagd" bewirkten sie eine rigorose Einschränkung der Pressefreiheit und der Freiheit von Forschung und Lehre. Nur Bücher über 20 Bogen, das sind 320 Seiten, unterlagen nicht der Zensur. In Baden behinderte Ludwig die 2. Kammer nach Kräften, schaffte sie jedoch nicht ab.

Ein erster Aufschein der Revolution

1830 war in Europa ein erstes Jahr der Revolutionen. In Paris setzte das Parlament den Bürgerkönig Louis Philippe ein, Belgien erklärte seine Unabhängigkeit und scherte damit aus dem vom Wiener Kongreß verordneten Königreich der Niederlande aus, zwölf Schweizer Kantone gaben sich eine demokratische Verfassung.

Die Polen erhoben sich gegen Rußland, Österreich und Preußen, die sich das Land aufgeteilt hatten. Der Aufstand wurde niedergeschlagen und die polnischen Freiheitskämpfer, die Preußen erreichten, waren glücklich, denn dort erhielten sie in der Regel nur Festungshaft, während der Zar von Rußland alle, derer er habhaft werden konnte, aufhängen ließ.

In Deutschland kam es ebenfalls zu zahlreichen sozialen Unruhen. In der Oberlausitz rebellierten die Weber und Bauern, das Braunschweiger Schloß ging in Flammen auf, Göttingen befand sich im Belagerungszustand. Doch alle oppositionellen Bewegungen in Deutschland wurden rasch niedergeschlagen, und der Bundestag erklärte das preußische Militär zu einer Art Bundespolizei.

In Baden regiert Leopold

Beim Regierungsantritt Leopolds 1830 atmeten viele Badener und Badenerinnen erleichtert auf. Sie hatten seinen Vorgänger, Großherzog Ludwig, überstanden. Leopold galt als Garant einer liberalen Ära. Trotzdem lauerten Erbfolgestreitigkeiten auf ihn, die sich am Namen Kaspar Hauser festmachten.

Das Thema zog sich bis in die Revolution 1848/49. Nach neueren Untersuchungen ist Kaspar Hausers mutmaßlicher Stammbaum eine Legende. Nach dieser Legende war er der letzte männliche Sproß der von Großherzog Karl Friedrich ausgehenden dynastischen männlichen Linie. Karl Friedrich hatte zweimal geheiratet: einmal Karoline von Hessen-Darmstadt, die 1783 verstarb – in der öffentlichen Meinung eine echte „Landesmutter". 1787 heiratete Karl Friedrich noch einmal. Er machte eine zwar nicht standesgemäße, aber sehr junge Partie: der 59jährige Großherzog ehelichte die 19jährige Hofdame Luise Karoline Geyer von Geyersberg. Sie gebar ihm fünf Kinder, darunter vier Söhne –

16

einer davon war der spätere Großherzog Leopold. Der Erstgeborene der ersten Ehe Karl Friedrichs, der Erbprinz Karl Ludwig, der Ehemann Amalies, verunglückte 1801 tödlich. Wie erwähnt, wurde sein Enkel Karl Großherzog und von Napoleon mit dessen Stieftochter Stéphanie de Beauharnais verheiratet.

Hiermit setzte die Gerüchteküche ein. Als Stéphanie de Beauharnais 1811 ein Kind gebar, soll dieses von der zweiten Frau Karl Friedrichs, Luise Karoline, oder einem ihrer Helfer gegen ein sterbendes Kind ausgetauscht worden sein – so das Gerücht. Luise Karoline, von ihrem Mann zur Gräfin Hochberg geadelt, wollte ihre eigenen Kinder zu Thronfolgern machen. 17 Jahre später wurde der mutmaßliche Prinz angeblich als Findelkind Kaspar Hauser in Nürnberg wiederaufgefunden. Fünf Jahre später kochten die Töpfe der Gerüchteköche endgültig über: Als Kaspar Hauser 1833 ermordet wurde, hieß es, schuld daran sei das badische Fürstenhaus.

Damit war Kaspar Hauser nicht bloß zu einem Dauerbrenner des Sensationsjournalismus geworden, sondern auch ein Lieblingsthema der kritischen Öffentlichkeit. Aber auch der bayrische König hatte seine Freude an Kaspar Hauser und ihn am 27. August 1833 sich und der königlichen Familie vorstellen lassen. Noch immer hatten die bayrischen Monarchen ja die Wegnahme der rechtsrheinisch gelegenen Teile der bayrischen Kurpfalz nicht verschmerzt. Der bayrische König benötigte, so Markgraf Wilhelm in seinem Tagebuch, ein zusätzliches Argument, um die in Baden regierende Linie in Zweifel zu ziehen und so das Feld zu ebnen, die ehemals bayrische rechtsrheinische Kurpfalz wieder zurückzubekommen.

Sigismund von Reitzenstein wies diese Forderungen zurück. Seine große Zeit war allerdings nach der Niederlage Napoleons vorbei. Obwohl er Demokratie und Pressefreiheit skeptisch gegenüberstand, war es die Reaktion auf einen demokratischen Aufbruch, der ihn an die Seite schob. Bis kurz vor „seinem" Tod 1847 stand er noch als Minister dem Großherzog zu Diensten. Er kämpfte weiter für die Erhaltung des badischen Territoriums und forderte unermüdlich den Aufbau einer straffen Verwaltung. Die von „seiner" Universität Heidelberg, aber auch von der Universität Freiburg ausgebildeten Juristen sollten als Beamte und Amtsleute das Prinzip der Gleichheit vor dem Gesetz durchsetzen. Dagegen standen jedoch die Privilegien der Standesherren und der Grundherren. Er und seine Gesinnungsgenossen griffen diese Privilegien mit Erfolg an, konnten sie jedoch nicht gänzlich beseitigen. Rund ein Viertel der Badener wohnten in ehemals standesherrlichen Gebieten – hier mußten die Bauern erst noch für ihre Rechte kämpfen.

Der demokratische Aufbruch war das Hambacher Fest. Im Mai 1832 waren 30.000 Menschen unter schwarz-rot-goldenen Fahnen auf das in der bayrischen Pfalz gelegene Hambacher Schloß gezogen und hatten die deutsche Einheit und die Menschenrechte gefordert. Der Redakteur Philipp Jakob Siebenpfeiffer (1789–1845) und Johann Georg August Wirth (1798–1848), ein ehemaliger Beamter und Redakteur, hatten das Fest organisiert. Die Redner setzten Akzente – so forderte Wirth ein demokratisches Deutschland, das eine Konföderation von Freistaaten sein solle, die sich in einem vereinigten Europa zusammenschlossen. Siebenpfeiffer sprach von dem Tag, an dem „das deutsche Weib nicht mehr die dienstpflichtige Magd des herrschenden Mannes" sein werde. Ein pfälzischer Demokrat rief: „Selbst der beste Fürst von Gottes Gnaden ist ein geborener Hochverräter an der menschlichen Gesellschaft." Auch französische und polnische Delegierte sprachen, die polnische Nationalfahne wurde gehißt. „Noch ist Polen nicht verloren" – diese Liedzeile meinte die polnische Freiheitsbewegung. Aber auch Winzer aus der Pfalz protestierten gegen ihre Not.

Wie ein Regenschauer die Wüste erweckt, so wirkten die Nachrichten von den europäischen Revolutionen in Baden. So stark war der liberale Gedanke inzwischen geworden, daß ein Liberaler, der Heidelberger Bürgermeister Ludwig Winter, 1830 vom Großherzog zum badischen Innenminister ernannt wurde. Das Presse- und Versammlungsrecht wurde neu und in der Tendenz demokratischer geregelt, mit der Aufhebung der Zehnten und Frondienste eine neue Agrarverfassung eingeleitet und das Justizwesen reformiert. Der Landtag von 1831 machte begeistert mit.

Höhepunkt dieses „parlamentarischen Volksfestes", wie ein Zeitgenosse formulierte, stellte die badische Gemeindeordnung dar, die dem langjährigen Drängen der badischen Kommunen nach Selbstverwaltung nachgab. Zwar wurden nicht alle liberalen Vorstellungen Wirklichkeit. Noch immer brauchte der Bürgermeister die staatliche Bestätigung zur Ausübung seines Amtes. Nun jedoch war seine Wahl durch die Gemeindebürger möglich: bei Kommunen unter 2.000 Einwohnern in direkter Form, bei Gemeinden über 2.000 Einwohner durch einen großen Bürgerausschuß. Mit dem öffentlich tagenden großen Ausschuß drangen

Großherzog Leopold von Baden (1790–1852)

parlamentarische Elemente in die Gemeindeverfassung ein, mit der gleichzeitigen Einführung eines allgemeinen Gemeindebürgerrechts besaßen alle Bürger einer Gemeinde formal gleiche Rechte und Pflichten. Die Gemeinden wurden zu Experimentierbaustellen parlamentarischen Verhaltens.

Doch bis zur Demokratie war es noch weit. Die Aktivisten des Hambacher Festes wurden nach dem Fest verfolgt. Der „Bundestag" bewährte sich als Ausführungsorgan einer repressiven Politik – der preußischen wie der österreichischen. Reitzenstein war nicht der Mann, der Repression und Reaktion umsetzen konnte. Als Regierungschef wurde jetzt Friedrich von Blittersdorf (1792–1861) hinzugezogen. Der schwache Großherzog Leopold machte den „Metternich im Kleinformat" (Franz X. Vollmer) 1835 zum Minister des Großherzoglichen Hauses und der auswärtigen Angelegenheiten. Selbst Berichte über die Verhandlungen der 2. Kammer wurden nun zensiert und verfälscht. Das Spitzelsystem blühte auf, alle Behörden mußten auf Weisung des Freiherrn Verdächtigungslisten anlegen. Die Revolution von oben blieb nicht nur stecken: das war der „Rückwärtsgang"

In der 2. Kammer gab es, nach Blittersdorfs Meinung, noch zu viele Liberale. Er ließ gewählten Abgeordneten der 2. Kammer, die Beamte des badischen Staates waren, keinen Urlaub für die Parlamentssitzungen mehr erteilen. Dies wurde für ihn allerdings zum Bumerang. Nachdem er 1842 die Auflösung der Kammer bewirkt hatte, setzte er darauf, daß die Wähler den Liberalen weniger Stimmen gaben. Sein Gedanke: die Bürokratie ist zentralistisch und hierarchisch. Wenn sie auch zur Durchsetzung eines modernen Staatswesens geschaffen ist, so konnte man sie doch leicht umsteuern. Doch er irrte sich: trotz Behinderungen und Wahlmanipulationen endete die Wahl zur 2. Kammer mit einem Sieg der Opposition. Auf Druck der gestärkten liberalen Opposition mußte Großherzog Leopold Blittersdorf 1843 fallenlassen.

So war die Lage der badischen Monarchie in den ersten vier Jahrzehnten des 19. Jahrhunderts: von Napoleon hochgepäppelt und nach dem Zusammenbruch des napoleonischen Reiches mit knapper Not den landgierigen Nachbarn entronnen, fanden ihre Repräsentanten Schutz beim russischen Zaren. Großherzog Karl versuchte die Wirtschaftsbürger durch das Zugeständnis einiger parlamentarischer Rechte für den neuen Staat zu gewinnen. Im Geist der Aufklärung sollte eine zentralistische und effektive Verwaltung eingeführt werden. Allerdings

20

wollten es sich die Großherzöge mit den Grund- und Standesherren nicht ganz verderben. Diese erhielten ihre ideellen Privilegien, wie die 1. Kammer in der badischen Verfassung zeigte. Am Hof und im Militär hielten sich altständische Rituale. Der Staat engagierte sich für Eisenbahnen, Straßen und Schiffe, sorgte sich um die Rheinkorrektur und erwarb sich durch die Arbeit von Wasserbauingenieur Johann Gottfried Tulla (1770–1828) großes Ansehen. 1825 wurde die Polytechnische Schule in Karlsruhe gegründet – die älteste Technische Hochschule Deutschlands. Trotz solcher Initiativen fehlte der Verwaltung an vielen Stellen die nötige Durchschlagskraft. Die Revolution von oben sollte steckenbleiben.

Nach 1819/20 kam es unter dem Einfluß der Restaurationspolitik zu einem Reformstau. Dabei wirkte in Baden die Französische Revolution und die Napoleon-Zeit insofern nach, als sie, folgen wir dem Wirtschaftshistoriker Wolfgang von Hippel, „mittel- und längerfristig … als beherrschende Zeiterfahrung in Theorie und Praxis wirksame Leitbilder für eine grundlegende Neugestaltung des Überkommenen" mit sich brachte und „mit bisher unbekannter Radikalität und Durchschlagskraft Heiligkeit von Traditionen und altem Recht in Frage" stellte.

Das Scheitern der staatlichen „Revolution von oben", schreibt der Liberalismus-Forscher Lothar Gall, habe die Voraussetzungen einer „Revolution von unten" objektiv verstärkt. Die erlahmte staatliche Revolution von oben habe subjektiv einen sozialen Revolutionsversuch von unten unvermeidlich gemacht.

Moritz von Haber
Zwischen Hof, Adel und Bürgertum – ein „Hundsfott"?
Im Spannungsfeld von Anpassung und Antisemitismus

Lothar Gall verweist weiter auf die finanziellen Schwierigkeiten Badens: „Das Staatsschiff drohte nicht nur aus dem Ruder zu gleiten, seinem Eigner drohte auch der Bankrott."

Hier schlug die Stunde von Salomon Haber (1764–1839), dem Vater von Moritz von Haber (1798–1874). Als Jude war es ihm prinzipiell verwehrt, einen Handwerkerberuf auszuüben und in einer der Handwerkerzünfte Mitglied zu werden. So handelte er mit Geld und war in kurzer Zeit zum großen Financier und Hofbankier aufgestiegen. In den Jahren von 1803 bis 1820 realisierte er rund 8, 5 Millionen Gulden Anleihe von Baden – von insgesamt gut 20 Millionen Defizit der großherzoglichen Regierung. Das war ein gewaltiger Betrag. Der Wert eines Guldens wird von Lothar Gall auf über 400 DM geschätzt. Die Großherzöge benötigten diese Summe, um nicht gemeinsam mit dem badischen Staat bankrott zu gehen. Die sich daraus ergebenden Abhängigkeiten wollten die – nach ihrem Selbstverständnis staatstragenden – Adligen nicht gerne wahrhaben. Der Historiker Heinrich Schnee schreibt über das „Finanzgenie" Salomon Haber: Er „taucht in Karlsruhe wie ein Meteor auf, der auf allerhöchsten Wunsch die benötigten Hunderttausende, nach heutigem Geldwert jedesmal Millionenbeträge, herbeizauberte." Haber erhielt vom Großherzog im Jahre 1829 den Adelstitel verliehen und hinterließ das größte Privathaus Karlsruhes. Es befand sich in der Nähe des Marktplatzes und stand an der Stelle des heutigen Warenhauses „Karstadt" an der Kaiserstraße (früher Lange Straße).

Höhepunkt der Haberschen Laufbahn war die Vermittlung eines Kredits über 5 Millionen Gulden im Jahr 1820. Für das Bankhaus verhandelte sein ältester Sohn Moritz. Er war in den vornehmen Clubs von London und Paris zuhause; im spanischen Bürgerkrieg in den zwanziger Jahren war er auf beiden Seiten als Financier aktiv. Waren es diese schwer durchschaubaren, aber erfolgträchtigen Engagements, die ihn den adligen Offizieren verhaßt machten? Waren diese aufgrund ihres aufwendigen Lebenswandels selbst beim Bankhaus Haber verschuldet? Oder war es Moritz von Habers Beziehung zur Großherzogin Sophie? Der Gesellschaftsklatsch machte ihn nämlich zum Vater der jüngsten Tochter dieser schwedischen Prinzessin. Böse Zungen behaupteten, daß durch diese Affäre aus Großherzog Leopold der „Champagner-Leopold" wurde: das Glück des Großherzogs perlte in der Flasche.

Es war Julius Göler von Ravensburg (1814–1843), Oberstleutnant und erfahren in verbotenen Duellen, der sich in dieser Sache zum Sprecher der adligen Offiziere erhob. Er stammte aus der Grundherrenfamilie Göler von Ravensburg bei Eppingen, unter deren Herrschaft die Bauern von Sulzfeld und Umgebung litten. Dieser Oberstleutnant nannte Moritz von Haber einen „Hundsfott" – dies gleich mehrfach und in schriftlicher Form. Doch Moritz von Haber ging einem Duell aus dem Wege, fünf Jahre lang.

Bei einem Ball in Baden-Baden spitzte sich der Konflikt am 10. August 1843 zu. Moritz von Haber wollte unter den hochrangigen Ball-

Julius Göler von Ravensburg   *Michael von Werefkin*

gästen von internationalem Renommée sein und meldete sein Erscheinen an. Die adligen Offiziere drohten daraufhin mit einer Gesamtab-
sage. Jetzt forderte von Haber den adligen Göler. Ein Offiziersrat aus
Adligen befand Moritz von Haber jedoch als nicht satisfaktionsfähig,
d. h. unwürdig für ein Duell. Zudem handele es sich, so hieß es, um
„eine Sache zarter Natur", in der ein Verwandter des großherzoglichen
Hauses von Haber die Türe gewiesen hätte. War die Geschichte mit der
Großherzogin gemeint? Auf jeden Fall gaben „die hochgestellten Edel-
leute, die den Ball veranstalteten", dem Protest der adligen Offiziere
nach und luden von Haber wieder aus.

Die Rituale der adligen Gesellschaft entfalteten auch im neuen
Bürgertum ihre Wirkung. Immer mehr Bürger wurden in Duelle verwik-
kelt. Satisfaktionsfähig zu sein hieß, den Normen der Adelsgesellschaft
zu genügen, die allerdings zusehends ohne wirtschaftliche Macht auskommen mußte, welche sich bei den Bankiers und Handelsbürgern
ballte. Moritz von Haber wollte in der altständischen Gesellschaft aufge-
hen, in deren Zentrum der Adel stand. Von Habers Anpassungsversuch
scheiterte am Antisemitismus als Element des altständischen Denkens,

23

zudem war es dem Adel ein Dorn im Auge, daß sich die Großherzöge auf die finanziellen Dienstleistungen von Juden stützen mußten.

Die adligen Herren, die nach von Habers Worten „auf den Beifall der Karlsruher Bierhäuser" zählten, hatten sich indessen in Baden-Baden durchgesetzt. Habers Ausladung im Treffpunkt der mondänen Welt war indes ein Skandal: Baden-Baden gehörte zu den großen Bädern Europas. Bereits in den 20er Jahren verkehrten hier Franzosen, Engländer und Russen. 1834 beherbergte die Stadt bereits mehr als 15.000 Gäste. Vor allem die Franzosen bestimmten das gesellschaftliche Leben. Das lag zum einen an der räumlichen Nähe Frankreichs, aber auch an der geschickten Geschäftspolitik der französischen Pächter der Spielbank. Die großherzogliche Regierung hatte die Spielbank 1838 an Jean Jacques Bénazet übergeben, der dafür 45.000 Gulden bezahlen und zudem größere Investitionen in Angriff nehmen mußte.

In Baden-Baden weilte zu Zeiten des oben erwähnten Balles auch der russische Offizier Michael von Werefkin. Er erfuhr von der Verwicklung von Habers mit Julius Göler und nannte daraufhin von Göler einen „chenapan" und einen „gueux", also einen „Taugenichts" und einen „Wicht". Es versteht sich, daß alle wichtigen Gespräche und alle wichtige Korrespondenz in diesen Gesellschaftskreisen auf Französisch geführt wurden. Göler kam nach seiner altständischen Adelslogik jetzt nicht mehr umhin, Michael von Werefkin zum Duell zu fordern.

„Je me fous de lui, comme du corps d'officiers et de leur décision" – „er soll mir den Buckel 'runterrutschen, das Offizierskorps genauso wie seine Entscheidung", schleuderte von Werefkin am Abend des 31. August 1843 auf der Promenade Georg von Uria-Sacharaga zu, der als Bote Julius von Gölers aktiv war. Beim Vorbereiten des Duells bezeichnete auch von Sacharaga Werefkin als „Hundsfott" und wurde von diesem ebenfalls gefordert – nach dem Duell mit von Göler.

Das Duell fand am 2. September im Gemeindewald von Forchheim bei Ettlingen statt. Werefkin und Göler erschossen sich gegenseitig. Von Göler wurde nach seinem Hinscheiden in Karlsruhe auf einem Paradebett aufgebahrt, wie es in Offiziersfamilien üblich war. Viele kamen, um Abschied zu nehmen. Sollte von Haber, nach Meinung der Karlsruher ohnehin der Hauptschuldige, einzig zu dem Zweck nach Karlsruhe zurückgekehrt sein, um dem Leichenzug von Gölers vom Balkon seines großen, zentral gelegenen Hauses zuzuschauen?

Moritz von Haber
(1798–1874)

Am Tag davor gegen 19.45 Uhr wurde von Haber von der Polizei
„wegen Anstiftens und Mitschuld an dem Duell zwischen Julius von Göler und von Werefkin" verhaftet. Es standen einige Leute herum. Um
20.30 Uhr war die Menge auf 150 Leute angewachsen. „Hepp! Hepp!
Jud' heraus" – das Schreien steigerte sich.

Die Menge wuchs an auf mehr als tausend Leute. Gegen 20.30 Uhr
flogen die ersten Steine gegen das Habersche Haus. Eine Wachmann-
schaft des Militärs wurde herbeigerufen. Die 18 Mann versuchten, eine
Reihe vor dem Haus zu bilden: ohne Erfolg. Die Soldaten standen mit
dem Gewehr unter dem Arm herum. Nichts geschah von seiten der Ord-
nungskräfte. Wie sich später herausstellte, war zwar fast die ganze Polizei
der Stadt anwesend, aber nicht „im Dienst". Die nach französischem Vorbild 1829 eingerichtete staatliche Gendarmerie befand sich auf Land-
patrouille.

Als die Aufführung im nahegelegenen Theater zu Ende war, schwoll die Menge noch mehr an. Folgen wir dem Tagebuch eines Theaterbesuchers:

Ich war im Theater. Gegen halb neun Uhr verbreitete sich dort das Gerücht, es sei Aufruhr in der Stadt, das Habersche Haus werde gestürmt und demolirt. Ich begab mich rasch an Ort und Stelle und sah eine Szene unbeschreiblicher Verwirrung. Verkleidete Offiziersburschen, unterstützt von Pöbelhaufen, an deren Spitze eine bekannte Persönlichkeit, Murkenschnabel, Besitzer eines verrufenen Hauses in Klein-Karlsruhe, stand, schlugen mit Aexten die Türen und Fensterläden ein, bewarfen das Haus mit Pflastersteinen, drangen endlich ein, schlugen alles kurz und klein, zerstörten Meubles und Alles, was sie erreichen konnten, warfen Kleider, Weißzeug, Silber und dergl. auf die Straße, wovon vieles geraubt wurde. Keine Polizei, keine Gendarmerie ließ sich sehen. Ja, der Zapfenstreich, der sonst immer vom Marktplatz ab mit militärischer Bedeckung durch die lange Straße nach der Infanteriekaserne zog, hatte an jenem Abend auffallenderweise eine Seitenstraße eingeschlagen, um den Pöbel in seinem wandalistischen Zerstörungswerk nicht zu stören. Empört über solche barbarische Gewaltthätigkeit rief ich den Stadtdirector und den Oberbürgermeister, welche ich in dem Conversationszimmer des dem Haberschen Haus gegenüberliegenden Museums traf, zu: »Wie ist es möglich, daß in unserer sonst so gesetzestreuen Stadt solche Schändlichkeiten begangen werden können, ohne daß dagegen eingeschritten wird? Geschieht denn gar nichts, um diesem Skandal ein Ende zu machen?« Die Herren blickten sich mit verständnisvollem Lächeln gegenseitig an und zuckten die Achseln. Nun war mir klar, daß die ganze Geschichte von oben herab angezettelt war oder wenigstens begünstigt wurde, was aber, wie wir später sehen werden, böse Früchte getragen hat. Endlich, nachdem das Zerstörungswerk ziemlich vollendet war, kam die Kavallerie von der Dragonerkaserne her die Lange Straße herabgeritten, um den Platz zu säubern. Es war aber nicht Ernst damit. Die Offiziere riefen den Tumultanten zu: fürchtet euch nicht! es geschieht euch nichts, und ließen Raum, daß der Pöbel immer wieder durchgehen konnte.

Um 21 Uhr wurde das Militär um die Entsendung von Truppen ersucht. Gegen 22 Uhr war der Spuk vorbei. „Widerstand gegen das Militär wurde nirgends sichtbar", hieß es in einer Rechtfertigungsbroschüre der Regierung. Und weiter: „Was man kaum für möglich halten durfte, konnte geschehen, gerade weil man es nicht für möglich hielt, wenigstens nach allen Umständen nicht ahnen konnte."

26

Die Behörden wollten sich herauswinden, opferten einen Polizeidirektor, den sie in den Ruhestand schickten. Der „Fall Haber" war in der ganzen deutschen Presse nachzulesen. Die von Karl Marx und Arnold Ruge herausgegebenen „Deutsch-Französischen Jahrbücher" erzählten hämisch von der „Ehre der badischen Herrscherfamilie", von der „das Schicksal … schlecht … überzeugt" war. Von Haber war für sie der Vater von Großherzogin Sophies „Kind ihrer legitimistischen Laune." Moritz von Haber stand im Mittelpunkt des Hoftratsches: „Im Schloß, da sie seiner ansichtig werden, ärgern sich die Schranzen über sein Glück, die Wache, an der er vorüber muß, Soldaten und Offiziere, verwünschen den Juden, sie brummen Flüche in den Bart, sooft sie vor dem „Jüdchen", wenn es mit seiner Amme spazieren fährt, ins Gewehr treten müssen. (…) Markgraf Wilhelm schwörte, der Jude müsse vom Hof entfernt werden, er hetzte seine gallonierten [betreßten] Bedienten, das Offizierskorps, hinter ihn. Unter „Hepp, Hepp", „Vor dem Großherzog sein Ehr'!", „Uf die Judeh" – stürzte sich die Bande auf von Habers Haus! Der untere Stock wurde zerstört, alles zerschlagen, Kisten und Schränke erbrochen …"

Die Gerichte urteilten sehr milde. Die Höchststrafe lag in der ersten Instanz bei drei Monaten Arbeitshaus. Selbst von der zweiten Instanz, die das Geschehen noch einmal verhandelte, erhielten nur zwei Beteiligte die Höchststrafe von einem Jahr Arbeitshaus. Ein weiteres Dutzend Verurteilter erhielt nur einige Wochen Strafe. In der Regel handelte es sich bei den Tätern um junge Handwerker und Taglöhner. Adel und Bürgertum waren nicht beteiligt. Rainer Wirtz vermutet in seiner Gesellschaftsgeschichte des Vormärz: „dafür hatten sie ihre Leute".

Hatte die Zuspitzung daran gelegen, daß ein Teil des Offizierskorps beim Bankhaus Haber verschuldet war? Hatte das „Junkerthum", die altständischen Offiziere, ihren Protest gegen den Emporkömmling und seine Familie ausdrücken wollen? In einer Rechtfertigungsschrift beruft sich Sacharaga immer wieder „auf die Ansichten seines Standes" und die „Gesetze des Herkommens". Mit einem Mitglied der Hofbankiersfamilie von Haber hatten sich die Offiziere aber einen Gegner ausgesucht, auf den der moderne Staat angewiesen war. Der zentralistische Staat stand gegen die adligen Privilegien – beispielsweise des Familienclans der Göler von Ravensburg.

Julius Göler von Ravensburg wurde am Tag nach der Plünderung des Haberschen Hauses, begleitet von 600 Menschen, zu Grabe getragen. Moritz von Haber nahm sich zur Bewachung „dreißig Mann, lauter

Fremde und meistens Franzosen, in das Haus ... und mit Doppelflinten bewaffnet," wie er notierte. Er beklagte, daß die Vorfälle in seinem Haus „das Symptom der schlimmsten Krankheit waren, an der ein Staatskörper leiden kann" und wandte sich gegen „unwürdige Höflingsintrigen." Noch 1816 hatte sich Großherzog Karl bei antijüdischen Ausschreitungen hinter seinen Vater gestellt: gemeinsam mit Salomon von Haber war er in einem sechsspännigen offenen Wagen von Steinbach nach Karlsruhe gefahren.

Ende September 1843 saß Moritz von Haber eine viertägige Haftstrafe ab, zu der ihn das Großherzoglich Badische Hofgericht in Rastatt am 23. des Monats wegen seiner Beteiligung am Werefkin-Göler-Duell verurteilt hatte. Georg von Uria-Sacharaga, ein ehemaliger badischer Offizier, gab jedoch noch immer keine Ruhe. Er richtete am 28. September an von Haber einen Brief, in dem er ihn „Wurm in der Frucht" nannte. Er verdiene „die Würde des Bartes nicht ..., welchen Sie durch eine wirklich memmenhafte Aufführung beschimpfen." Er würde „Störungen des gesellschaftlichen Lebens hervorrufen" und „die Ehre des Offiziersstandes" angreifen. Natürlich sei Haber auch lichtscheu. Diesen Brief ließ Sacharaga vervielfältigen und in Gasthäusern, Lesegesellschaften und Museumsvereinen aushängen – genau wie Göler und er schon im Sommer mit den „Hundsfott"-Briefen verfahren waren. In einer weiteren Schrift beklagte Sacharaga Julius von Göler: er sei „von so durchaus ritterlichen Gefühlen und Gesinnungen durchdrungen, daß er im neunzehnten Jahrhundert, wo der Materialismus die Grundlage aller Gesellschaft bildet, vielleicht nicht ganz an seinem Platz war."

Frustriert verließ von Haber Karlsruhe „in Begleitung von Bewaffneten, wie ich es selbst in den gefährlichsten Gegenden Italiens kaum gethan haben würde." Am 1. Oktober 1843 forderte er aber Georg von Uria-Sacharaga. Das Duell fand in Oggersheim am 14. Dezember 1843 statt, gleich hinter der badischen Grenze. Im „Pfälzerhof" trafen sich die beiden Duellanten aus Karlsruhe, fuhren nach Botenheim und stellten sich auf einer Wiese in Rheinnähe auf. Von Haber schoß und Sacharaga ging langsam in die Knie. Er war tödlich verletzt.

Hatte die Welt des Junkertums verloren? War dies der Todesschuß gegen den altständischen Adel gewesen? Hatte von Haber, der jüdische Bankier, etwas gesühnt, das bereits zum Thema der badischen und internationalen Presse geworden war: nämlich Sturm und Vandalismus im Haberschen Haus, dem größten privaten Gebäude Karlsruhes?

Zwei Duellanten, zwei Welten: Georg von Uria-Sacharaga war 1812 geboren worden. Sein Stiefvater war General und leitete die badische Artillerie. Der badische Offizier Carl von Lassolaye war während des französisch-spanischen Krieges nach Spanien gekommen, wo er eine Witwe heiratete. Es war die Welt des Hochadels, die Welt der adligen Offiziere, die Welt der Bälle, die Welt des „Junkerthums", wie es in der Broschüre „Beleuchtung der Streitsache zwischen Moritz von Haber und Freiherrn Jul. Göler von Ravensburg" heißt, die den Vorfall aus der Sicht der „erwerbenden Bürger" beschreibt. Die Broschüre wollte zeigen, „welch gewaltige Summe von Barbarei noch in vielen Leuten steckt, die in ganz neumodischem Tweed, Frack und Chapeau-claque [Zylinder-Hut], in Sporen und Federhüten, an den Spielbanken und in Reunion [Versammlung], in Conversationssälen und auf Promenaden sich sehen lassen, und die ,gute' Gesellschaft bilden. Dort spukt mitten im 19. Jahrhundert noch entsetzlich viel Mittelalter, … eine verzerrte ,Ritterlichkeit', die um so widerwärtiger und armseliger erscheint, je weniger sie überhaupt zum Dasein berechtigt ist, und mit der ganzen Anschauung unserer Zeit im grellsten Widerspruche steht."

„Aber wir erwerbenden Bürger haben andere Anschauungen", heißt es in der Broschüre weiter, die für Moritz von Haber Partei ergriff, „finden nichts Rühmliches darin, wenn man das Gesetz mit Füßen tritt", und wollen die Adligen „ihrer Raufereien und gesetzwidrigen Treibens wegen mitnichten als ,ritterliche Helden' bewundern. Genug, unter dem Adel in Karlsruhe bildete sich eine Partei gegen ihn, welcher er am Hofe im Wege steht und deren Absichten er wohl durchkreuzt haben mag. Nichts natürlicher, als daß die Leute, welche im Besitze waren, sich von einem Parvenü und Eindringling, denn so heißt, was seine Ahnen nicht bis auf die Kreuzzüge zurückführt, ihr Spiel nicht wollen verderben lassen."

Den Großherzog scheinen die Ereignisse persönlich nicht weiter beeindruckt zu haben, wenn man den „Deutsch-Französischen Jahrbüchern" folgt: „Während des Verlaufs der ganzen Tragödie verliert das Staatsoberhaupt keinen Augenblick seine gewohnte Würde; der in Leopolden verkörperte Staat trinkt ruhig seinen Champagner weiter und behält seine Neutralität." Der Vorwurf wirft ein Schlaglicht auf die Situation der badischen Gesellschaft: dumpfer antijüdischer Haß hatte sich mit alt-adligen Vorbehalten zu einer bedrohlichen Hetze vermengt. Sie hatte die Bankiersfamilie getroffen, die dem Großherzog half, als der Bankrott des neuen badischen Staates drohte. Die Großherzöge aber standen zwischen den „erwerbenden Bürgern", die ihnen für den Staatsausbau Geld gaben, und den „ritterlichen Helden" mit ihrem „gesetzwidrigen Treiben", so die Bürgerbroschüre zum Duell. Der Haber-Skandal zeigte, auf welch unsicheren Fundamenten Staat und Gesellschaft des neuen Baden standen.

Friedrich Daniel Bassermann
Im Zentrum des badischen Liberalismus –
„möchten die deutschen Fürsten noch rechtzeitig auf ein
vertrauensvolles Zusammenwirken hinarbeiten …"

In Mannheim, dem Zentrum des badischen Liberalismus, blies der Wind der Freiheit. Schon seit ihrer Gründung im 17. Jahrhundert war die Stadt ein Schmelztiegel für Einwanderer – sowohl aus dem Westen als auch aus dem Osten. Vor allem die Juden genossen hier mehr Freiheit als anderswo. Im Jahr 1720 hatte Kurfürst Karl Philipp von der Pfalz die Stadt zur Residenz erhoben und das riesige Schloß bauen lassen. Die Mannheimer hatten das Selbstbewußtsein von Hauptstädtern und dies blieb ihnen auch erhalten, nachdem der Hof 1778 nach München übergesiedelt war. Als die rechtsrheinische Kurpfalz 1806 zu Baden kam, waren sie zunächst skeptisch. Die einstige Hauptstadt über ein Gebiet rechts und links des Rheines war nun in eine Randlage im Nordwesten eines neuen Staates geraten.

Allerdings kannte das selbstbewußte Bürgertum der bevölkerungsreichsten badischen Stadt (1812: 18.213, 1852: 24.316 Einwohner) seine Bedeutung. Mochten die Residenzbeamten und altständischen Adligen in Karlsruhe vor Dünkel auch platzen, sie lebten trotzdem nur von Steuerabgaben, insbesondere von denen aus Mannheim, aber auch aus Pforzheim, Lahr, Offenburg. Die Mannheimer, so ihr Selbstbild, waren weltgewandt und geschäftstüchtig. Der 1840 eröffnete Freihafen verband Baden mit den Wasserstraßen der Welt. Ein Faß Zucker luden die Mannheimer vom ersten Schiff, das den Hafen anlief – keinen Degen und kein Buch, kein Roulette und keine Monstranz, womit Bürger anderer Städte sich ihre Zeit zerstreuten. Mannheim wurde der Endpunkt der Großschiffahrt auf dem Rhein. Im September 1840 weihte man die erste Eisenbahnlinie Badens ein, die von Mannheim nach Heidelberg führte, weitere sollten folgen. Damit war Mannheim zum beherrschenden Gü-

Friedrich Daniel Bassermann
(1811–1855)

terumschlagplatz für Süddeutschland und das angrenzende Ausland geworden. Handels- und Verkehrswege aber vertrugen keine Kleinstaaterei, die Grenzen des ganzen Deutschland waren eher noch zu eng.

Eine Großherzogin hatten die Mannheimer übrigens auch: die erst 30jährige Stéphanie de Beauharnais aus Paris hatte ihren Witwensitz nach dem Tod ihres Mannes 1818 im vornehmen Mannheimer Schloß – und die verstand mehr von Leben und Gesellschaft als der stroherne Großherzog Ludwig, dem als Austragungsort für seine derben Spässe der Heuboden und der Biertisch genügten. Stéphanie hatte auch den Schloßpark anlegen lassen und für die Bevölkerung geöffnet, man fühlte sich fast wie in Paris, meinten zumindest die Mannheimer.

Ein wirtschaftsliberales Leben

Friedrich Daniel Bassermann gehörte einem Mannheimer Bürgergeschlecht an. Er war der Sohn des Bankiers und Kaufmanns Friedrich

Ludwig Bassermann (1782–1865) und Wilhelmine Reinhardts (1787–1869), der Tochter des Kaufmanns und Mannheimer Oberbürgermeisters Johann Wilhelm Reinhardt. Mit einem Vermögen von über einer Million Gulden war Friedrich Ludwig Bassermann der höchstbesteuerte Bürger der aufstrebenden Stadt. Trotzdem regierte Sparsamkeit in der Familie. Bis 1829 bewohnte sie mit ihren fünf Kindern und zwei Dienstboten fünf, später sieben Zimmer. Die Wohnung lag im hinteren Teil des Erdgeschosses des Reinhardtschen Hauses am Markt.

Hier wurde auch Friedrich Daniel geboren. 1829 erwarb die Familie ein großes Grundstück und baute darauf das „Haus am Markt", das Kontor und Wohnung zusammenfaßte. Das Haus war von Architekt Jakob Friedrich Dyckerhoff streng klassizistisch gebaut, ohne Zugeständnisse an biedermeierliche Formen.

Das große dreistöckige Haus mit seiner strengen Architektur brachte die Kluft zwischen der erfolgreichen Händlerfamilie und der Mehrheit der Handwerker und kleinen Kaufleute zum Ausdruck. Trotzdem waren Bassermanns ihrem Selbstverständnis nach selbständige Bürger mit gleichen Rechten und Pflichten wie andere. Sie engagierten sich für das Mannheimer Nationaltheater und für den „Musikverein", für den Kunstverein und seine Wanderausstellungen, die er gemeinsam mit den Vereinen in Mainz, Darmstadt und Straßburg durchführte.

Bürgerliche Leistungen formten kommunales Kulturleben. Die Emanzipation des Wirtschaftsbürgers war Voraussetzung für dessen Reichtum. Die Wirtschaftsbürger formten die Gemeinde, die mehr sein mußte als ein ausführendes Organ des Staates. So brach sich, trotz fortbestehender Einschränkungen, mit dem badischen Gemeindegesetz von 1831 das Selbstverwaltungsprinzip Bahn: wer zahlt, soll auch mitreden dürfen.

Tabak, Wein, Getreide und Kredite, das waren die Säulen, auf die die Familien Reinhardt und später Bassermann ihr Geschäft gründeten. Schon 1825 hatte Johann Ludwig Bassermann, ein Onkel Friedrich Daniels, der Mannheim in der Kammer vertrat, den Ausbau des Hafens gefordert. Solche Forderungen mündeten im Ziel der Wirtschaftsfreiheit, im Abbau der Handelsschranken.

Für Wirtschaftsfreiheit, für Gewerbefreiheit und Pressefreiheit setzte sich auch Friedrich Daniel Bassermann ein, als er 1841 einem konservativen Abgeordneten seinen Mannheimer Wahlkreis abnahm. Friedrich Daniel hatte sich auf den „Drogenhandel" spezialisiert: Apothekerwaren, Spirituosen, Südfrüchte, Kork und andere Kolonialwaren. Er nutzte den Zollverein, dem Baden 1835 beitrat, und den neuen Hafen, so daß er seinen Handel bald über ganz Süddeutschland ausdehnen konnte. Er baute sich ein eigenes Haus und wurde mit 27 Jahren schon in den sogenannten Kleinen Bürgerausschuß gewählt, ein nach dem Zensus gewähltes kommunales Vertretungsgremium.

Nach seiner Wahl in die 2. Kammer waren sich die anderen Mitglieder der großen Familie Bassermann einig: Friedrich Daniel sollte sich ganz auf die Politik konzentrieren. Selbstbewußtes Wirtschaften brauchte Einfluß auf die öffentlichen Angelegenheiten. Er verkaufte seinen „Drogenhandel" an seinen Bruder.

Nach kurzer Zeit spielte Bassermann eine Führungsrolle unter den Liberalen in Karlsruhe. Sein Satz „Das Volk ist nicht der Regierung wegen da, sondern die Regierung des Volkes wegen" machte in ganz Baden die Runde. Er warf der großherzoglichen Regierung vor, nur im Interesse kleiner, zukunftsloser Minderheiten zu handeln: sie begünstige die Grundherren, anstatt Handel und Gewerbe als allgemein anerkannte Quellen des modernen Wohlstands zu fördern.

Bassermann formulierte so den Konflikt zwischen Bürgertum und Adel politisch. Diese Fragen hatten schon im Konflikt zwischen Moritz von Haber und den Offizieren eine Rolle gespielt. Haber aber hatte nur seine scheinbar individuellen Probleme im Auge, als er versuchte, sich an die adelsgeprägte Welt anzupassen.

Bald wurden auch die Liberalen in den anderen Ländern auf den jungen Badener aufmerksam. Dazu trug bei, daß er seit Juli 1847 als Verleger die „Deutsche Zeitung" in Heidelberg herausgab. Chefredakteur war der Heidelberger Historiker Georg Gottfried Gervinus (1805–1871). Die „Deutsche Zeitung" argumentierte für die verfassungsmäßige Monarchie: den konstitutionellen Liberalismus, für das wirtschaftliche Zusammenrücken mit Preußen und für den Staat als Garanten der wirtschaftlichen Freiheit.

Am 12. Februar 1848 brachte Friedrich Daniel Bassermann in der 2. Kammer einen Antrag auf Schaffung einer deutschen Nationalversammlung ein. Er sagte dazu, daß „Deutschlands größtes Bedürfnis" nicht eine Revolution sei, sondern „eine Reform seiner Verfassung. (…) Die herrschende Abneigung der Nation … gegen ihre oberste Behörde in ein vertrauensvolles Zusammenwirken zu verwandeln, ist der deutschen Fürsten dringende Aufgabe. Möchten sie es noch rechtzeitig tun."

Die sozialen Folgen des Liberalismus resümiert Lothar Gall so: „Wohl nahm, wie erwartet und erhofft, die Zahl der ‚bürgerlichen Existenzen‘ kontinuierlich zu, aber die Zahl derjenigen, die aus den alten Ordnungen, ihrem Schutz und ihrem Orientierungsrahmen, herausfielen und erst einmal in keine vergleichbaren neuen Ordnungen fanden, wuchs in einem ganz anderen Tempo – wobei die enorme Bevölkerungsvermehrung der Zeit den Vorgang noch zusätzlich dynamisierte und dramatisierte.“ Und zur politischen Dimension meint Gall: „Das ‚Volk‘ und das Bürgertum als soziale Schicht, sie waren eben doch keine untrennbare Einheit, im gemeinsamen Kampf um den politischen und sozialen Fortschritt unauflöslich miteinander verbunden. Ihre Interessen strebten im Gegenteil immer stärker auseinander.“

In der 2. Kammer waren die konstitutionellen Liberalen zunächst erfolgreich: Johann Baptist Bekk (1797–1855) wurde 1846 Staatsrat und war bis Mai 1849 Minister des Inneren. Er war der erste März-Minister, wie die im März 1848 auch in anderen Ländern an die Macht gekommenen liberalen Vertreter später genannt wurden. Bassermann stellte sich hinter ihn. Andere Oppositionelle trugen weiter ihre demokratischen Forderungen vor und scheuten sich nicht vor Kritik. Die Opposition war auch aus wirtschaftlichen Gründen gespalten.

Zwei Wirtschaftskrisen fallen zusammen

Die wirtschaftliche Lage war gespannt, weil „zwei Wirtschaftskrisen des alten und des neuen Typs“ zusammenfielen, wie der Historiker Wolfram Siemann schreibt. Was bedeutet das? Einmal kam es zu Einbrüchen in der jungen badischen Industrie. Eine schwere Krise alten Typs erfaßte die Landwirtschaft: die Hungerkrise hatte auch ihre Auswirkungen auf die städtischen Unterschichten.

Die Ursache der Krise neuen Typs lag an einer gewerblichen Absatzstockung. Das Frankfurter Bankhaus Rothschild deckte keine Wechsel mehr. Als Folge davon stellten auch badische Banken ihre Zahlungen ein. Das größte Karlsruher Bankhaus – das Bankhaus von Haber – brach zusammen. Den drei größten badischen Fabriken drohte das Aus, weil von Haber einer ihrer Hauptfinanziers war. Es handelte sich um die Zuckerfabrik Waghäusel, die Spinnerei und Weberei Ettlingen und die Maschinenfabrik Keßler in Karlsruhe. Sollten die insgesamt 3.100 Arbeiter

34

entlassen werden – oder sollte der badische Staat ihnen den benötigten Kredit in Höhe von 1,5 Millionen Gulden geben?

Eine neue Frage – noch nie hatten sich private Fabriken an den Staat gewandt. Und nur selten hatte sich die Kammer mit dem Phänomen Fabriken und Arbeiter auseinandergesetzt. Dabei war das badische Parlament die erste deutsche Volksvertretung, in der überhaupt die soziale Frage, der Gegensatz zwischen Kapital und Arbeit, zur Sprache kam. Der katholische Politiker Franz Josef von Buß, Abgeordneter von Oberkirch und Gengenbach, sprach am 25. April 1837 in der 2. Kammer davon, daß das Fabrikwesen „eine Hörigkeit neuer Art" erzeuge: „Der Fabrikeigner ist der Leibeigene eines Brotherrn, der ihn als nutzbringendes Werkzeug verbraucht und abgenützt wegwirft." Der Ausschuß nahm seine Vorschläge, die Arbeiter per Gesetz zu schützen, lediglich zur Kenntnis, dankte von Buß aber dafür, daß er auf „Mißstände aufmerksam" gemacht habe, „welche aus einer gesteigerten Fabrikindustrie entstehen können." Tatsächlich stand, so der Historiker Franz Xaver Vollmer, „die industrielle Revolution ... auch am Oberrhein vor der Tür, hatte aber das Land noch nicht wirklich erfaßt." Nach seinen Berechnungen waren in den 40er Jahren des 19. Jahrhunderts nur etwa fünf Prozent der Bevölkerung in einer Fabrik oder Manufaktur beschäftigt. Über 40 Prozent arbeiteten im Handwerk und im Handel, 35 Prozent waren in der Landwirtschaft tätig. Die Bevölkerung wuchs von rund 990.000 auf 1,35 Millionen im Jahre 1845. Im Land und in der Stadt bestand ein Mangel an Arbeitsplätzen.

Sollten nun 1847 die größten Betriebe mit 3.100 Arbeitern geschlossen werden? Bassermann lehnte den Kredit ab. Er war gegen staatliche Eingriffe in die Wirtschaft. Jetzt schlug die Stunde des aus Mannheim stammenden Abgeordneten Karl Mathy (1807–1868), der am 22. Januar 1848 für die von der 2. Kammer eingesetzten Kommission berichtete. Es handle sich, so Mathy, bei dem Kreditersuchen nicht um das Schicksal Einzelner, sondern darum, „daß Regierung und Stände zu erkennen geben, wie ihnen die Erhaltung und das Gedeihen der Industrie am Herzen liege, weil dieselbe ein unentbehrlicher Bestandteil des Wohlstandes und der Hülfsquellen der Nation geworden ist." Er schloß seinen Bericht mit dem Aufruf: „Die Industrie, meine Herren, ist keine undankbare Tochter; sie vergilt die Pflege, die man ihr angedeihen läßt."

Mit 35 zu 20 Stimmen schloß sich die Kammer Mathys Sichtweise an. Die freien Rechtsanwälte hatten sich ohne Ausnahme gegen den Antrag gestellt; alle Fabrikanten waren dafür, die große Mehrheit der Beamten im Parlament hatten gleichfalls dafür gestimmt.

Aus heutiger Sicht lassen sich vier wirtschaftspolitische Positionen unterscheiden:

In der 1. Kammer hatte Heinrich von Andlaw den Kommissionsbericht gehalten. Er stellte den „Schutz für die deutsche Arbeit und das deutsche Fabrikat" in den Mittelpunkt seiner Argumente. Weiter waren soziale Motive für die konservative Position maßgeblich, die aber zwischen einer Modernisierungspolitik und einer traditionellen Haltung schwankte, wie sie auch die alten Stände, das heißt der Adel auf dem Land, Kreise der Kirche und viele städtische Herrengeschlechter, vertraten. So war beispielsweise der Freiherr von Göler ein großer Aktionär der Uhrenfabriken im Schwarzwald – das Schwarzwälder Uhrmacherhandwerk war aufgrund der Konkurrenz der englischen und amerikanischen Fabriken in einer bedrohlichen Krise. Dessen Verwandte aber lieferten sich genau zur gleichen Zeit als Herolde des alten Adels Duelle, die Familie hielt ebenso, wie wir im nächsten Teil sehen werden, an den ländlichen Privilegien der Grundherren fest.

Mathy vertrat ein aktives Konzept, wonach der Staat als Förderer der Industrie auftrat. Er baut Eisenbahnen, Dampfschiffe, Kanäle, legt Sümpfe trocken, unterhält zur Kapitalbeschaffung eine staatliche Zentralbank, bezahlt Lehrer für die Ausbildung der jungen Leute. Dafür erhebt er direkte Steuern, auch auf Kapitaleinkommen. Und noch eine Kapitalquelle wollte er zum Fließen bringen: das kirchliche Vermögen, das in Spitalstiftungen gute Werke tat. Für Mathy bedeutete dies „Müßiggänger mit Klostersuppe füttern". Er war der Ansicht: Kapital schafft Arbeit.

Gegen ihn standen in dieser Frage Bassermann und ein Flügel der Liberalen. Sie lehnten Staatseingriffe ab und traten für das freie Spiel der Kräfte, für „laisser faire" ein. So unterstrich der Mannheimer Liberale Elias Eller (1813–1872) in einem Brief an Alexander von Soiron (1806–1855) seine Ablehnung mit den Worten: „Die Bauern auf dem Schwarzwald sollen Steuern bezahlen, damit die reichen Leute in Paris und Wien ihr Geld kriegen".

Auch Friedrich Hecker (1811–1881) und die Mehrheit seiner Gefolgsleute waren gegen die Kredite für die drei Fabriken. Sie forderten die „Ausgleichung des Mißverhältnisses zwischen Kapital und Arbeit" und den „Schutz der Arbeit". Hecker erhielt am 21. Januar 1848 ein Schreiben von Arbeitern der Maschinenfabrik Keßler „mit der Bitte um

36

Darlegung ihrer Interessen im Landtag." Die Arbeiter hatten „Verglei-chungen angestellt. Dadurch sind wir zu den Ursachen unserer Not ge-kommen. Das ist jetzt unsere feste Überzeugung, daß das Elend der Ar-beiter von nichts anderem herkommt, als von der Schrankenlosigkeit, mit welcher die großen Kapitalisten und Fabrikanten die wehr- und schutzlosen Arbeiter und kleinen Meister erdrücken können. Die ‚freie Konkurrenz' ist für den Unbemittelten ein leeres Wort, eine papierne Redensart – eine Lüge! (…) … eine volksfreundliche Regierung müßte Arbeitervereinigungen gründen. Denen wäre dann mit Staatsmitteln zu helfen, die müßten unterstützt werden, damit die Übermacht der großen Kapitalisten durch die Assoziation der Arbeiter gebrochen werde. Das wäre ein Anfang, der schöne Früchte tragen würde."

Von solchen Früchten wollte Karl Friedrich Nebenius von der Großherzoglichen Regierung, der Verfasser der badischen Verfassung, nichts wissen. Er meinte in einer grundsätzlichen Stellungnahme, diese Forderung ginge von einem „Recht auf Arbeit" aus. „Ein solches Recht existiert aber nicht und kann als unmöglich nicht existieren." Arbeiteras-soziationen seien undurchführbar, die Aufhebung des baren Geldes sei ein Hirngespinst. Für den Wirtschaftshistoriker Wolfram Fischer kommt bereits hier ein „Kampf um die Prinzipien der Gesellschaftsordnung" zum Ausdruck, „der nur mit dem Sieg der einen oder der anderen Seite enden kann."

Dazu kam als zweites die Krise auf dem Land – und der Versuch der Bauern, sich dagegen zu wehren. Wir werden dies näher am Beispiel der Heimat der Familie Göler von Ravensburg, Sulzfeld bei Eppingen, sehen. Zunächst wenden wir uns aber einer weiteren bürgerlichen Be-rufsgruppe zu, den Juristen. Die „erwerbenden Bürger" hatten konkrete Motive, wenn sie, neben der Freiheit, auch für ein zusammenhängendes Wirtschaftsgebiet, für die deutsche Einheit eintraten – und für den Sieg des kapitalistischen Marktprinzips. Die Juristen standen für diesen Ge-danken der Rechtsgleichheit ein, auf dem der neue badische Staat prin-zipiell ruhte. Später, in der Revolution von 1849, sollten sich mehr als 20 % der badischen Advokaten für demokratische Grundrechte einset-zen. Die Juristen waren die „revolutionärste" Berufsgruppe.

Gustav von Struve
Die schwierige Karriere eines empfindsamen Bürgers

Ein junger Gymnasiast in Karlsruhe verfolgte die Ereignisse aufmerksam. Gustav von Struve wohnte im Palais an der Ecke Ritterstraße zur heutigen Kaiserstraße. Es war der Sitz der russischen Gesandtschaft im Großherzogtum Baden, sein Vater war als russischer Gesandter seit Frühjahr 1817 in Karlsruhe. Seine Gesandtschaft spielte am Hofe eine wichtige Rolle: wegen der verwandtschaftlichen Verbindung des badischen Herrscherhauses zu Rußland und weil Rußland eine der europäischen Großmächte war.

Dem 1805 in München geborenen Sohn Gustav war die Diplomatenlaufbahn vorgezeichnet. Deshalb schickte ihn sein Vater zu Monsieur Bouvier, der in einem kleinen Haus vor dem Durlacher Tor wohnte. Dieser war Mitarbeiter der Schweizer Gesandtschaft gewesen und sollte Gustav in die Staatswissenschaften einführen. Beim Gezwitscher seines Kanarienvogels brachte er dem jungen Struve die Gesellschaftstheoretiker Platon, Hobbes, Locke, Montesquieu und vor allem Rousseau nahe.

Im „Gesellschaftsvertrag", im „Contrat social" von Jean-Jacques Rousseau (1712–1778), dem großen Aufklärer, stand: *Der Mensch ist frei geboren, überall liegt er in Ketten*. Und: *Solange ein Volk zu gehorchen gezwungen ist und gehorcht, tut es gut daran; sobald es das Joch abschütteln kann und es abschüttelt, tut es noch besser.*

Das gefiel Gustav von Struve, doch solche Gedanken waren schlechte Voraussetzungen für eine Karriere im diplomatischen Dienst. Er las in der siebzehnbändigen Rousseau-Gesamtausgabe und ließ sich auch von der darin enthaltenen Naturbegeisterung anstecken: *retour à la nature*. Er war neugieriger Besucher der „Ressource", einer Lesegesellschaft im Karlsruher „Bären" am Marktplatz, in der Karlsruher von Rang und Namen Mitglied waren.

Gustav von Struve las und diskutierte. Auch über den vom Fürsten Metternich vorangetriebenen Widerruf der Verfassungsversprechen, wie sie die meisten deutschen Fürsten den gegen Napoleon kämpfenden Bürgern in den Befreiungskriegen 1813 bis 1815 gegeben hatten. In den 1820er Jahren wirkte die vom Deutschen Bund eingerichtete „Centralbehörde zur näheren Untersuchung der ... revolutionären Umtriebe" in Mainz, die Oppositionelle überwachen sollte, sehr effektiv. Gegenüber den einzelstaatlichen Behörden hatte diese Kommission Weisungsbefugnis. Sie konnte Haft- und Haussuchungsbefehle ausstellen und die Polizei der Gliedstaaten mußte diese dann vollstrecken. Gustav von Struve las aber auch aus seiner Sicht positive Nachrichten, z. B. vom Freiheitskampf der Griechen 1821: Sie wollten die türkische Unterdrückung abschütteln und trafen in den anderen europäischen Staaten auf Solidarität.

Struve hatte sich Ende 1822 in Göttingen für Jura eingeschrieben, an der damals größten deutschen Universität und war im April 1824 nach Heidelberg gewechselt. Struve hörte bei Professoren wie Anton Friedrich Justus Thibaut (1772–1840) oder Karl Joseph Anton Mittermaier (1787–1867). Ihn begann sein rechtswissenschaftliches Studium zu interessieren. Insbesondere Mittermaiers Vorlesungen griffen gesellschaftliche Probleme auf: er forderte Reformen, beispielsweise das Gericht aus vereidigten Bürgern, das Geschworenengericht, oder er sprach sich gegen die Todesstrafe aus. Die Professoren wurden bespitzelt, aber Mittermaier glaubte an einen gewissen Schutz durch sein Abgeordnetenmandat in der 2. badischen Kammer.

Mittermaier war ein Liberaler. Im Kapitel „Parteien" einer späteren Auflage des von den gleichfalls liberalen Freiburger Professoren Karl W. von Rotteck (1775–1840) und Karl Theodor Welcker (1790–1869) herausgegebenen „Staatslexikons" heißt es, der „Hauptzweck" liberaler Politik bestehe im „Streben nach einer geregelten Verfassung und nach der vollen Entwicklung der geistigen und materiellen Kräfte des einzelnen". „Die Klasse der bürgerlichen Gesellschaft, welche heutzutage der natürliche Träger der Grundsätze der liberalen Partei" ist, sei der Mittelstand, „eine durch Fleiß und Gelehrsamkeit ausgezeichnete Klasse, die namentlich in den Städten erwuchs und sich durch Besitz und Geistesbildung dem Adel vollkommen an die Seite stellte oder ihn überragte."

Während einer Weihnachtsfeier der Burschenschaften im Dezember 1824 lernte Struve Karl Mathy kennen. Der hatte damals gerade ein Gedicht verfaßt, für das er Beifallsstürme entgegennahm:

„Was trägt der alte Nikolaus
in seinem großen Sack?
Für den Studenten Saus und Braus
und einen Beutel mit Tabak.
Für den Philister eine Mütze,
er schläft so gern, fühlt sich so matt.

Und für den Bauern ein paar Witze,
weil er sonst nichts zu lachen hat.
Für den Herrn Zensor eine Tute,
die bläst Alarm bei jedem Strich.
Und eine riesengroße Rute
für den verlog'nen Metternich!"

Karl Mathy stammte aus Mannheim. Er sollte später zum prägenden Vertreter des Liberalismus werden. Struve war kein glühender Burschenschaftler. Deren demokratische und nationale Ziele waren seiner Meinung nach zu sehr in den Hintergrund getreten. Trotzdem genoß er es, daß in Heidelberg ein wesentlich liberalerer Wind wehte als in Göttingen. Das Tragen der schwarz-rot-goldenen Kokarde bedeutete in Göttingen Festungshaft, in Heidelberg nur Karzer, wenn es nicht überhaupt übersehen wurde. In Heidelberg trieben viele Studenten und ein Teil des Lehrkörpers einen Kult um den Kotzebue-Attentäter Karl Ludwig Sand. So befand sich in der Schloßkirche ein Brustbild von Sand und verschiedene Reliquien: eine Haarlocke, ein Handschuh, ein Brief. Der Scharfrichter hatte sich unter Tränen von Sand verabschiedet und nach der Exekution die Bretter des Schafotts nach Heidelberg geschafft. Daraus errichtete er im Westen vor der Stadt ein Gartenhäuschen, das er der Burschenschaft für heimliche Treffen zur Verfügung stellte.

Durch Kontakte seines Vaters erhielt Gustav von Struve nach dem Studium eine Stelle im Herzogtum Oldenburg. Am 8. Januar 1827 kam er zur oldenburgischen Bundestagsdelegation in Frankfurt. Der Bundestag war Zentrale der 34 Bundesfürsten und der vier Stadtstaaten, aus denen sich der Deutsche Bund zusammensetzte. In Frankfurt war damals auch der badische Gesandte Friedrich Karl von Blittersdorf, der sowohl Metternich als auch Großherzog Ludwig noch an demokratiefeindlichem Eifer übertraf. Er war dafür, daß die badische Verfassung aufgehoben und die Abgeordneten zur Rechenschaft gezogen werden: die 2. Kammer hatte gerade die Absegnung des Militärbudgets verweigert.

Gustav von Struve vertrug sich aus politischen Gründen nicht mit dem Oldenburger Gesandten. Er wurde vom Herzog zurückgezogen und 1830 als Landgerichtsassessor in Jever eingesetzt. Dort erging es ihm kaum besser. Als er einem 62jährigen gichtkranken Zeugen ein Wegegeld von zwei Talern gewährte, wurde dieser Beschluß von der Justizkanzlei aufgehoben. Struve bezahlte die zwei Taler aus eigener Tasche.

Das bescherte ihm über ein Jahr lang andauernde Auseinandersetzungen mit seiner vorgesetzten Behörde. Am 4. Februar 1831 schied Struve endgültig aus den Diensten des Herzogtums.

Er entschloß sich, an den Universitäten Göttingen und Jena nach einer Stelle als Gelehrter zu fragen. Zu diesem Zweck legte er einige Ausarbeitungen vor, darunter eine, die die Pressefreiheit als Verfassungsgebot darstellte. Struve wußte noch nicht, wie stark die Wissenschaft vermachtet war, wie sich politische Macht wissenschaftlich drapierte, und erhielt keine Stelle. Trotz der Erfolglosigkeit bei seinen akademischen Bemühungen sollte ihm diese Arbeit über die Pressefreiheit später noch viel nützen.

Auch mit seinen literarischen Arbeiten hatte er keinen Erfolg. Im Oktober 1833 kam er als materiell gescheiterte Existenz nach Karlsruhe – mit Schlapphut, abgewetztem Mantel und Rucksack. Auf seinem langen Fußmarsch hatte er soziale Hürden überwunden und die Bauern, Handwerker und Dienstboten entdeckt.

Nach dem Tod des Vaters bewohnte seine Mutter ein kleines Haus. Struve entschloß sich, Rechtsanwalt in Mannheim zu werden. Er litt unter Selbstzweifeln – an seinem Aussehen und an seiner Fistelstimme, wie er sagte. Auf der Wanderschaft war er Vegetarier geworden und interessierte sich für indische Mystik. Später wurde er Anhänger der Phrenologie, die der Auffassung ist, daß man von der Schädelform eines Menschen Rückschlüsse auf den Charakter ziehen könne. Angeblich hat sich Struves damaliger Freund Karl Mathy über die Ansichten der Phrenologen mit der Bemerkung lustig gemacht, Napoleon sei ein „friedliebender Tölpel". Das habe nämlich die Untersuchung seines Schädels ergeben.

Wenigstens lernte Gustav von Struve bei seinen phrenologischen Gastvorträgen an der Universität Heidelberg im Herbst 1843 Amand Goegg (1820–1897) kennen, einen jungen Studenten der Finanzwirtschaft. Über dessen schädelkundliche Kenntnisse ist zwar nichts bekannt, dafür wurde er aber einer der führenden Köpfe der revolutionären Bewegung von 1849.

Struve hatte sich seit Frühjahr 1836 eine kleine Rechtsanwaltskanzlei aufgebaut. Bis 1845 ging er diesem Brotberuf mit mäßigem Erfolg nach. Bei Empfängen, Huldigungen und Festumzügen für die liberalen Abgeordneten stand er in der Menge und winkte mit einer selbstgenähten schwarzrotgoldenen Fahne. Ansonsten engagierte er sich nicht politisch, sondern machte im Verein für Naturkunde mit, trieb Schädelkunde, unterhielt sich bei seiner Hauswirtin mit Engländern und machte ausgedehnte Spaziergänge.

Im November 1843 trennte sich der Großherzog von seinem Minister Blittersdorf. Das war eine Auswirkung der falsch gelaufenen Neuwahl – und der Affäre von Haber. Solch ein Skandal hätte in der Residenzstadt nicht passieren dürfen! 1843 war der 25. Geburtstag der badischen Verfassung, die Opposition feierte, Großherzog und Regierung nicht.

Aufgrund seiner Bekanntschaft mit Amand Goegg kam Struve in Kontakt mit der Burschenschaft Lumpia. Als die Studenten das Projekt einer überregionalen Hochschulzeitschrift planten und Struve mit der Redaktion betrauten, dachte er, die Zeitschrift werde das Schicksal vieler Studentenprojekte haben – Plan gut, Umsetzung schlecht. Aber nein: am 15. Februar erschien die erste Nummer der *Zeitschrift für Deutschlands Hochschulen*. Nach kurzer Zeit hatte sie 600 Abonnenten – damals eine hohe Auflage für eine spezialisierte Zeitschrift und bei so geringen Studentenzahlen: im Wintersemester 1847/48 hatte die Universität Heidelberg 828 Studenten, in Freiburg studierten 270. Kurze Zeit später wollte der Heidelberger Student Karl Blind (1826–1907) einen Studentenbund unter dem Motto: *Mäßigkeit, Freiheit und Democratie* gründen. Das Innenministerium lehnte das Motto ab, weshalb Blind einen Geheimbund mit dem Namen „Alemania" gründete, aus dem der sogenannte Neckarbund hervorging. Dieser Bund war eine Kaderschmiede für die revolutionären Bewegungen 1848 und 1849.

Die Hochschulzeitschrift blieb nicht die einzige Redaktionsaufgabe Struves. Am 7. Juni 1845 unterzeichnete er den Vertrag mit dem Katholischen Bürgerhospital, einer Stiftung mit sozialer Zielsetzung. Er sollte für ein geringes Honorar das *Mannheimer Journal* redigieren, wobei er sich im Arbeitsvertrag die „entschieden freisinnige" Tendenz des Redakteurs gleich festschreiben ließ. Der Mannheimer Zensor hatte damit noch mehr Arbeit bekommen. Er schlug sich schon mit der *Mannheimer Abendzeitung* herum, dem damals wichtigsten liberalen Blatt Badens.

Das politische Duell Gustav von Struve gegen Mariano von Uria-Sacharaga

Dieser Mannheimer Zensor war niemand anderes als Regierungsrat Mariano von Uria-Sacharaga – der Bruder des Georg von Uria-Sacharaga, des Duellanten von Oggersheim. Während Georg im gesellschaftlichen Leben „den Gesetzen des Herkommens" zu ihrem Recht verhalf, suchte Mariano mit seinen Mitteln, den autoritären Staat durchzusetzen. Er unternahm dies auf einem zentralen Feld der neu entstehenden bürgerlichen Gesellschaft: der bürgerlichen Öffentlichkeit, die sich erst seit wenigen Jahrzehnten über die höfisch-hierarchischen Kommunikationsstrukturen legte. Gustav von Struve war entschlossen, in Mannheim die bürgerliche Öffentlichkeit durchzusetzen, deren Voraussetzung Pressefreiheit ist. Was sich mit dem ersten Besuch bei Zensor Sacharaga am 29. Juni 1845 abzeichnete, sollte die zwei nächsten Jahre zu einem Hauptthema der badischen Politik werden: Pressefreiheit oder Verlautbarungsjournalismus – ein Duell der neuen Art und mit hohem politischem Einsatz.

Sacharaga saß in seiner Amtsstube unter einem Kruzifix. Er diente Gottes Staat und wollte ihn verteidigen – besonders gegen die „Dissidenten" der deutschkatholischen Kirche. Das war der erste Konfliktpunkt. Struve sympathisierte mit der deutschkatholischen Gemeinde in Mannheim. Was machte die deutschkatholische Bewegung aus? Der Trierer Bischof Arnoldi hatte im Sommer 1844 die Idee gehabt, einen ungenähten heiligen Rock von Jesus Christus im Trierer Dom auszustellen. Niemand konnte die Echtheit der Reliquie beschwören. Die Bonner Professoren Gildemeister, ein Orientalist, und der Historiker von Sybel sprachen von einer plumpen Fälschung. Trotzdem strömten über eine Million Pilger nach Trier, fielen vor dem Stück Stoff unter Glas auf die Knie und riefen: „Heiliger Rock, bitt' für uns". 1996 kamen vier Millionen Pilger und Schaulustige nach Trier.

Ein junger schlesischer Kaplan namens Johannes Ronge (1813–1887) schrieb einen Brief an den Trierer Bischof und bezeichnete die Rock-Verehrung als widerwärtiges Götzenfest. In ganz Deutschland wurde der Brief nachgedruckt. Ronge kam seiner Exkommunikation zuvor und gründete die deutschkatholische Nationalkirche. Demokratische Selbstbestimmung der Kirchenmitglieder sollte Hierarchie und Dogma ersetzen, Protestanten, Katholiken und Juden stand der Beitritt offen, die Zurücksetzung der Frauen sollte abgeschafft werden – genauso wie der Heiligenkult. Zölibat, lateinische Messe und Ohrenbeichte sollte es in dieser aufgeklärten Volkskirche nicht länger geben.

Dieser Konflikt erschütterte die badische Gesellschaft grundlegend. Ein Drittel der Badener waren evangelisch und gehörten der

1821 unter dem Großherzog als Landesbischof vereinigten protestantischen Kirche von Reformierten und Lutheranern an. Rund zwei Drittel gehörten dem katholischen Glauben an. Etwa 20.000 Menschen oder 1,5 Prozent der Bevölkerung waren Juden. Die beiden großen Religionsgemeinschaften fürchteten um ihren prägenden Einfluß, den der Deutschkatholizismus in Frage stellte.

Bei den Veranstaltungen der deutschkatholischen Gemeinde traf Struve in der zweiten Hälfte der 40er Jahre auf Friedrich Hecker. Er hatte ihn schon als Anwalt kennengelernt, das gemeinsame politische Engagement für die Deutschkatholiken und für demokratische Rechte machte die beiden jetzt zu Freunden. Der am 28. September 1811 in Eichtersheim bei Sinsheim geborene Sohn eines Finanzbeamten und einer Händlerstochter hatte in Heidelberg seinen Doktor in Rechtswissenschaft gemacht. 1838 wurde er als Anwalt beim Mannheimer Hofgericht und beim badischen Oberhofgericht zugelassen. 1842 wählten ihn die Bürger des Wahlbezirks Weinheim-Ladenburg in die 2. Kammer. Hier brillierte er durch bilderreiche Reden zu demokratischen und sozialen Fragen. Er wurde zum führenden Sprecher der badischen Demokraten und erwarb sich nationale Berühmtheit, als er gemeinsam mit seinem liberalen Förderer Johann Adam von Itzstein (1775–1855) auf einer Berlin-Reise im Mai 1845 von der Polizei bespitzelt und anschließend ausgewiesen wurde – beide als badische Abgeordnete!

Sein Streit mit dem Zensor verschaffte Struve einen langen Arbeitstag. Oft arbeitete er von fünf Uhr morgens bis Mitternacht. Von fünf bis neun Uhr erstellte er die erste Fassung des Journals. Um 10 Uhr schickte er den Boten mit dem ersten Andruck zum Zensor, von dem er das Blatt verstümmelt wieder zurückerhielt. Von 10 bis 12 Uhr empfing er Besucher, deren es von Tag zu Tag mehr wurden. Struve steigerte die Zahl der Abonnenten bereits im August 1845 von 500 auf 1200. Von 12 Uhr bis 14 Uhr versuchte er, die Zensurlücken des Blattes zu füllen – die Zeitung mußte nach außen unzensiert wirken. Die zweite Nachzensur nahm dann in der Regel eine Stunde in Anspruch, dann konnte die Zeitung gedruckt und ab 17 Uhr ausgeliefert werden. Nach 17 Uhr widmete sich Struve dann den Beschwerdebriefen. Über jede Streichung von Sacharaga beschwerte er sich bei der zuständigen Regierung des Unterrheinkreises. Auch widersprach er der Ablehnung früherer Beschwerden; d. h. er legte „Rekurs" ein. Deren Ablehnung ermunterte ihn dann zu neuen Schreiben an die Regierung in Karlsruhe.

Gustav Struve (1805–1870)

Aus den Zensurstellen stellte Struve drei dicke Bücher zusammen: wenn sie nicht mehr als 20 Druckbogen hatten, unterlagen sie in Baden nicht der Vorzensur. Alle in der Zeitung gestrichenen Stellen ließ er rot drucken; dazu schrieb er seinen „Briefwechsel eines ehemaligen mit einem jetzigen Diplomaten". Im ersten Band klagte er Metternich des Hochverrats an, im zweiten von Blittersdorf, der nach seiner Ablösung als Regierungschef wieder als Bundestagsgesandter tätig war.

Der zweite Band seiner „Actenstücke der Mannheimer Zensur und Polizei" erschien am Tag seiner Hochzeit am 16. November 1846 mit Amalie Düsar, der Stieftochter des ehemaligen Soldaten aus Napoleons Grande Armée, Friedrich Düsar, der sich in Mannheim niedergelassen hatte. Amalie wurde zur engagierten Mitstreiterin Struves. Seine Ehe galt in liberalen Kreisen als nicht standesgemäß und unschicklich. Friedrich Daniel Bassermann blieb der Hochzeit fern.

Doch Karl Mathy kam, auch Friedrich Hecker ließ sein „Rübenmönchlein", wie er Struve im Spaß genannt haben soll, nicht im Stich. Nach seiner Hochzeit gründete Struve einen „Volksleseverein", ein frei-

45

es „Volksbad" am Rheinufer und berief eine Versammlung ein, die einen Turnverein gründen sollte. Die Polizei verbot die Gründung und Struve mußte sich bis ans Innenministerium wenden, ehe er zugelassen wurde.

Die Auseinandersetzungen wurden härter. Mehrmals in der Woche kam der Gerichtsvollzieher in seine Wohnung, um Geldbußen und Zensurgebühren einzutreiben. Mit einer Schar kräftiger Beamter pfändete er die Wohnungseinrichtung Struves und seiner Frau, nach wenigen Tagen kamen die Möbel immer wieder zurück: der Arbeiterverein hatte Geld gesammelt, um die Gegenstände wieder auszulösen. Einzelne Arbeiter wurden allein aus diesem Grund aus Mannheim ausgewiesen.

Der Stadtrat veranstaltete Solidaritätsversammlungen, die von der großherzoglichen Regierung verboten wurden. Am 20. Januar 1846 hielt Karl Mathy in Karlsruhe vor der 2. Kammer eine Rede, in der er Punkt für Punkt die widerrechtliche Zensur gegen Struve auflistete. Er forderte die Kammer auf, das Verhalten Sacharagas zum Gegenstand einer Regierungsanfrage zu machen, und die liberale Mehrheit stimmte zu.

Die Anfrage hatte Erfolg. Die Regierung stand vor der Wahl, den Zensor zu decken oder ihn fallen zu lassen. Sie hielt es für geraten, in diesem Fall nachzugeben. Am 24. Januar 1846 wurde Mariano von Uria-Sacharaga seines Amtes enthoben. Die Pressefreiheit hatte einen Sieg errungen.

Die Bauern von Sulzfeld
„Die Kunde von der neuen Freiheit"

Sulzfeld, eine Gemeinde mit ungefähr 2.000 Einwohnern, liegt im Schatten der Ravensburg. Die in den 30er Jahren des 19. Jahrhunderts in der 2. Kammer verabschiedeten Gesetze zur Aufhebung der Feudallasten – Ablösung der Fronen 1831, Ablösung der Zehnten 1833 – erwiesen sich nicht im gleichen Maße als „Bauernbefreiung", als die sie auf der parlamentarischen Bühne gefeiert wurden. Die Bauern hatten hohe Schulden – das war die unmittelbare Folge der Reformgesetze, wonach für den von ihnen bewirtschafteten Boden Zins zu erbringen war. Den sollten sie jetzt mit Geld ablösen. Zu diesem Zweck wurde die Summe der Bodenzinsverpflichtungen auf die Gesamtheit der Zehntberechtigten umgelegt. Unter diesen Zahlungen gerieten viele Einwohner Sulzfelds in eine existenzbedrohende Schuldenkrise. Dazu kam die Kirchenbaulast. All dies sollte vor Gericht entschieden werden – zusammen mit weiteren, zwischen Bauern und den Herren Göler von Ravensburg strittigen Punkten. Der Prozeß kam lange Jahre nicht von der Stelle. Dennoch blieb die Verpflichtung der Gemeinde bestehen, die Ablösungssumme ab dem 1. Januar 1834 mit fünf Prozent zu verzinsen, bei einer jährlichen Belastung von 4.000 Gulden durchaus eine Summe von erheblichem Gewicht. Die Bauerngemeinde war hoch verschuldet. Die Bauern hatten in der Regel kein Bargeld und versuchten, alles Nötige selbst zu erzeugen.

Die Grundherren selbst standen den Ablösungsgesetzen skeptisch gegenüber, sahen sie darin doch eine Enteignung: die „Expropriation des Eigentums eines Einzelnen zum Wohle des ganzen Landes", wie Freiherr von Göler noch 1840 in der 1. Kammer ausführte. Aus diesem Grunde drängten auch die Göler nicht darauf, das Ablösungsgeschäft schnell abzuwickeln, sondern legten „der Erledigung unseres Vertrages … immer Hindernisse in den Weg", die nach Ansicht der Gemeinde Sulzfeld nichts anderes bezweckten, „als uns einesteils fort und fort eine fünfprozentige Verzinsung aufzulasten und uns dadurch so mürbe zu machen" – dies ist ein wörtlicher Ausdruck des Rentamtmanns Weiß –, „daß wir anderteils – nur um solchen unerträglichen Nachteil zu beseitigen – die Kirchen etc. Baulasten um einen Spottpreis freiwillig übernähmen." Die Verzögerungstaktik der Grundherren habe dazu geführt, daß die Gemeinde in den zurückliegenden 13 Jahren „einen baaren Verlust von ungefähr 15.000 Gulden erlitten" hatte, Geld, für das die Gemeinde in den Hunger- und Krisenjahren 1845 bis 1847 sicherlich eine gute Verwendung gefunden hätte.

Wie war es zu dieser Krise gekommen? Seit Mitte des 18. Jahrhunderts stiegen die Bevölkerungszahlen unaufhaltsam an. Ackerboden war nicht beliebig vermehrbar, und auch im gewerblichen und industriellen Bereich gab es nicht genügend Arbeitsplätze. Das stürzte die Bauern ins Elend. Als 1845 noch die Kartoffelkrankheit auftrat, also ein Gewächs bedrohte, das damals als Hauptnahrungsmittel diente, und in den darauffolgenden Jahren der größte Teil der Ernte durch Frühlingsfröste und einen trockenen Sommer vernichtet wurde, hatten die Bauern kein Auskommen mehr. Unter diesen Umständen verwundert es nicht, daß die 1846 auftretende Typhusepidemie auch in Sulzfeld viele Opfer fand. Die Menschen waren von Hunger und Entbehrungen geschwächt.

Eindrucksvoll beschwor diesen trostlosen Zustand die Gemeinde Sulzfeld in einer Eingabe an das Bezirksamt Eppingen aus dem Jahre 1849: „Von den hier 350 einsässigen Bürgern … besitzen nach Abzug der Schulden gar kein Vermögen und müssen sich rein nur von Taglohn ernähren, etwa 150 Bürger, circa ebensovielen bleibt, nach Abzug ihrer Passiva nur noch sehr Weniges übrig, und es sind auch diese, Wenige ausgenommen, auf Taglohn beschränkt. Bei weitem die Wenigsten genießen noch ein schuldenfreies Eigentum." Die zahlreichen Anzeigen über Zwangsversteigerungen und Verkäufe von Bauernhöfen wegen Bankrotts ihrer Inhaber im „Landboten", der Beilage zum amtlichen Verkündigungsblatt für die Bezirksämter Neckarbischofsheim, Wiesloch und Sinsheim, zeigen deutlich, daß die wirtschaftliche Lage in Sulzfeld typisch für die Landgemeinden war.

„Das leuchtende Panier der Freiheit besudelt durch schmähliche Exzesse"

Großherzog Leopold bedachte 1846 die notleidende Gemeinde mit einem Betrag von 300 Gulden zur Unterstützung der Sulzfelder, die an Thypus erkrankt waren. Sie wird bei vielen allerdings die Abneigung, ja den Haß auf die Grundherren und ihre Diener nur noch verstärkt haben, die ihrerseits nicht den Eindruck erweckten, daß sie sich den berechtigten Sorgen und der oft bitteren Armut ihrer Untertanen annehmen wollten. Vor allem Rentamtmann Weiß – im Dienst der Gölers – tat sich dabei ob seiner Unerbittlichkeit und Strenge unrühmlich hervor. Er vermittelte ihnen auf drastische Art und Weise die tatsächlichen Machtverhältnisse im Dorf. Denn daß die Sulzfelder, obwohl badische Staatsbürger und als solche Untertanen des Großherzogs, tatsächlich zugleich Untertanen der Grundherren geblieben waren, dokumentierten nicht zuletzt die zahlreichen Eingriffsrechte der Göler in Bereiche, die andernorts allein dem badischen Staat vorbehalten waren. Die ehemaligen Grundherren hatten unmittelbaren Einfluß auf die Ernennung des Bürgermeisters, bestimmten die Nutzung des in ihren Wäldern vorkommenden Laubstreus, übten in erster Instanz die Gerichtsbarkeit in ihren Dörfern aus, hatten die Aufsicht über das Medizinalwesen und verfügten als Schul- und Kirchenpatrone über den entscheidenden Einfluß bei der Besetzung der Schullehrerstellen. Diese spätfeudalistischen Relikte und die Tatsache, daß der großherzogliche Staat sich nicht an diese Sonderrechte heranwagte, schufen viel böses Blut, nicht nur in Sulzfeld. Die Bauern sehnten sich nach persönlicher wirtschaftlicher Freiheit, also danach, von ihren Grundherren unabhängig zu sein. Unabhängigkeit bedeutete aber für die Bauern neue geldliche Abhängigkeit. Die Juden hatten nur die Erlaubnis zum Handeln – auch mit Geld. Als sich die Geldwirtschaft nach und nach durchsetzte, schufen sich die Bauern naheliegende Feindbilder: die Juden.

Der Protest der Bauern gegen die Reste des Feudalismus traf sich mit dem politischen Emanzipationsstreben des liberalen Bürgertums. Die Sulzfelder kamen mit einem wortgewaltigen Vertreter dieses Emanzipationsstrebens in Kontakt: mit Friedrich Hecker, der die Gemeinde in ihrem Prozeß wegen der Schulhausbaulast gegen die Grundherren vertrat. Der großherzogliche Staat, eingebunden in das vom österreichischen Staatskanzler Metternich eng geschnürte Korsett des Deutschen Bundes und weitgehend dominiert von einer reaktionären Beamtenschaft und einer streng konservativen 1. Kammer, geriet so von verschiedenen Seiten unter politischen Druck. Auch wenn Bauern und liberale Demokraten einen durchaus unterschiedlichen Freiheitsbegriff hatten, die Bauern selbst wenig über Pressefreiheit, Einführung von Schwurgerichten, Errichtung einer demokratisch gewählten Nationalversammlung oder die Aufhebung des Zweikammersystems im Lande raisonnierten, machte sie die Forderung der Demokraten nach Aufhebung aller Feudallasten doch zu deren natürlichen Verbündeten. Gustav Struve schrieb 1847: „Wir leben im 19. Jahrhundert; die Burgen der Raubritter sind gefallen, allein die Lasten, welche sie ihren Grundholden aufgelegt, bestehen noch immer fort. Feudal-Lasten und Zunftzwang passen nicht zu Eisenbahnen, Dampfschiffen, Gasbeleuchtung, Spinn-Maschinen usw." Diese Sätze mußten vor allem da auf fruchtbaren Boden fallen, wo das Vertrauensverhältnis zwischen Grundherrschaft und Gemeindebürger nachhaltig gestört war.

Die Nachricht von den Unruhen in Paris brachte die politische Szene auf der anderen Seite des Rheins in Bewegung. Das badische Innenministerium wies seine Amtmänner an, jede Auswirkung der „französischen Ereignisse" auf die Stimmung und das politische Verhalten ihrer Amtsuntertanen scharf zu beobachten und die geeigneten Gegenmaßnahmen sofort zu ergreifen. Bereits zwei Tage darauf gestand die Regierung aber Pressefreiheit, Geschworenengerichte und Bürgerbewaffnung zu. Die Einführung freiheitlicher Rechte wurde zwar überall begrüßt, mußte aber ganz besonders dort makaber wirken, wo noch nicht einmal die bislang geltenden staatsbürgerlichen Rechte gleichmäßig durchgesetzt worden waren.

Abschaffung aller Feudalrechte lautete also die Losung der grundherrlichen Untertanen, die ihren Forderungen mit zum Teil dumpfer Gewalt Nachdruck verliehen. In der ersten Märzhälfte des Jahres 1848 wurden vor allem im Odenwald und im Kraichgau zahlreiche Rentämter erbrochen, ihre Akten verbrannt, das Mobiliar zerstört. Die Grundherren wurden unter Androhung von Gewalt zum Verzicht auf ihre Feudalrechte gezwungen – bezeichnenderweise unter Hochrufen auf den badischen Großherzog. Daneben geriet in zahlreichen Orten die jüdische Bevölkerung ins Visier der Revoltierenden, die ihre Zerstörungswut an Hab und Gut dieser Minderheit ausließen.

Noch einmal verständigte sich Hecker mit Mathy und Bassermann am 8. März 1848 auf eine Resolution. „Mit tiefem Schmerze, welchen alle wahren Freunde der Volksfreiheit und des Vaterlandes teilen, vernehmen wir die Nachricht, daß die Tage, welche die Herzen aller wackeren Bürger mit hehrer Begeisterung erfüllen, die Tage, welche unser ganzes Volk erlösen sollen von dem Druck der Knechtschaft von Jahrzehnten, ja von Jahrhunderten, entweiht werden sollten durch blinde Zerstörungswut und Gefährdung der Personen und des Eigenthums unserer Mitbürger mosaischen Glaubens, daß das leuchtende Panier der Freiheit besudelt werden will durch schmähliche Exzesse." Mit aller Energie sollte jeder „solch frevelhaftem Beginnen entgegentreten. Nur Diener der Reaktion oder von ihnen Irregeleitete mögen zu Judenverfolgungen die Hand zu bieten, wie sie nie ein freies Land, aber der Despotismus kannte."

Zwar versuchte die großherzogliche Regierung diesem „Sturm auf die Rentämter" dadurch Herr zu werden, daß sie umgehend Militär in die unruhigen Gegenden verlegte, um dadurch den Tatendrang der Bauern zu dämpfen. Zugleich kam sie jedoch nicht umhin, bereits am 10. März 1848 einen Gesetzentwurf über die sofortige Abschaffung aller noch bestehenden Feudallasten einzubringen.

Doch einmal in Schwung, ließ sich diese Lawine der Unzufriedenheit nicht mehr stoppen. Rentamtmann Weiß ging nun daran, eine Art Bürgerwehr zusammenzustellen, die sich vor allem aus herrschaftlichen Dienern, dem Hausvogt, dem Waldschützen, den Schafknechten und den Weingärtnern sowie den Knechten des Bürgermeisters Pfefferle, seinen Söhnen und dem „halben Singverein" zusammensetzte. Dieser

Trupp von etwa 30 Mann hatte die Aufgabe, den grundherrlichen Besitz in Sulzfeld zu sichern und versah den Wachdienst auf dem Schloß, dem Gölerschen Neuhof sowie auf dem Rathaus. Um seine Wachsamkeit zu demonstrieren, wurden überall im Schloß „Lichter angezündet, daß in allen vorderen Zimmern hell war." In der Nacht vom 10. auf den 11. März 1848 kam es dennoch zu den ersten Ruhestörungen im Dorfe. Nach Einbruch der Dunkelheit – „von den zuversichtlichen Bürgern wollte keiner sein Haus verlassen, denn jeder setzte sich in Verteidigungsstand" – waren auf dem Platz vor der Kirche und dem Rathaus Rufe wie „es lebe die Freiheit" zu hören. Unter dem Einfluß des reichlich genossenen Schnapses fielen immer mehr Hemmungen, die Sturmglocke wurde geläutet, woraufhin sich der Platz mit Menschen füllte, „die den Tumult vergrößerten". Bürgermeister Pfefferle, der der Menge Ruhe gebot, mußte sich fluchtartig zurückziehen. Zwar kühlte ein heftiger Platzregen die erhitzten Gemüter etwas ab. Einzelne Trupps zogen allerdings auch danach durch das Dorf, traktierten die beiden Schloßwachen mit Steinwürfen, zertrümmerten einige Fensterscheiben im Hause des Schulmeisters Hettmansperger und attackierten die in den Straßen patrouillierende Bürgerwehr mit Steinen, so daß der Waldschütz Pfefferle, am Kopf getroffen, besinnungslos zu Boden sank. Als sich der Zorn des „Pöbels", wie die Beteiligten in den Berichten des Rentamtmanns Weiß an Karl von Göler genannt wurden, auf den Pfarrer lenkte, wurden die zwei Anführer des Trupps von „beherzten" Bürgern der Gemeinde kräftig durchgebläut, wie die Göler befriedigt feststellten.

Am darauffolgenden Morgen zitierte man Amtmann Weiß zu einer Gemeindeversammlung und brachte ihn zu der Zusage, die im Rentamtsgebäude vorhandenen Gültbücher der Gemeinde zu übergeben. Noch bevor der von der Grundherrschaft alarmierte Amtmann aus Eppingen in Sulzfeld eintraf, übernahm der Gemeinderat insgesamt 18 Bände Lager-, Zins- und Weinzinsbücher. Nichts charakterisiert treffender den Hintergrund dieses ersten bäuerlichen „Tumultes" in Sulzfeld als dieser symbolische Akt. Die Verfügung über Dokumente, so einer der fundamentalen und prägenden Erfahrungssätze bäuerlichen Daseins seit Beginn der Schriftlichkeit, war gleichbedeutend mit der Verfügung über das Recht. Nicht von ungefähr war jeder offene bäuerliche Widerstand der Vergangenheit mit der Vernichtung des den Bauernstand bedrohenden Schriftguts einhergegangen. Mit Sicherstellung und Übernahme der Gölerschen Gültbücher, so der zumindest für das 19.

Jahrhundert schon anachronistische Gedanke, war der erste und wichtigste Schritt zur Aufhebung der Gülten vollzogen. Mit entwaffnender Offenheit verteidigte die Gemeinde diesen Schritt noch lange nach der Niederschlagung der Revolution und war erst 1854 bereit, die übernommenen Bücher wieder zurückzugeben.

Erste Erfolge der Bauern

Trotz der Kunde vom Gesetzentwurf über die Aufhebung der Feudalabgaben legte sich die Erregung im Dorfe nicht. Zum ersten Male wurden nun auch tatsächlich politische Forderungen aus den Reihen der Sulzfelder Bürgerschaft gestellt: Die Gemeindeumlagen sollten für alle gleich gelten, auch für die Herrschaft; der Bürgermeister, der Ratschreiber und der Gemeinderat müßten zurücktreten, „damit solche durch freie Wahlen wieder ersetzt werden sollen". Mit diesen Forderungen verließ die Revolte den traditionellen Rahmen bäuerlichen Widerstandes und drang in Dimensionen vor, die auf der politischen Tagesordnung der Zeit standen. Bereits an diesem Tag waren kleinere Erfolge für die Sulzfelder Dorfgemeinschaft zu verzeichnen. So verzichtete der Dorfpfarrer öffentlich darauf, für Taufen und Konfirmationen Geld zu nehmen, und der Schulmeister, wohl noch unter dem Eindruck seiner eingeschlagenen Fenster, erklärte sich bereit, die Glocken wieder zu läuten.

Auch wenn bereits in den nächsten Tagen Versammlungen im „Lamm" stattfanden, in denen über die zukünftige Besetzung der Gemeindestellen beratschlagt wurde, konnte dies nicht darüber hinwegtäuschen, daß die wichtigste Forderung, die nach Aufhebung aller Feudallasten, nur in enger Abstimmung mit den Grundherren von Göler erfüllt werden konnte. Schon am 15. März forderten 22 Bürger Karl von Göler auf, „selbst nach Sulzfeld [zu] kommen ..., um sich miteinander über die jetzigen Verhältnisse persönlich besprechen zu können". Sicherlich spekulierten in Sulzfeld viele auf eine unentgeltliche Ablösung der Feudallasten, wie eine viereinhalb Bogen umfassende entsprechende Petition der Gemeinde an die 2. Kammer vom 21. März 1848 ausweist. Das Gesprächsangebot an die Grundherren beweist jedoch, daß Verhandlungsbereitschaft auf Seiten der Dorfbewohner vorhanden war. Die Göler von Ravensburg blieben allerdings stumm. Offensichtlich konnten sich die verschiedenen Familienzweige nicht auf eine gemeinsame Linie verständigen. Während August von Göler Konzessionsbereitschaft andeutete, ließ sich Karl von Göler auf keine Kompromisse ein.

In der Nacht vom 18. auf den 19. März zündeten Unbekannte auf der Ravensburg mehrere tausend Weinbergpfähle an, die der Benjamin von Gölerschen Grundherrschaft gehörten. Daneben rissen die Gerüchte über eine beabsichtigte Zerstörung des Schlosses, des Rentamtshauses und des darin gelagerten Archivs nicht ab. Immer wieder kam es zu kleineren Zusammenrottungen.

Mit Prügeln und Freiheitsgeschrei

Angeregt von den zahlreichen Aktionen der Bauern im badischen Odenwald und im Kraichgau, die mit der Zerstörung der Rentämter und der grundherrlichen Archive die Grundherren reihenweise zu Verhandlungen über die Aufhebung der Abgaben zwangen, gewannen auch in Sulzfeld diejenigen langsam aber sicher die Oberhand, die sich für eine gewaltsame Lösung des Problems einsetzten. In der Nacht vom 28. auf den 29. März 1848 drang eine Gruppe von ungefähr 20 Sulzfeldern „mit Prügeln und Freiheitsgeschrei" in den Neuhof ein, schlug mit Äxten die Kellertüren ein und bemächtigte sich des dort eingelagerten Weines des Rentamtmanns Weiß.

Eine Gemeindeversammlung vom 29. März faßte die Forderungen des Dorfes noch einmal zusammen, um sie den Brüdern Ernst und Karl von Göler als Verhandlungsgrundlage zuzustellen. Gemeinderat und Bürgerausschuß unterzeichneten gemeinsam „Beschwerde- und Antragspunkte". Sie verlangten die Rückgabe der zur Allmendfläche der Gemeinde gehörenden Waldgrundstücke. Sie kritisierten die ungerechten Vermessungen in den 1830er Jahren, die neue Maße erbrachten. Sie forderten die Grundherrschaft auf, die Schafweide zurückzunehmen, die den Trieb der Sulzfelder Schweine, Schafe und Gänse beeinträchtige. An bestimmten Tagen wollten die Sulzfelder im herrschaftlichen Wald Holz, Gras und Laub sammeln. Schließlich sollten die Grundherren auch ihre Beiträge zum „Heiligenfonds" leisten: das war die soziale Sicherung für Kranke und Arme des Dorfes. Schließlich sollten die Göler sich endlich an den der Gemeinde vom Staat aufgebürdeten Kosten für die napoleonischen Kriege beteiligen. Ferner forderten die Dörfer die „Entfernung des Rentamtmanns Weiß". Die Sulzfelder wollten für die

Zehntablösung weder Schulden noch Zinsen zahlen – bis „sämtlichen Forderungen Genüge geleistet ist".

Offensichtlich war dieser Forderungskatalog Karl von Göler noch nicht bekannt, als dieser am 3. April 1848 in Eppingen mit dem nach Meinung der Bauern überflüssigen Rentamtmann Weiß zusammentraf. Sicher werden ihm jedoch die Formulierungen des Gemeinderats und des Bürgerausschusses vom 19. März des Jahres noch präsent gewesen sein, die als „dermaliges Organ des durch vielfache Bedrückungen und Mißverhältnisse sehr aufgeregten Bürgerwillens" ultimativ die Grundherren aufgefordert hatten, unverzüglich in Verhandlungen einzutreten. Am Nachmittag des 3. April trafen sich Karl von Göler und Bürgermeister Pfefferle auf dem Sulzfelder Rathaus zu ersten Vorgesprächen. Allerdings erhielten die Sulzfelder Hoffnungen auf Erfüllung ihrer Forderungen rasch einen Dämpfer. Landwirt Haas, so Karl von Göler in einer Rechtfertigung vom Mai 1848, überreichte ihm bei dieser Gelegenheit eine anonyme, wahrscheinlich vom ehemaligen Ratschreiber Seitz verfaßte Schrift mit den Forderungen und Wünschen der Gemeinde, die offensichtlich deutliche Worte sprach. Schockiert ob der „Fluchwürdigkeit" des umfangreichen Textes, vielleicht auch froh, endlich einen Grund gefunden zu haben, brach Karl von Göler sofort die Verhandlungen ab, verließ fluchtartig den Ort und begab sich wieder zurück nach Eppingen. Groß war die Erregung in Sulzfeld nach Bekanntwerden dieses Vorfalls; das Verhalten des Karl von Göler war Wasser auf die Mühlen derjenigen, die von der grundherrlichen Uneinsichtigkeit und ihrem mangelnden Willen zur Verständigung überzeugt waren.

Selbst dem mit der Deputation ins Dorf gekommenen Eppinger Amtmann gelang es nicht, dem Ausbruch des Volkszorns Einhalt zu gebieten. Dies war weniger Resultat eines Autoritätsverlustes des großherzoglichen Staates als vielmehr ein Zeichen dafür, wie sehr sich Haß und Unzufriedenheit angestaut hatten. Unter dem Ruf „Freiheit", vereinzelt auch unter Hochrufen auf den Großherzog, stürmten etwa 400 Sulzfelderinnen und Sulzfelder das Schloß Amalienhof, schlugen Fenster und Türen ein, zertrümmerten den Wappenfries über der Eingangstür, warfen Wäsche und Mobiliar auf den Hof, entwendeten zahlreiche Gegenstände, tranken Wein aus dem Schloßkeller oder schütteten ihn aus, fuhren die Rentamtsakten auf einem Wagen in die Kürnbacher Zelge und verbrannten sie dort unter lautem Jubel. Die Kellertür des neben dem Schloß gelegenen Gasthauses „Zur Krone" zerbarst ebenfalls unter den Axthieben der Menge. Diese richtete unter dem dort gelagerten grundherrlichen Wein einen Schaden von über 344 Gulden an. Zugleich wurden die Mauern um die im Dorfetter gelegenen Gartengrundstücke der Eppinger Juden Eppinger und Sondheimer niedergerissen, der Garten selbst verwüstet.

Freier Dinkel

Am anderen Tag versorgten sich zahlreiche Bürger mit herrschaftlichem Dinkel, der in der offenen Scheune des Amalienhofes den Unbilden des Wetters ausgesetzt war. Die vor Gericht präsentierte Liste sprach von Dinkel im Wert von 238 Gulden, der teilweise verschleudert, teilweise entwendet wurde. Dieses Verhalten, oft unter den Augen der grundherrlichen Beamten bzw. der im Dorfe stationierten Gendarmen Reiß und Berki, ist nicht ausschließlich als Unverfrorenheit und als provozierende Geste der Sulzfelder Einwohner zu interpretieren. Es drückte vielmehr ihr gestiegenes Selbstbewußtsein aus, das im Dorf herrschte. Die Sulzfelder wollten von den Grundherren zurückholen, was man in der Vergangenheit zuviel entrichtet hatte.

Dieses Selbstbewußtsein kam auch in der von Kirchengemeinderat, Gemeinderat und Bürgerausschuß gemeinsam unterzeichneten Petition vom 6. April 1848 zum Ausdruck, in dem die Kraichgaugemeinde ihr Verhalten in den zurückliegenden Tagen unter Hinweis auf die „neue Freiheit" zu rechtfertigen suchte: „Der Sturm, der in diesen Tagen durch die Welt fährt, hat auch unsere Gemeinde ergriffen, und mit unwiderstehlicher Macht fortgerissen. Schon Jahre lang hat es in den Gemüthern der hiesigen Einwohnerschaft gegährt, darüber, daß Rechtes von großem Belang durch die Grundherrschaft von Göler ihnen entzogen und dadurch sich schwer belastet fühlten: Da erklang auch hier die Kunde von der neuen Freiheit, welche die Länder von so manchem alten Drucke entfesselte. Die hiesige Einwohnerschaft, wovon ein großer Theil unter Mangel und bitterer Armuth seufzt, hoffte an diesen Errungenschaften Theil zu nehmen."

Keine Spur von Reue, eher trotzige Rechtfertigung für ein Verhalten, von dem man wußte, daß es mit den gesellschaftlichen Konventionen nicht übereinstimmte, aber das wie ein Naturereignis über das Land hereingebrochen war. Wie sehr dieses Bild von der unwiderstehlichen Macht des Sturmes der allgemeinen Gemütslage im Kraichgau im Monat April 1848 entsprach, zeigte sich an der Reaktion des Bezirksamtes Eppingen auf diese Eingabe aus Sulzfeld. Obwohl es die Vorkommnisse eindeutig als „Verbrechen" wertete, plädierte das Amt beim Justizministerium ebenso eindeutig dafür, die Untersuchung der Ereignisse niederzuschlagen. Zum einen fürchtete es weitgehende Auswirkungen auf den inneren Frieden in der Gemeinde, indem „der größte Teil der Inwohnerschaft … entweder als intellectueller oder physischer Urheber" an den Ereignissen beteiligt war, zum andern fehle den Tätern überwiegend das Unrechtsbewußtsein für ihr Handeln und zudem sei der Ingrimm der Bevölkerung gerade gegen die Göler besonders groß gewesen.

Die doch überraschende Stellungnahme aus Eppingen stieß natürlich auf Unverständnis in den Karlsruher Amtsstuben. Umgehend wurden Amt und Gemeinde von der ablehnenden Haltung des Ministeriums informiert. Der Gemeinde wurde die Eröffnung eines Untersuchungsverfahrens angekündigt. Mit gewiß schlotternden Knien traf am 14. April ein Vertreter des Eppinger Amtes in Sulzfeld ein, der mit den ersten Ermittlungen beginnen wollte. Schließlich konnte er nicht erwarten, auf eine kooperationswillige Gemeinde zu treffen. Diese verweigerte ihm denn auch schlicht jede Unterstützung, so daß er unverrichteter Dinge das Dorf wieder verließ.

Den ganzen Monat April konnten die Sulzfelder noch auf einen glimpflichen Ausgang der Tumulte hoffen. Am 3. Mai allerdings wurde die Untersuchung offiziell eingeleitet. Dennoch bedurfte es eines geharnischten Briefes des Freiherrn Ernst von Göler, der sich beim Innenministerium über den schleppenden Fortgang der Angelegenheit beschwerte, so daß Bewegung in die Sache kam. Noch am selben Tag beantragte das Ministerium in Karlsruhe beim benachbarten Kriegsministerium die Einquartierung zweier Kompagnien in Sulzfeld, um der Untersuchung des Amtes militärischen Nachdruck zu verleihen. Die Kosten für die Einquartierung der vier Tage später, am 10. Mai 1848, im Dorfe einrückende Truppeneinheit hatte die Gemeindekasse aufzubringen. Und dies war der eigentliche Zweck der Einquartierung – die Abstrafung unbotmäßiger Gemeinden, zu denen Sulzfeld zumindest aus Karlsruher Sicht sicherlich zählte.

Mit der Militärmacht im Rücken kehrte auch der Mut der Bezirksbeamten wieder zurück. Schon am 11. Mai wurden 29 Sulzfelder verhaftet und in das örtliche Gefängnis eingeliefert oder von den Soldaten unter Arrest gehalten. Als diese am 14. Mai das Dorf verließen, lieferten sie insgesamt zwölf Sulzfelder Bürger in das neuerbaute Zuchthaus in Bruchsal ein, fünf weitere verblieben im Sulzfelder Gefängnis. Der von vielen als der intellektuelle Urheber der Tumulte angesehene Lammwirt Karl Haas befand sich seit einigen Tagen auf der Flucht vor den Nachstellungen der staatlichen Häscher. Er entzog sich später seiner Strafe durch Flucht in die Schweiz und nach Amerika.

Schuhmacher Simpert Speer
Ein Verlierer der Modernisierung –
„bey der Arbeit unverdrossen fleißig"

Friedrich Hecker sollte Konstanz als Ausgangspunkt der Erhebung wählen, weil der Seekreis schon seit mehreren Jahren zu den liberalen Hochburgen zählte. Politisch hatten die Konstanzer eine funktionierende Republik vor ihrer Haustür: die Schweiz. Die Zukunftsbilder der Stadt waren um die Jahrhundertmitte von diesen Einflüssen geprägt. Die staatliche Gegenmacht präsentierte sich am Bodensee nicht: die Stadt hatte keine Garnison.

Die liberalen Händler und Fabrikanten benötigten einen aktiven badischen Staat. So war beispielsweise die Dampfschiffahrtsgesellschaft zu 42 Prozent im Staatsbesitz. Dazu kamen noch private Aktienanteile des Markgrafen und anderer regierungsnaher Privatiers. Allein, der badische Staat sprach sich für eine vorsichtige Schiffahrtspolitik und nicht für eine kaufmännisch-gewagte Linie aus – sehr zum Ärger der in Konstanz seit 1837 erscheinenden demokratischen „Seeblätter". Bei der städtischen Grundsteinlegung des neuen Hafens am 21. Mai 1839 schrieben diese: „Es soll und wird ein für Jahrhunderte dauerndes Denkmal werden, des vorherrschenden Geistes in unserer Zeit, des Wiederaufblühens der industriellen Regsamkeit unserer vormals darin so vorteilhaft ausgezeichneten Vaterstadt".

Das liberale Geschichtsbild zeigte sich beispielhaft bei der Taufe des zweiten Dampfschiffes, das mit einem Eisenrumpf ausgestattet war. Stapellauf war am 18. Dezember 1840, sein Name lautete „Hus" – um an den während des Konstanzer Konzils verbrannten tschechischen Reformators Jan Hus (1370–1415) zu erinnern. Die badische Regierung betrieb jedoch sofort die Umbenennung. Am 16. Februar 1841 beschloß der Verwaltungsrat der Dampfschiffahrtsgesellschaft, das Schiff heiße künftig „Helvetia". Nach Meinung der Konstanzer Liberalen war dies vorauseilender Gehorsam gegenüber der österreichischen Metternich-Regierung.

Nach der wirtschaftlichen Strukturkrise 1846/47 verband sich die unentwegte Modernisierungspolitik der Liberalen lokal mit einer modernen Arbeitsmarktpolitik. Ein Bild vom März 1848 zeigt den Abriß der Konstanzer Stadtmauer: Viele Bürger sehen zu, wie Konstanzer Arme Mauerstücke zerkleinern und sie auf Schubkarren wegfahren. Der 1847 gegründete Hilfsverein hatte schon seit längerem solche „Arbeitsbeschaffungsmaßnahmen" gefordert. Im März 1848 stimmte der Gemeinderat zu und ließ die Armen der Stadt die Stadtmauer abtragen – zugleich ein Symbol überkommener Einschränkung neuen und expansiven wirtschaftsbürgerlichen Strebens.

Die Stadtmauer hatte auch im übertragenen Sinn geschützt. Sie hatte die Zunftbestimmungen umschlossen, mit denen die Handwerker ihr wirtschaftliches Zusammenleben organisiert hatten. Diese Handwerker, von der Hungerkrise 1846/47 betroffen, waren in ihrer Mehrheit die Verlierer der beginnenden Modernisierung. Betrachten wir die Konstanzer Schuhmacher, die größte Berufsgruppe, die sich im April 1848 dem Hecker-Zug anschließen wird.

Schuhmacher war ein Beruf, der armen Leuten offenstand. Warum? Ein Stück Leder, einige scharfe Messer, ein Leisten und ein paar Nadeln waren im Prinzip alles, was ein Schuhmacher brauchte – und eben eine solide Ausbildung. Daher stieg die Zahl der Schuhmachergesellen und Schuhmachermeister auch überproportional an, als die Bevölkerung in den ersten Jahrzehnten des 19. Jahrhunderts zwar wuchs, die Schicht der ärmeren Bevölkerung aber auch breiter wurde. Die Zahl der Füße, die Schuhe brauchten, war wohl gestiegen. Aber die Zahl der Leute, die Geld hatten, sich ein paar Schuhe machen zu lassen, war gleich geblieben. Die Hungerkrise 1846/47 erhöhte die Zahl der Armen, die sich keine Schuhe leisten konnten.

In den größeren Städten begannen einige Schuhmacher Geschäfte aufzubauen. Dazu bezogen sie halbfertige Produkte und hatten ein größeres Angebot. Der Kunde konnte jetzt auswählen, ob er schwarze oder braune, niedrige oder hohe Schuhe wollte. Diese wenigen Schuhmacher gehörten zu den Gewinnern der Modernisierung.

Simpert Speer: eine Verlierer-Biographie

Die Verlierer der Modernisierung wurden zu abhängigen Zulieferern der Gewinner. Viele Schuhmacher konnten ihr Leder nicht mehr kaufen. Sie wurden zu einer Art „Heimarbeiter": sie bearbeiteten das von den „Gewinnern" gestellte Leder und erhielten ihren Lohn sehr oft in Naturalien.

Die Wanderschaft war alles andere als lustig. Dies zeigt beipielsweise das Wanderbuch des damals 19jährigen Konstanzer Schuhmachergesellen Alois Jacob Kerker aus dem Jahr 1845:

> „20. Mai 1845 Konstanz; 23. Mai Radolfzell; 27. Mai Triberg;
> 2. Juni Basel; 9. Juni Schaffhausen; 12. Juni Zürich; 13. Juni Einsiedeln; 17. Juni Luzern; 25. Juni Basel; 28. Juni Waldkirch;
> 4. Juli Villingen; 5. Juli Donaueschingen – *Wird angewiesen sich unverzüglich um Arbeit umzusehen.* 8. Juli Überlingen; 10. Juli Lindau – *Inhaber wird wegen Mangels an Reisegeld über die Grenze gewiesen;* 13. Juli – *wird angewiesen sich um Arbeit umzusehen;* 14. Juli Stein a. Rhein; 18. Juli Zürich; 20. Juli Einsiedeln; 23. Juli Luzern; 28. Juli Basel; 31. Juli Waldkirch;
> 5. August Kehl – *Inhaber hat zwey Tage vom 12. bis 14. dahier am Eisenbahnbau zur Zufriedenheit gearbeitet;* 16. August Basel; 22. August Zürich; 25. August Einsiedeln (nach Glarus) – ändert Route nach Schaffhausen; 26. August Lachen; 31. August Schaffhausen (via Sigmaringen) *Inhaber wegen Arbeitslosigkeit bei Vermeidung des Schubs nach Hause gewiesen;*
> 2. September Radolfzell."

Auch von den Gesellen der Schneider, der Schreiner und anderer Berufe mußten viele um Unterstützung aus der ehemals kirchlichen Spitalstiftung nachsuchen. Die Wanderung brachte viele neue, auch politische Eindrücke mit sich. Das Idyll vom „fahrenden Handwerksgesell" ist allerdings kitschig. Die Wirklichkeit besingt die letzte Strophe eines Gesellenlieds aus dem 19. Jahrhundert:

> „In der Heimat darf ich mich nicht zeigen,
> Denn dahin ist das Geld und der Rock.
> Laßt mich meinen Namen verschweigen,
> Denn sonst droht mir ein knotiger Stock.

Statt in Betten in Wäldern gebettet,
O ich hatte nur wenig Ruh.
So hab ich denn in der Fremde nichts gerettet
Als die Hosen und zerrissene Schu'!"

Ein armer Kleinmeister, *Simpert Speer*, verfolgte aufmerksam die Vorgänge im März und April 1848. Er wurde am 14. April 1813 als zweiter Sohn des gleichnamigen Schreinermeisters und seiner Frau Agatha in Konstanz geboren.

Agatha Speer bat im September 1827 um Unterstützung mit Lebensmitteln, weil ihr Mann krank im Spital liege. Im Februar 1828 ersuchte sie um die Bezahlung der Miete und bat um Brennholz und Kleidungsstücke. Ihr Mann starb noch im gleichen Monat. Als Erbe hinterließ er: ein Hemd, ein paar Stiefel, einen Hut und eine Weste. Die Witwe ersuchte um die Aufnahme der Kinder ins Spital, da sie mit ihrem „armseligen unbedeutenden Verdienst durch Lohnarbeiten" niemand ernähren könne.

1829 begann Simpert Speer junior seine Schuhmacherlehre. Er hatte 20 Gulden Lehrgeld für vier Jahre Lehrzeit zu bezahlen – und bekam eine Lehrstelle ohne Kost und Bett und ohne „Einrechnung der Kosten für Aufdingen und Freisprechen und für die Anschaffung der benötigten Handwerkszeuge". Wieder mußte seine Mutter einen Antrag an die Spitalstiftung stellen: diesmal um „Zuteilung und Anweisung eines Lehrgelds und des Kostenbetrages zum benötigten Werkzeug."

Folgen wir Simperts Biografie, wie sie uns Reinhold Reith in seiner Sozialstudie über die Konstanzer Teilnehmer am Hecker-Zug übermittelt: Während seiner Lehrzeit war er im Bürgerspital untergebracht. Hier gab es Klagen. Der Spitalmeister war der Ansicht, daß er die „Kirche vernachlässiget und an Leib und Seel verdorben" sei: „… es wäre Noth diesem Unfug zu begegnen." Simperts Lehrmeister nahm ihn dagegen in Schutz: er besuche alle Sonntage „dahier gehörig und jederzeit" die Messe und „sey bey der Arbeit unverdrossen fleißig." Von „verderbt werdenden Sitten" sei ihm nichts bekannt.

Sein älterer Bruder Joseph ging auf Wanderschaft. Er scheint jedoch kaum Arbeit gefunden zu haben. 1832 wurde er „in seiner Noth Soldat und hatte manch unentbehrliches verkauft." Seine Mutter hielt sich zur gleichen Zeit „durch häuslichen Brodverdienst mit Spinnen und Nähen" über Wasser.

Kurz vor dem Freisprechen, der Gesellenprüfung, bat Speer im April 1833 um einige Kleidungsstücke. Nach seiner Lehrzeit arbeitete er noch ein halbes Jahr bei seinem Meister. Im März 1834 ging er auf Wanderschaft, war jedoch durch „armuthvolle Umstände" nicht in der Lage, für „ärmliche Kost, Kleider und Felleisen" selbst aufzukommen. Danach heiratete er in Konstanz am 28. September 1843 Maria Elisabetha Stecher aus Chur in der Schweiz, die Tochter eines Schuhmachermeisters. Er reihte sich ein in die Zahl der verarmten Kleinmeister. Und er war dabei, als am 13. April 1848, morgens um fünf Uhr, Generalmarsch in Konstanz geschlagen wurde – für „Wohlstand, Freiheit, Brüderlichkeit".

Die Gewinner der Modernisierung

Hatte Simpert Speer eine klare Vorstellung davon, was *Wohlstand* bedeutete, war für die andere große Gruppe die Hoffnung auf *Freiheit* konkret. Nach Reinhold Reiths Berechnungen setzten sich die Konstanzer Teilnehmer am Hecker-Zug zu 60 Prozent aus Handwerkern zusammen, die teilweise in bitterer Not lebten. Die anderen 40 Prozent waren Handels- und Kaufleute, Angehörige der freien Berufe. Die Anwälte und Ärzte, die Literaten und Maler, die Fabrikanten und Kaufleute lasen in dem von ihnen 1834 gegründeten „Bürgermuseum" Zeitungen und Broschüren, diskutierten und waren empört, als der badische Staat und seine Polizeidiener „die betr. Blätter von den Brettern gerissen und eingesteckt" hatten. Der Ausschußvorsteher des Bürgermuseums, Anton Kreuzer, sprach am 26. Dezember 1840 von den „niedersten und rücksichtslosesten Dienern der Polizeigewalt, welche wenig Anspruch auf die Zuneigung der Bürger sich zu erwerben wissen."

Anstelle des handwerklichen Strebens nach einem geregelten Auskommen setzten die Liberalen auf das bürgerliche Konkurrenzprinzip. Effektivität und Rentabilität zählten mehr als Tradition und Gewohnheit. Sie glaubten an die bürgerliche Zukunft, während die Handwerker aus ihrer Sicht in einer überkommenen Vergangenheit kramten. Die fortschrittlichen Bürger setzten auf Modernisierung. Es waren zwei unterschiedliche, in den sozialen Beweggründen und Hoffnungen gegensätzliche Bevölkerungsgruppen, deren Unzufriedenheit mit der Situation sich in einer immer stärkeren oppositionellen Haltung gegenüber der Regierung ausdrückte: zum einen das liberale, einem freien Konkurrenzdenken das Wort redende Großbürgertum, zum anderen die aus Armut und Zukunftsangst an überlieferten Strukturen und Ordnungen festhaltenden Handwerker – die Verlierer dieser Zeit.

So verbanden sich unterschiedliche soziale Interessen zum Aufstand gegen die herrschende Ordnung:

> das Interesse des erwerbenden Bürgertums an Freiheit des wirtschaftlichen Handelns

> das Interesse der meisten Handwerker an Schutz vor der wirtschaftlichen Modernisierung

Im neuen badischen Staat konnte sich das Prinzip der Rechtsgleichheit nicht vollständig durchsetzen. Darunter litten insbesondere die Bauern in den Gebieten der Standesherren. Für volle Rechtsgleichheit traten die Juristen ein. Juristen prägten auch die Offenburger Versammlung vom 12. September 1847, laut einem Spitzelbericht „ein kleines Hambacher Fest".

Ein kleines Hambacher Fest.
Von der Offenburger Versammlung 1847
bis zum Hecker-Zug

„Die ganze Versammlung, mit Ausnahme nur Weniger, hat wie vom Revolutionsfieber ergriffen, vibriert, es war eine Wiederholung des Hambacher Festes in kleinem Maßstab," so hieß es in dem Spitzelbericht in den Akten des Großherzoglich Badischen Ministeriums des Innern über die Offenburger Versammlung der „entschiedenen Freunde der badischen Verfassung". Sie fand am 12. September 1847 im Gasthaus Salmen statt. Der „Aufenthalt in jener Versammlung war für einen Konservativen schon ein Wagnis", insofern er „dem Argwohn und der Beobachtung ausgesetzt" war, hieß es in dem Spitzelbericht. Die Meinung des Ministeriums des Innern: Die „Sache eignet sich zur gerichtlichen Aburteilung."

Der Saal war mit Laubgewinden verziert; hinter der Bühne standen Büsten des 1811 verstorbenen Großherzogs Karl Friedrich und des regierenden Großherzogs Leopold. Daneben waren „Bilder sämtlicher Oppositionsmänner einschließlich Struve". Diese waren gleichfalls mit Laub geschmückt, hieß es im Bericht weiter. Etwa 250 Leute hatten sich zum Essen versammelt: Friedrich Hecker war darunter, Lorenz Brentano (1813–1891), ein radikalliberaler Anwalt aus Mannheim, seit 1845 Abgeordneter der 2. Kammer, viele „Repräsentanten des radikalen Schweifes", viele Bürger aus Offenburg und Umgebung. Nach dem Essen öffneten sich die Türen des Saales. „Ein breiter Strom von Menschen aller Schichten" wälzte sich herein: „Handwerksgesellen, Hausknechte, Fuhrleute und Bauernknechte befinden sich in großer Zahl darunter."

Nach öffentlichen Aufrufen, Flugblättern und Zeitungsartikeln in Mannheim, Heidelberg und Offenburg waren die fast insgesamt 900 Besucher an einem Sonntagnachmittag gekommen. Zum ersten Mal sollten die politischen und sozialen Forderungen zu einem Programm zusammengefaßt werden. Es wurde Wahlkampf gemacht – Wahlkampf für Abgeordnete des Volks, für die *Volksmänner*. Die Offenburger Versammlung wurde zur Gründungsversammlung des demokratischen Weges. Fried-

*Offenburg im
19. Jahrhundert*

rich Hecker sprach von einer „Magna Charta der Volksfreiheit" und
stellte folgende Forderungen:

> Lossagung von den Karlsbader Beschlüssen von 1819 und allen
> die Grundrechte verletzenden Beschlüssen
> Pressefreiheit
> Gewissens-, Lehr- und Religionsfreiheit
> Vereidigung des Militärs auf die Verfassung
> Persönliche Freiheit: „die Polizei höre auf, den Bürger zu bevor-
> munden und zu quälen."
> Vereins-, Versammlungs- und Bewegungsfreiheit.
> „Vertretung des Volkes beim deutschen Bunde"

Volksbewaffnung statt stehender Heere
Progressive Einkommenssteuer
Recht auf Bildung für alle
„Ausgleichung des Mißverhältnisses zwischen Kapital und Arbeit"
Geschworenengerichte
„Volkstümliche Staatsverwaltung: ... An die Stelle der Vielregierung der Beamten trete die Selbstregierung des Volkes"
„Abschaffung aller Vorrechte".

Diese „Forderungen des Volkes" nahmen die 900 einstimmig an. Zuvor hatte Hecker davon gesprochen, daß „das Volk zu einer Maschine des Gehorsams herabgesunken" sei. Das „Kapital beherrscht die Arbeit", der Arbeiter sinke dadurch zum Sklaven herab. Er schlage „hiergegen das Mittel der Association vor". Das waren neue Töne. Gustav von Struve gab unter tosendem Beifall seinen Adelstitel zurück: „Die Zeit des Adels ist vorbei. Bis zum heutigen Tage hieß ich Gustav von Struve, ab sofort will ich nur noch Bürger Struve sein!"

Hecker und Struve galten für die damalige Zeit fortan als Radikale. Die sozialen Forderungen erhielten bei den Handwerkern und Bauernknechten viel Beifall, nicht aber bei Handelsleuten und Industriellen. So argumentierte auch das „Staatslexikon" von Rotteck und Welcker: „Es versteht sich hiernach ganz von selbst, daß der Radicalismus, diese äußerste Form der Demokratie, seine zahlreichsten Anhänger und seine eigentliche Stärke in den untersten Schichten der Bevölkerung hat." Sein Ziel sei die „absolute Gleichheit aller". Die Radikalen forderten den „Wegfall des Adels, der Rangtitel, Ehrenzeichen usw."

Karl Mathy, ein Autor des „Staatslexikons", distanzierte sich von diesen Positionen: „Wir sehen im Offenburger Manifest die wirklich rücksichtslose, wirklich freche Kriegserklärung einer Partei, welche sich allem Bestehenden entgegenstellt, und deren stehendes Heer die betörten Handwerksbursche und beutelustigen Schüler Babeufs sein sollen." François-Noël Babeuf (1760–1797) war ein französischer Frühsozialist, der, von Rousseau beeinflußt, die Gesellschaft durch Arbeiterassoziationen sozial umwälzen wollte.

Am 9. und 10. Oktober 1847 versammelten sich die gemäßigten Liberalen aus Preußen, Hessen-Nassau, dem Großherzogtum Hessen und Württemberg im Gasthof „Zum halben Monde" im hessischen Heppenheim. Friedrich Daniel Bassermann und seine Freunde waren auch gegen das gleiche Wahlrecht. Sie waren für den Zensus. Politischer Verlaß war für Bassermann nur auf die selbständigen Bürger. Und selbständig war nur derjenige, der über Besitz verfügte.

Die Situation in Europa

Liberale und Demokraten in Baden bekamen aber beide Aufwind: in ganz Europa war die Situation nahe dem Siedepunkt. In Italien gab ausgerechnet der neue Papst Anstoß zu einer liberalen Offensive. Pius IX. erließ 1846 eine Amnestie und bewilligte Presse- und Versammlungsfreiheit. Dies weckte Hoffnungen auf Reformen in ganz Italien, das, ähnlich wie Deutschland, in mehrere Teilstaaten aufgespalten war. In Neapel-Sizilien konnten die Truppen König Ferdinand II. einen ersten Aufstandsversuch in Messina noch niederschlagen. Am 12. Januar 1848 errangen Liberale und Demokraten in Palermo ihren ersten Sieg. Im Februar 1848 erhielt das süditalienische Königreich seine erste Verfassung. Florenz und Sardinien-Piemont folgten nach. Mailand und Venedig erhoben sich im März gegen die österreichische Besatzung. Ihre provisorischen Regierungen waren auf kurze Sicht erfolgreich. Auf jeden Fall banden sie die österreichischen Truppen und schufen Bewegungsfreiheit für die Aufstandsbewegungen, die sich in fast allen Teilen der k. u. k. Monarchie ausbreiteten – auch in Wien.

Die Schweiz war Zuflucht vieler geflohener Badener – auch für Karl Mathy in den dreißiger Jahren. Damals wurden die Kantone jedoch noch von den konservativen traditionellen Oberschichten, den Patriziaten regiert. Die „Bewegungspartei" hingegen forderte eine repräsentative Demokratie mit Gewaltenteilung, Gleichheit vor dem Gesetz und allgemeinem Wahlrecht. Die Bewegung wurde noch eine Zeitlang unterdrückt. Freischarenzüge organisierten sich zum Sturz konservativer Kantonsregierungen. Daraufhin vereinten sich sieben konservative Kantone zu einem Sonderbund. Am 4. November 1847 erklärte die Tagsatzung, die nationale Versammlung aller kantonalen Gesandten, diesen Bund für bundesrechtswidrig. Innerhalb eines Monats wurden die sieben abtrünnigen Kantone besiegt. In Baden nahmen die Demokraten diese Freischarenzüge und den Sturz der konservativen Kantonsregierungen als Vorbild für eigene Aktionen.

Der entscheidende Anstoß für Baden kam jedoch aus Frankreich. Die 1846 einsetzende Wirtschaftskrise verstärkte die Opposition. Zunächst waren ihre Ziele verschwommen. Eine Methode, die Versammlungsfreiheit durchzusetzen, gab der Bewegung jedoch Konturen. Es war die „campagne de banquets": mit gemeinsamen Essen und zahlreichen Toasten umging die Opposition das Verbot politischer Versammlungen. Am 22. Februar 1848 kam es trotz neuerlicher Verbote zu einer Massendemonstration und großen Versammlungen. Die Armee eröffnete das Feuer und erschoß 50 Teilnehmer. Barrikaden wurden gebaut. Unter dem Druck der Massen fand die Monarchie ein Ende. In den letzten Februartagen bildete sich eine bürgerliche Regierung und rief die soziale Republik aus, die Handwerkern und Arbeitern mit der Einrichtung sogenannter Nationalwerkstätten Arbeit und Schutz zu bieten versuchte.

„Vom Literat bis zum Arbeiter": Die Mannheimer Versammlung und das Karlsruher Ständehaus

Der Funke sprang zunächst nach Baden über. Am 27. Februar 1848 fand in Mannheim eine große Volksversammlung statt. Die Petition an die Karlsruher Regierung trug die Handschrift Struves:

> *Das alte System wankt und zerfällt in Trümmer. Allerorten haben die Völker mit kräftiger Hand die Rechte sich selbst genommen, welche ihre Machthaber ihnen vorenthielten. Deutschland darf nicht länger geduldig zusehen, wie es mit Füßen getreten wird. Das deutsche Volk hat das Recht zu verlangen: Wohlstand, Bildung und Freiheit für alle Klassen der Gesellschaft, ohne Unterschied der Geburt und des Standes.*

Diese Petition mündete in vier Forderungen:

Volksbewaffnungen mit freier Wahl der Offiziere
Pressefreiheit
Schwurgerichte nach dem Vorbild Englands
Sofortige Bildung eines deutschen Parlaments.

Die badische Regierung versuchte, der Reformbewegung den Wind aus den Segeln zu nehmen, indem sie bereits am 29. Februar Gesetzesänderungen ankündigte. Am 1. März überbrachten die Mannheimer ihre Petition nach Karlsruhe. Der Schriftsteller Josef Victor Scheffel war bei ihrer Ankunft dabei: „Heute haben Hecker und v. Struve den schon lange proponierten Gedanken, mündliche Petitionäre nach Karlsruhe zu führen, ausgeführt. Verdoppelung der Lokomotiven reichte kaum hin, die Menge von Mannheim, Heidelberg usw. zu bringen; – verschiedenes Volk, vom Literaten und Advokaten bis zum Arbeiter, alles mit schwarz-rot-goldener Kokarde. Sie zogen in die Kammer der Abgeordneten mit der Petition um Realisierung sämtlicher Volkswünsche. Diese enthalten (…) einige noch ganz vag gefaßte sozialistische Forderungen, ‚Ausgleich des Mißverhältnisses von Kapital und Arbeit', ‚Allgemeiner Wohlstand (!)', ‚Bildung und Unterricht' u. a. m. – Diese sämtlichen Wünsche waren als kleine Flugschrift gedruckt, und die Mannheimer sollen während der Eisenbahnfahrt ein wahres Schneegestöber von Flugschriften ins Land hinaus losgelassen haben." An der Spitze ging Struve. Auch die Bürger mit den in anderen Städten angenommenen Bittschriften waren dabei, darunter die Heidelberger, die unter Vorsitz von Mittermaier

Die Paulskirche in Frankfurt am Main

ihre Versammlung abgehalten hatten. „Die Galerie der 2. Kammer reichte natürlich nicht aus, die vielen Tausende zu fassen", so Scheffel. Struve wollte die Türen öffnen lassen. Die Mehrheit der Abgeordneten war dagegen, denn nach der Geschäftsordnung durften die Petitionen nur von einem Abgeordneten übergeben werden. Hecker ging deshalb seinem Freund Struve entgegen und verlangte, daß die Kammer sich die Petition zu eigen mache. Würde es den Demokraten gelingen, die 2. Kammer mitzureißen?

Karl Mathy sprang im allgemeinen Durcheinander auf: „Eher will ich auf meinem Platz sterben, als mir durch Einschüchterung etwas gegen meine Überzeugung abringen lassen!" Das Parlament, so Mathy, sei die wahre Volksvertretung, es dürfe sich nicht von den draußen wartenden Massen beeinflussen oder einschüchtern lassen. Mathy setzte durch, daß die Petitionen gemäß der Geschäftsordnung erst in den Ausschüssen beraten wurden. Das war ein erster Sieg der Liberalen über die Demokraten.

69

In fast allen deutschen Staaten bildeten sich die bereits erwähnten „März-Ministerien", wie zum Beispiel in Baden oder im Großherzogtum Hessen mit Heinrich von Gagern (1799–1880). Diese erreichten Pressefreiheit, Geschworenengerichte und andere Verbesserungen, unterdrückten aber weitergehende Forderungen und auch lokale Erhebungen – wie zum Beispiel in Hessen.

Auf der Woge des Aufbruchs versammelten sich am 5. März 1848 51 Vertreter westdeutscher Staaten in Heidelberg, darunter auch Struve, Hecker, Bassermann und Mathy. Sie vereinbarten die Bildung eines Vorparlaments für eine deutsche Nationalversammlung.

Das Vorparlament in Frankfurt

In Frankfurt trat am 31. März 1848 in der Frankfurter Paulskirche das Vorparlament zusammen. 574 Männer des „allgemeinen Vertrauens", zumeist aus den Landtagen, kamen. Darunter waren 72 Badener, Preußen war mit 141 Delegierten vertreten, Hessen-Darmstadt schickte 84 Abgeordnete, Österreich nur zwei.

Die badischen Abgeordneten fieberten der ersten Sitzung entgegen. Gustav Struve brachte sofort einen Grundsatzantrag ein. Er sprach über „tiefste Erniedrigung, Knechtung, Verdummung und Aussaugung des Volkes" und beantragte dann ein umfassendes Programm, das die für uns heute gültigen demokratischen Grundrechte im Prinzip zusammenfaßt.

Die 15 Punkte im einzelnen:

> „Aufhebung des stehenden Soldatenheeres", statt dessen eine „alle waffenfähigen Männer umfassende Volkswehr"
>
> Pressefreiheit
>
> „Eine wohlfeile Regierung, welche aus frei gewählten Volksmännern besteht"
>
> Eine progressive Einkommens- und Vermögenssteuer und ein freies deutsches Wirtschaftsgebiet
>
> Abschaffung der Vorrechte des Adels und der „Privilegien des Reichtums"
>
> Kommunale Selbstverwaltung

„Aufhebung aller Klöster" und „des Bundes ... zwischen Kirche und Staat, und Kirche und Schule"

Glaubens- und Gewissensfreiheit, Vereinsfreiheit

Persönliche Freiheit

Schwurgerichte

„Beseitigung des Notstandes der arbeitenden Klassen und des Mittelstandes"

„Ausgleichung des Mißverhältnisses zwischen Kapital und Arbeit vermittelst eines besonderen Arbeiter-Ministeriums"

Klare Rechtsgrundlagen

Deutsche Einheit und Gliederung in „Reichskreise"

„Aufhebung der erblichen Monarchie (Einherrschaft) und Ersetzung derselben durch frei gewählte Parlamente ..."

Struve schloß mit einem Appell an die „deutschen Brüder", sich dieses Programm zu eigen zu machen. Der Beifall war allerdings spärlich. Die nächsten Redner wandten sich gegen die Resolution oder schwächten sie ab. Mit 356 gegen 142 Stimmen lehnte die Mehrheit den von Struve vorgeschlagenen Weg ab, ebenso wie den von Hecker und Struve vertretenen Antrag, die Versammlung solle auf Dauer zusammenbleiben, sich für „permanent" erklären. Lediglich ein Ausschuß von 50 Mitgliedern wurde gewählt, in den nicht einmal Hecker selbst Einzug halten konnte. Er kam nur auf Platz 51, Struve auf Platz 62.

Friedrich Hecker zog die Konsequenz: „Hier in Frankfurt ist nichts zu machen, es gilt, in Baden loszuschlagen!"

„Steht wirklich Deutschland im Frühlingsflor?"
Die Demokratiebewegungen 1848

Auch in Wien kam es im März 1848 zu Auseinandersetzungen. Arbeiter und Handwerker versuchten, in die Innenstadt vorzudringen. Auf dem Wallgraben vor der Innenstadt, dem Glacis, rissen die Demonstranten die Gas-Kandelaber aus ihrer Verankerung. Das ausströmende Gas wurde entzündet und umgab die Stadt mit einem Feuerkranz, der auch von der Hofburg aus wahrzunehmen war. Hier ließen Hof und Regierung Clemens von Metternich (1773–1859) als Reichskanzler am 14. März 1848 fallen; am 15. März organisierten Hof und Adel einen Versuch, die Verhältnisse umzukehren. Sie ließen den wegen einer Epilepsie entmachteten Kaiser Ferdinand I. ohne militärischen Schutz und im offenen Wagen durch die Innenstadt fahren. In der Tat applaudierten die Wiener, begeistert wollten sie ihm gar die Pferde ausspannen und den Wagen selbst ziehen. Der erste und zweite Thronfolger, die Erzherzöge Franz Carl und Franz Joseph, saßen hinter ihm, entsetzt vernahmen sie den spontanen Ausruf des Kaisers: „Ich genehmige Euch alles."

Auch in Berlin verneigte sich der preußische König Friedrich Wilhelm IV. am 19. März 1848 vor den gefallenen Barrikadenkämpfern. Am 20. März kam im Rahmen der für polnische Gefangene erteilten Amnestie Louis Mieroslawski (1814–1878) aus dem Staatsgefängnis bei Berlin-Moabit frei – er hatte dort als Führer der polnischen Aufstandsbewegung eingesessen. Mieroslawski sollte später in der badischen Revolution 1849 die militärische Führung übernehmen, einstweilen schwenkte er bei der Demonstration der freigelassenen polnischen Freiheitskämpfer die schwarz-rot-goldene Fahne und erklärte, Polen und Preußen müßten Brudervölker sein!

Prinz Wilhelm von Preußen (1797–1888), der Thronfolger, galt als Drahtzieher des harten Vorgehens gegen die Demokraten. Der König befahl ihm, Berlin zu verlassen und schickte ihn mit einem Scheinauftrag zur Königin von England. Eine Volksmenge forderte Eingang in Wilhelms Palais Unter den Linden. Prinz Wilhelm schrieb: „Was habe ich getan, daß ich so mein Vaterland verlassen muß?" Unter dem Titel „Der Prinz von Preußen und die demokratische Revolution" bot eine Berliner Flugschrift die Antwort: in ihr wird er als Inbegriff eines „starren und absolutistischen Soldatentums" beschrieben, als Förderer von „Offiziers- und Feldwebelkarikaturen, nach deren Kasernenphilosophie der Staat und die Bürgerkanaille überhaupt nur der Soldaten wegen da war." Der bayrische Gesandte Max Lerchenfeld schrieb am 29. März, der Prinz von Preußen könne nur als Haupt der Reaktion zurückkehren. Gegen den Beschluß des preußischen Staatsministeriums vom 8. Mai, seine Rückkehr einzuleiten, marschierte eine geschlossene Menge von 6.000 Leuten die Wilhelmstraße in Berlin hinunter. Vor dem Palais' des Prinzen fanden Aufläufe statt. Auf der Mauer des Palais' erneuerten die Demonstranten die Aufschrift: „Nationaleigentum". Trotzdem setzte der König die Rückkehr durch; am 7. Juni war der Prinz wieder in Potsdam, ungerührt von der Aufregung, die er stiftete.

Diese Aufregung fand ihren Ausdruck in einem „Republikanischen Katechismus für das deutsche Volk", der damals in Berlin verteilt wurde und in dem Fürsten und Prinzen für überflüssig erklärt wurden. Ein Fürst, heißt es da, sei ein Individuum, „das auf Kosten von Millionen prachtvoll wohnt, Austern speist, Champagner trinkt, sich Mätressen hält, ins Theater geht, Kabinettsordres unterzeichnet, aus Langeweile Reisen macht und sich dafür auch noch füttern läßt."

In Paris standen die Zeichen weiter auf Revolution. Ein Arbeiter und mehrere Sozialisten waren in der Regierung! Am 8. März demonstrierten die Deutschen in Paris für die französische Republik und für die Demokratie in Deutschland. Es war einer „der schönsten Tage, die ich je erlebte", schrieb der Schriftsteller Georg Weerth (1822–1856). Mehr als 6.000 Deutsche zogen in Viererreihen zum Rathaus, zum Hôtel de Ville. Sie marschierten unter der Schwarzrotgold-Fahne der deutschen Demokratie und unter der französischen Tricolore. Beide Fahnen waren durch ein Band verbunden, das „Fraternité", Brüderlichkeit, verkündete.

Die deutschen Demokraten in Paris organisierten sich in einer Gesellschaft, der Arbeiter-Legion. Ihre Führung hatte der politische Dichter Georg Herwegh (1817–1875) übernommen. 1839 war er wegen seiner Kriegsdienstverweigerung aus Württemberg in die Schweiz geflohen. Mit seinen „Gedichten eines Lebendigen" machte er 1842 im Schutz des Schweizer Bürgerrechts eine triumphale Lesereise durch Deutschland. In Berlin lernte er seine Frau kennen, Emma Siegmund, die Tochter eines preußischen Seidenwarenhändlers. Beide lebten künftig in der Schweiz und in Paris. Hier verlas Herwegh am 8. März 1848 die Grußadresse vor der provisorischen französischen Regierung, die begeistert in den Schlußruf einstimmte: „Vive la démocratie! Vive la république européenne!"

Anfang 1842 war Georg Herwegh mit seinem großen Kollegen Heinrich Heine (1797–1856) zusammengetroffen. Heine widmete dem jungen Kollegen folgendes Gedicht:

> „Herwegh, du eiserne Lerche,
> Mit klirrendem Jubel steigst Du empor
> Zum heiligen Sonnenlichte!
> Ward wirklich der Winter zunichte?
> Steht wirklich Deutschland im Frühlingsflor?"

Nach Herweghs Meinung war 1848 der politische Winter wirklich zunichte. Für ihn stand Deutschland in der Tat im Frühlingsflor. Er schrieb an Friedrich Hecker, um Hilfe aus Frankreich anzubieten und korrespondierte mit den deutschen Demokraten in der Schweiz. Vizepräsident der Deutschen Demokratischen Gesellschaft war Adalbert von Bornstedt (1808–1851), ursprünglich preußischer Offizier, dann Journalist und Mitglied des Bundes der Kommunisten. Da er unter dem Verdacht stand, informeller Mitarbeiter der preußischen Regierung zu sein, wurde er aus dem kommunistischen Bund ausgeschlossen: „… die sogenannte Deutsche Demokratische Gesellschaft ist im wesentlichen antikommunistisch, insofern sie erklärt, daß sie den Kampf zwischen der proletarischen und der bürgerlichen Klasse nicht anerkennt," hieß es in einer Erklärung des kommunistischen Bundes.

Der Theoretiker der entstehenden Arbeiterbewegung und Vorstand des kommunistischen Bundes, Karl Marx (1818–1883), ließ sich von der revolutionären Stimmung nicht anstecken. Der Herwegh-Biograph Michail Krausnick schreibt: „Er warnt vor der Macht der Monarchen und predigt revolutionäre Geduld." Marx besticht durch klare Analysen. So schrieb er beispielsweise zur steckengebliebenen „Revolution von oben" in Baden und anderen deutschen Staaten: „Die verschiedenen Verfassungen … waren gegeben worden, nicht nur um ihre fürstlichen Urheber populär zu machen und den ungleichartigen Vereinigungen von Provinzen, die der Wiener Kongreß ohne jegliches leitende

Prinzip gebildet, Zusammenhang zu geben, sondern auch als Verteidigungsmittel gegen die Diktate der großen Staaten zu dienen." Jetzt aber komme es auf revolutionäre Geduld an.

Etwa 4.500 Deutsche brachten diese revolutionäre Geduld nicht auf. Die Demokratische Gesellschaft machte sich von Paris auf den Weg, vor allem zogen Arbeiter und Handwerker mit. Alle wollten sie Hecker beim Kampf um die deutsche Republik helfen.

Die Situation am Bodensee

Als in Konstanz die Meldungen von den Februarereignissen aus Paris eintrafen, bekräftigte der Große Bürgerausschuß die Forderungen, die bereits die Offenburger Versammlung vom 12. September 1847 gestellt hatte: vollständige Pressefreiheit, Freiheit der Religion, Trennung von Schule und Kirche, Schwurgerichte, Sozialversicherungen für die Arbeiter, vollständige Volksbewaffnung und ein Nationalparlament. Bereits am nächsten Tag, am Sonntag, den 5. März, tagte eine allgemeine Volksversammlung. Sie beschloß, ein „permanentes Komitee" einzurichten.

Karl Mathy, badischer Landtagsabgeordneter für Konstanz, kritisierte in einem Brief an den Konstanzer Bürgermeister Karl Hüetlin die „Doppelgewalt", die Konstanz mit dem permanenten Komitee aufbaue. Noch nahm ihn Joseph Fickler (1808–1865), der Herausgeber der „Seeblätter", in seiner Zeitung in Schutz.

Am 13. März trafen die Konstanzer in einer Bürgerversammlung die Vorbereitung zum Offenburger Freiheitsfest, das am 19. März 1848 stattfinden sollte. Nicht einmal der eilig aus Karlsruhe angereiste Mathy konnte die republikanische Stimmung trüben. Sein Vorschlag, sich jetzt für den Bau einer Eisenbahn durch das Kinzigtal einzusetzen, konnte die Konstanzer nicht mehr beruhigen. Der Maler Joseph Eschbacher stimmte in der Versammlung ein Hoch auf die Republik an, das begeistert aufgenommen wurde.

In seiner Konstanzer Stadtgeschichte verweist Gert Zang darauf, daß wahrscheinlich keine so genauen Vorstellungen von der Republik bestanden: War das die Abschaffung aller Steuern? Brachte die Republik Wohlstand für alle und ein Auskommen für alle rechtschaffenen Handwerker? Bedeutete ‚Republik', daß der Staat mehr für die Eisenbahnen und Dampfschiffe tat?

Die Republik wurde in Offenburg nicht ausgerufen. In diesem Punkt waren Joseph Fickler und die anderen Konstanzer Delegierten vom Offenburger Freiheitsfest enttäuscht. Selbst Friedrich Hecker war dagegen, jetzt vorschnell die Republik auszurufen. Immerhin bekräftigten 25.000 Leute ihre demokratischen Forderungen. 25.000 Leute auf einem Platz, das war für die Turner und Sänger, die nach Offenburg kamen, für die Rechtspraktikanten, Studenten und alle anderen ein großer Eindruck, ein Aufbruchssignal.

Die Nachrichtenbombe: Liberaler läßt Demokraten verhaften

Am 9. April kam Dekan Dominikus Kuenzer (1793–1853), der Führer der kirchlichen Liberalen Südbadens, vom Frankfurter Vorparlament nach Konstanz zurück. Er brachte eine Nachricht mit, die wie eine Bombe einschlug: am 8. April war Joseph Fickler verhaftet worden. Von wem? Von Karl Mathy! War das möglich? Die Stimmung überschlug sich. Fickler, der vor einem Monat Mathy in seinen „Seeblättern" noch verteidigt hatte, verhaftet – und das aus politischen Gründen? Mit der Verhaftung versuchte Mathy, die Demokraten in seinem Wahlkreis lahmzulegen. Fickler war nämlich ein Organisationstalent. Er hielt Kontakte, war bei den Wehrleuten aktiv, bei den Arbeitern, im Bürgermuseum und war populär bei den Bauern.

Die Wehrleute, die sich zunächst zur Abwehr eines äußeren Feindes eingeschrieben hatten, waren empört. Sie hatten sich freiwillig gemeldet, wollten die „Franzosen" abwehren, dann auch das demokratiefeindliche reguläre Militär Bayerns und Württembergs. Jetzt aber wurde jede Hand „heilig gepriesen", die Mathy, den eigenen Landtagsabgeordneten, diesen „Schandfleck der Menschheit, dieses Brandmal des badischen Volkes … augenblicklich vertilgt." So berichten die „Seeblätter" von einer Volksversammlung. Eine Schar Sensenmänner zog mit einem an der Stange befestigten Bild Mathys über die Rheinbrücke in die Stadt und verbrannte es auf der Marktstätte. Nach Ansicht der „Seeblätter" waren die Konstanzer Wehrmannschaften kaum davon abzuhalten, „selbst nach Karlsruhe zu ziehen und dort mit den Häschern und Kerkermeistern deutscher Freiheitsmänner Abrechnung zu halten."

Sie waren nicht die einzigen, die diesen Plan faßten. Friedrich Hekker und Gustav Struve waren enttäuscht vom Frankfurter Vorparlament

76

zurückgekehrt. Dann die Verhaftung Ficklers! So oder so, jetzt mußten sie losschlagen. Vielleicht drohte ihnen selbst schon die Verhaftung! Konstanz war der demokratische Gegenpol zu Karlsruhe. 550 Mann standen schon unter Waffen. Am 26. März hatten sich freiwillige Wehrleute eingeschrieben. Franz Sigel (1824–1902) hatte als junger Leutnant 1847 die badische Armee verlassen, arbeitete für die Mannheimer Volkswehr und war dann auf der Offenburger Versammlung am 19. März 1847 von den Konstanzer Delegierten gefragt worden, ob er die Einweisung der Konstanzer Wehrleute übernehmen wollte. Sigel hatte zugesagt. Er teilte die 550 Freiwilligen in vier Züge auf, darunter ein Schützenzug mit 32 Leuten. Noch schien ihm ein Abmarsch dieser Züge aber viel zu früh.

Der Hecker-Zug: Aufbruch mit Schwierigkeiten

Am 11. April traf Hecker in Konstanz ein. Um einer eventuellen Verhaftung zu entgehen, war er über Frankreich und die Schweiz gereist. Struve war bereits am 10. April eingetroffen, mit diesem kamen auch August Willich (1810–1878), ein ehemaliger preußischer Leutnant und Mitglied des Bundes der Kommunisten, Theodor Mögling (1814–1867) aus dem schwäbischen Brackenheim und weitere Leute aus Heckers engerem Kreis. Vier Kolonnen sollten auf Karlsruhe vorrücken – eine durch das Kinzigtal, eine durch das Höllental, eine über St. Blasien und schließlich eine durch das Rheintal. Sigel war jedoch skeptisch und hatte wenig Vertrauen in den Oberkommandanten Willich.

In der Nacht vom 11. auf den 12. April verfaßte Hecker im Gasthaus zum „Badischen Hof" einen Aufruf an das Volk, der mit den Worten endete: „Sieg oder Tod für die deutsche Republik! Konstanz im April 1848. Der provisorische Volksausschuß."

Die Versammlungen, die Hecker durchführte, verliefen jedoch kontrovers. Im Bürgerkomitee erntete er Kritik, auch die Volksversammlung am 12. April reagierte auf seine Rede teils begeistert, teils zögerlich. Selbst der linksliberale Regierungsdirektor Ignaz Peter (1789–1872) war gegen den raschen Aufbruch. Peter war am 15. März von der großherzoglichen Regierung berufen worden, um durch dieses Zugeständnis die Gemüter am See etwas zu kühlen.

Auch der liberale Bürgermeister Karl Hüetlin (1806–1861) war gegen Heckers Pläne. Er untersagte in der Nacht zum 13. April dem Kommandanten und Instruktor Franz Sigel, Generalmarsch zu schlagen. Sigel war zunächst unentschlossen. Aber wenn es für die Demokratie einzutreten galt, wollte er nicht fehlen. Er trat von seinem städtischen Amt zurück und einigte sich mit Hüetlin darauf, daß der Ausmarsch ein freiwilliges Unternehmen sei. Als Hecker dann am Morgen des 13. April eintraf, hatte Sigel „schon die Leute in Reih und Glied, mit 4 Trommeln vor der Front", aufgestellt. Sigel fährt in seiner Schilderung fort: „Blaue Blouse, ‚Heckerhut‘, große Pistolen im Gürtel und Säbel an der Seite ließen den Chef der Insurrektion und den Oberkommandierenden sogleich erkennen. Die Sache schien mir etwas romantisch, die Schar war so klein, das Wetter so trübe und regnerisch, daß ich mehr diejenigen bewunderte, welche mit ihren schmalen Bündeln auf dem Rücken in Linie standen, als die Führer und Urheber des Aufstandes, mich selbst eingeschlossen."

Sigel zufolge erklärten sich nur 55 Mann bereit mitzumachen, erst auf dem Weg nach Stockach und von dort nach Engen sollte die Schar auf einige hundert Freischärler anwachsen. Als am 14. April einige Hecker-Anhänger in Konstanz Geld, die vier städtischen Kanonen und Munition forderten, antwortete Bürgermeister Hüetlin ausweichend. Die Hecker-Anhänger wurden daraufhin laut: „Gond uffi i di Kanzlei, reißet de Kog abba uf Gaß und schlagget in Tod". Allerdings traute sich wohl keiner in die Kanzlei des Bürgermeisters hinauf, vom anderen ganz zu schweigen. Am nächsten Tag kam Franz Sigel in die Stadt zurück. Nach seinen Angaben folgten ihm 250 Leute, am 16. April „noch zwei 3pfünder Kanonen unter dem ehemaligen badischen Oberkanonier Kunzer".

„Schnell rennt das Rad der Zeit!" Die Bauern ziehen mit

Sigel war mit seiner Kolonne auch in den Dörfern erfolgreich. Insbesondere die Bauern sahen ihre Chance, endlich die alten Zusatzlasten der einzelnen Grundherrschaften abzuschütteln. So schrieben Gemeinderat und Bürgerausschuß Singens an ihren Tiroler Ortsherren Franz III. Joseph Karl von Enzenberg (1802–1879): „... das erwachte Volk ist einig und stark, und kann nun da verlangen, wo es vor vier Wochen noch nicht einmal bitten durfte." Die Singener beklagten, „wie mancher Tropfen Schweiß" an ihren Abgaben und somit dem Enzenberger Vermögen hängt. Sie schlossen ihren Antrag, den Grundzins zu beseitigen, mit den Worten: „Schnell rennt das Rad der Zeit, mächtig ist das Verlangen

Gustav Struve und Friedrich Hecker

nach Erleichterung, und keine Macht der Welt ist imstande, dem Verlangen des Volkes zu widerstehen, wenn seine Bitten nicht gehört werden."

Aus dem 1.500-Einwohner-Dorf Singen stieß die ganze Bürgerwehr zu Sigels Kolonne, alle einheitlich gekleidet mit grauer Kleidung und grauen Filzhüten; schätzungsweise 200 Mann stießen aus dem Raum Singen zu ihm. Im benachbarten Eigeltingen feuerten die Bauern Böllerschüsse ab und schlossen sich Heckers Kolonne mit zwei kleinen Kanonen an, die vom großherzoglichen Schloß Langenstein stammten. Dorthin hatte Großherzog Ludwig seine Lebensgefährtin Katharina Werner, seit 1827 „Gräfin von Langenstein" (1799–1850), und ihre gemeinsamen Kinder gebracht. Keiner sollte dem „Verlangen des Volkes widerstehen" – von überallher wurden Zuzüge zu den vier Kolonnen gemeldet.

Indessen war die Deutsche Demokratische Gesellschaft aus Paris nach Straßburg gezogen, Hecker Hilfe anzubieten. Am Morgen des 15. April 1848 kam Emma Herwegh mit der Postkutsche nach Engen, wo sich Friedrich Hecker befand. Auf knapp 600 Personen war die Zahl seiner Mitstreiter angewachsen. Friedrich Hecker wollte die Republik. In jeder Stadt hielt er Reden, in Konstanz, in Stockach, jetzt eben auch in Engen.

Emma Herwegh berichtete:

Im Dorf sah's aus, als wär Kirchweih, oder sonst ein großes Fest. Vor dem Freiheitsbaum, der mitten auf dem Kirchplatz errichtet war, wehte die deutsche Fahne, alle Bauern waren mit weit aufgesperrten Augen und Mäulern herbeigelaufen, um den ‚Volksfreund Hecker' zu sehen, der, auf offenem Markte so ergreifend zu ihnen gesprochen hatte, daß die Mütter sämtlich weinten, die Väter sich vor Rührung den Schweiß aus der Stirn wischten und die jungen Burschen aufforderten, sich einschreiben zu lassen.

Hecker empfing Emma Herwegh freundschaftlich, politisch wich er aber einer klaren Aussage aus. Rückblickend hielt Gustav Struve dies für einen Fehler: „Hecker legte zu großen Wert auf die von der Reaktion ausgestreuten lügenhaften Gerüchte, denen zufolge die Pariser deutsche Legion aus Raubgesindel und Abenteurern der schlimmsten Art zusammengestellt sein sollte. Natürlich glaubte er diese Lügen nicht; allein er berücksichtigte sie doch insofern, als er nicht glaubte, der öffentlichen Meinung mit Entschiedenheit, d. h. durch die Tat, durch rasches Heranziehen der deutschen Brüderschar entgegen treten zu können."

Was war der Hintergrund von Heckers taktischer Haltung gegenüber Emma Herwegh und ihrem Hilfsangebot? Bereits am 26. März

80

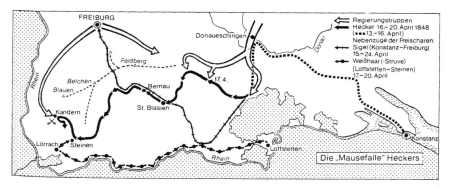

Der Hecker-Zug

war es zu einem „Franzosenlärm" gekommen. Eine fiktive Invasion des französischen „Raubgesindels" solle in Baden stattfinden ... Joseph Victor Scheffel, damals noch „mit der Republik als unserer Zukunft im Herzen", meinte, daß er die Republik als Export von Frankreich, „aus diesen Händen nicht geschenkt haben möchte."

Beim Hecker-Zug stieß der nach Donaueschingen vorausgeeilte Gustav Struve als erster auf reguläres Militär aus Württemberg. Er war enttäuscht von den Donaueschinger Bürgern, die nur ein kleines Häuflein Gefolgsleute von 90 Mann für die Demokraten zusammenbrachten. Die Bauern aus den umliegenden Orten waren dagegen zum Handeln bereit. Sie waren aus dem Fürstenberger Gebiet und wollten die Reste des Feudalismus abschütteln. Struve stellte sich an die Spitze einer Hundertschaft aus Fützen und Grimmelshofen. Der Diplomatensohn aus Karlsruhe kam aber mit ihnen offenbar nicht klar. Während er die am nördlichen Stadtrand aufgestellte Gruppe kurz für Verhandlungen mit den Württembergern verließ, drehten die Fützener wieder um, stießen dann aber zwei Tage später wieder zu den Freischärlern.

Struve erreichte mit einer Donaueschinger Delegation am 15. April den kampflosen Abzug der Demokraten aus Donaueschingen. Kaum waren die demokratischen Freischärler abgezogen, rückte das württembergische Militär ein. Die Demokraten hatten keine Zeit mehr, ihre ganze Ausrüstung mitzunehmen. Amalie Struve brachte die Gepäckstücke nach, darunter einige Kisten mit Pulver und Blei. „So war also schon dieser wichtige Punkt in den Händen des Feindes", schrieb Franz Sigel enttäuscht.

81

Südbaden aber war in Aufregung. In Bräunlingen, in Hüfingen, in Pfohren wurden Wirtshäuser zu revolutionären Treffpunkten. Gruppen von entschlossenen Männern brachen auf und kamen zurück, debattierten, zogen wieder los. Es fehlte an Koordination. Leicht gesagt: für jede Nachricht aus dem Nachbardorf mußte ein Bote geschickt werden. Das war für die Freischärler ein fast unlösbares Problem: wo stand die andere Kolonne? Wo befand sich der Kommandant? Wie lauteten seine Anweisungen? Was heute dank unserer Kommunikationstechnik in Minuten geht, war damals ein Geschäft von Tagen. Bauern, Handwerker, Taglöhner waren mobilisiert, aber nicht organisiert. Die Kolonnen wurden von den württembergischen Truppen in den Süden des Schwarzwalds abgedrängt. Karlsruhe lag fern.

Der Wirt Josef Weißhaar brach mit einem Zug in Lottstetten an der Schweizer Grenze auf und zog den Rhein entlang. Sigel führte seine relativ gut zusammengehaltene Kolonne dann direkt über die Schwarzwaldberge auf Freiburg zu.

Struve pendelte zwischen den Zügen hin und her, immer mobilisierend und agitierend. Bereits zu Beginn des Zuges war er nach Überlingen auf die andere Seeseite gefahren, um für den republikanischen Zug zu werben. Er war sich sicher: der Demokratie und der Republik gehörten die Zukunft.

Amnestie für die Teilnehmer des Hecker-Zugs –
oder „für die 34 Bedrücker des deutschen Volkes"

Zwei Abgesandte des 50er-Ausschusses vom Vorparlament in Frankfurt sahen dies allerdings anders. Der rheinpfälzische Abgeordnete Carl Spatz und der frühere Leiter des Pariser „Bundes der Geächteten", Jacob Venedey (1805–1871), reisten zu Heckers Kolonne, die bis Bernau vorgestoßen war. Dort unterbreiteten sie das Angebot, daß alle Teilnehmer am Hecker-Zug straffrei blieben, wenn sie die Waffen niederlegten. Die beiden wollten „… eine Tat verhindern, welche als Frevel am ganzen deutschen Volk erscheinen muß …, auf daß nicht durch vergossenes Bürgerblut die so herrlich begonnene friedliche Entwicklung unseres Vaterlandes zur Einheit und Freiheit gestört werde". Dies formulierten sie in einem Aufruf an die „Bürger des badischen Landes". Aber Hecker blieb konsequent. Schlagfertig machte er den Unterhändlern ein Gegenangebot: die Demo-

82

kraten böten „im Namen des deutschen Volkes den 34 Bedrückern Amnestie an, für den Fall, daß sie binnen 14 Tagen der unrechtmäßigen Herrschaft entsagen, und das Volk in sein angestammtes Recht einsetzen wollen". Hecker forderte die Abgesandten auf, mit ihm zu ziehen. Unverrichteter Dinge reisten die beiden wieder ab.

Das war schon die zweite gescheiterte Mission für den 50er-Ausschuß. Am 16. April waren die beiden Abgesandten schon bei Georg Herwegh und seiner Pariser Legion in Straßburg gewesen. Venedey versprach allen Legionären „sicheres Geleit, Marschrouten und die Vergebung aller politischen Sünden." Für die Vorstandsmitglieder galt dies aber nicht: „Nur die signalisierten Anstifter und Anführer können zur Durchreise nicht eingeladen werden, und es ist nach Vorschrift der Gesetze das Strafverfahren gegen sie einzuleiten." Venedey und Spatz ernteten mit ihrem Vorschlag aber nur Gelächter. Emma Herwegh schreibt, es hätte nicht viel gefehlt, und die beiden hätten eine Tracht Prügel bezogen.

Emma Herwegh reiste ein weiteres Mal zu Hecker, um ihm die Hilfe der deutschen „Gastarbeiter" in Frankreich anzubieten. Mit dem Zug, mit der Kutsche, zu Fuß, zu Esel, zu Pferd versuchte sie, ihn aufzuspüren. Endlich fand sie ihn: „Ich hatte mich nicht getäuscht. Schon eine halbe Stunde weit blitzten uns die Wachtfeuer entgegen. Überall waren Posten aufgestellt. Unser Wagen wurde angehalten und erst nach genauer Inspektion, unter bewaffneter Begleitung ins Hauptquartier geführt. Als mich Hecker aussteigen sah, rief er: ‚Na, Sie kommen grad recht, wir sitzen in der Mausefalle.' – ‚Wie das?' – ‚Von allen Seiten zieht sich das Militär zusammen, das wird einen heißen Kampf geben.' Mit diesen Worten führte er mich die Treppe hinauf bis ins Gastzimmer. Da sah's köstlich aus, grad wie in Wallensteins Lager. Einige lagen auf dem Boden, andere saßen im lebhaften Gespräch um Tische, wieder andere standen gedankenvoll an Türpfosten gelehnt. Dazu die vollste Anarchie der Kleider und Waffen und was mir am besten gefiel, trotz des nahen Kampfes, den jeder vorher sah, die ungetrübteste Heiterkeit." Das war am 19. April.

Hecker und seine Leute saßen in der Tat in der „Mausefalle". Württembergische Truppen riegelten den Osten zwischen Baar und Feldberg ab. Bundestruppen aus Hessen, Württemberg und Baden kamen ihm vom Rheintal her entgegen. Auf direktem Weg zwischen Hecker und Freiburg lagen Feldberg, Belchen und Blauen.

In der Nacht vom 18. auf den 19. April arbeiteten die Schuhmacher in Heckers Kolonne, vielleicht auch Simpert Speer, in Schopfheim durch. Sie versuchten, das zerrissene Schuhwerk ihrer Kameraden auszubessern.

Hecker marschierte mit seiner Kolonne durch das frisch verschneite Feldberggebiet. Sie erreichten Kandern. Noch einen Höhenzug, dann waren sie vor Freiburg!

Die Entscheidung

Die Bundestruppen machten ihnen jedoch einen Strich durch die Rechnung. Unter dem Kommando Friedrich von Gagerns waren die hessischen und badischen Truppen mit der Eisenbahn von Mannheim nach Schliengen gefahren. Gagern (1794–1848) war ein Bruder Heinrich von Gagerns (1799–1880), dem späteren Präsidenten der deutschen Nationalversammlung in der Frankfurter Paulskirche, und wahrscheinlich durch Beziehungen mit Karl Mathy an seine Position gekommen.

Die Bundestruppen hatten die Freischärler in Kandern gestellt. Hecker versuchte sich in einer Ansprache an die regulären Truppen zu wenden. Gagern ließ jedoch mit Trommelwirbel antworten, so daß niemand Heckers Worte verstand. Die Freischärler zogen südöstlich, den Scheideck-Paß hinauf. Die Bundestruppen folgten – und erreichten die Freischärler. Die Freischärler riefen den Soldaten zu. Gagern befürchtete ein Überlaufen. Er ließ feuern, die Freischärler feuerten zurück. Im Gegenfeuer fiel von Gagern – der Bruder eines führenden Repräsentanten der Liberalen von Demokraten erschossen!

Struve war der Meinung, daß die Konstanzer Schützen, in der Mitte der Paßhöhe postiert, den entscheidenden Schuß abgefeuert hatten. Diese „tapferen Musketiere" waren von Franz Sigel im Seekreis geübt worden. Trotz der Übung waren die Freischärler dem gedrillten und gut ausgerüsteten Militär unterlegen. Sie mußten fliehen.

Alles war unterwegs. Hecker schlug sich bis in die Schweiz durch. Er machte Muttenz zu seinem Exilort. Struve wurde mit einigen Mitstreitern in Säckingen eingesperrt. Durch das listige Vorgehen Theodor Möglings kam er wieder frei: er ließ einen wortreichen Schweizer einen Brief übergeben und drohte mit dem Einmarsch von 6.000 Demokraten! Struve und seine Mitstreiter konnten über die Grenzbrücke in die Schweiz davongehen.

Freiburg soll frei sein!

In all dem Chaos behielt Franz Sigel einen klaren Kopf. Mit ungefähr 4.000 Leuten zog er auf Freiburg. Freiburg sollte frei sein! Denn dort brodelte es unter der Oberfläche. Die Einwohnerzahl hatte sich von 1815 bis 1849 von 10.000 auf 15.000 gesteigert. Freiburg war Messe-, Verwaltungs- und Universitätsstadt. Neue Handwerker waren hinzugekommen: Putzmacherinnen und Regenschirmhersteller, andere Gewerbe hatten sich vergrößert: Buchbinder und Buchdrucker, Fuhrleute, Gärtner und insbesondere die Handelsleute.

Die Wohnverhältnisse waren beengt. In einer zeitgenössischen Beschreibung heißt es: „Auf die schlechtesten unter denselben sind die Armen angewiesen, von welchen nicht selten eine zahlreiche Familie in einer einzigen Stube wohnt, in die niemals ein Sonnenstrahl dringt, und nie eine reine Luft; denn bei Öffnung der Fenster füllt sie sich mit den Ausdünstungen der unter dem Fenster liegenden Dunggrube und der nahen Schweineställe; in welcher ferner die Wände vor Feuchtigkeit triefen, und ein Qualm der Ausdünstung der Bewohner und des unter dem Ofen getrockneten unreinen Weißzeugs den engen Raum erfüllt."

Hornvieh und Modernisierung

7.000 Milchkühe wurden in der engen Stadt gehalten, neben Schweinen, Schafen, Geflügel und Mastvieh. Im April 1828 meinte das Stadtamt: „… die Sicherheit in den Straßen der Stadt und ihre Reinlichkeit würden bedeutend gewinnen, wenn das Hornvieh nicht mehr an die Brunnen dürfte getrieben werden."

Zu den Sorgen mit dem Hornvieh traten bei den traditionellen Freiburger Handwerkern die Auswirkungen der beginnenden Modernisierung. So forderten die Freiburger Schneidermeister im Jahr 1844, „den hiesigen Handelsleuten den Handel mit gefertigten Kleidungsstücken und das Anfertigen laßen von Kleidern bei angemessener Strafe zu verbieten." Auch die Schuhmacher forderten, den Verkauf von Schuhen auf den Wochenmärkten zu untersagen.

Zu den Gewinnern der Modernisierung gehörten Unternehmen wie die Papierfabrik von Heinrich Flinsch, die Porzellanknopffabrik, die Woll- und Baumwollkratzenfabrik, Kuenzers Zichorienfabrik oder die

Seidenzwirnerei von Karl Mez, der einen religiös motivierten „Kommunismus" vertrat.

In Freiburg gab es Gewinner und Verlierer der Modernisierung. Die Situation ähnelte der in Konstanz. Die 1845 eröffnete Eisenbahn verbesserte in Freiburg allerdings Transport und Kommunikation wesentlich.

Heiko Haumann und seine Arbeitsgruppe stellen in der Freiburger Stadtgeschichte fest, daß sich im vormärzlichen Freiburg „die allmähliche Aneignung der bislang weitgehend der staatlichen Obrigkeit vorbehaltenen Sphäre durch das Bürgertum" vollzogen hat. Die Lesegesellschaften und die Solidaritätsaktionen für die polnischen Freiheitskämpfer, vor allem aber die Freiburger Universität mit den Professoren Karl von Rotteck (1775–1840) und Karl Theodor Welcker (1790–1869) hatten Freiburg zum Zentrum des südbadischen Liberalismus gemacht.

Auch die Kirche war für Haumann eine „Bastion des vormärzlichen Liberalkatholizismus". So leiteten Freiburger Kirchenleute den „Zölibatssturm" der badischen Katholiken ein, die mit Landtagspetitionen und Unterschriften zwischen 1828 und 1831 gegen die von der katholischen Kirche verlangte Ehelosigkeit der Priester angingen. Allerdings bekämpften der 1827 eingesetzte Freiburger Bischof Bernhard Boll und seine Nachfolger diese Bestrebungen und machten Freiburg zu einer Hochburg des konservativen, papsttreuen Katholizismus. Trotzdem blieben viele Pfarrer wichtige Vertreter der lokalen Demokratiebewegung.

So herrschte in den 40er Jahren in der Kirche, aber auch in der von staatlichen Strafmaßnahmen betroffenen Universität und in der Presse, so etwas wie eine Ruhe vor dem Sturm, ein prekäres Gleichgewicht.

Auch die Ergebnisse der Offenburger Versammlung vom März 1848 fanden in Freiburg Zustimmung. Am 26. März 1848 kamen auf dem Münsterplatz rund 25.000 Menschen vor dem schwarz-rot-gold beflaggten Münster zusammen. Die Beschlüsse des Offenburger Programms wurden begeistert angenommen. Gustav Struve hielt das Hauptreferat, immer wieder von Jubel unterbrochen. An einigen Stellen erscholl der Ruf nach der Republik.

Gesangvereine erstanden, ein Turnverein war gebildet. Den Vorsitz hatte Karl Hecker, der Leiter der Universitätsklinik – ein Bruder Friedrich Heckers. Ende März bildete sich eine Arbeiter- und Turnerfreischar. Der Obmann, der Lehrer Karl Hägele, wandte sich am 30. März mit einer Flugschrift an die Öffentlichkeit. Darin schrieb er ironisch: „Sensen in den Händen ‚roher Kerls‘ – welch gräßlicher Gedanke, rasch Eau de Cologne!" Er fügte an, daß die Freischaren ihre Sensen gerne gegen Gewehre tauschen würden.

Der Versuch der Freischaren

Am 22. April zeigten sich bei einer zweiten Versammlung die inneren Widersprüche. Es kamen etwa 2.000 Menschen – wenig, verglichen mit den 25.000, die Ende März begeistert auf dem Platz für Demokratie demonstriert hatten. Fabrikant Karl Mez (1808–1877) forderte die Leute auf, wieder nach Hause zu gehen. Karl von Rotteck (1812–1862), ein Neffe des verstorbenen liberalen Politikers, hatte von der Niederlage Heckers gehört und versuchte die Zuhörer davon zu überzeugen, daß ein bewaffneter Kampf sinnlos sei. Die Turner und Arbeiter dagegen wollten für die Demokratie losschlagen.

Die Versammlung wählte den Studenten Georg von Langsdorff zum Kommandanten der Freischaren. Ein Trupp zog Franz Sigel entgegen, ein anderer bemächtigte sich im Rathaus der dort aufgestellten vier Kanonen.

In Horben traf der Trupp am Ostersonntagnachmittag auf die ermüdete Kolonne Franz Sigels. Gustav Struve war wieder aus der Schweiz zurückgekehrt und hatte sich ihr angeschlossen – „leider!", kommentierte Franz Sigel, der wenig von Struves militärischen Fähigkeiten hielt. Struve übernahm dennoch die Vorhut und zog auf Freiburg. Seine Gruppe war jedoch der Artillerie der Bundestruppen hilflos ausgeliefert.

Inzwischen wurden die Regierungseinheiten wesentlich verstärkt. Sie hatten die Stadt umstellt. Drei Tore hatten sie bereits eingenommen, nur das Schwabentor befand sich noch in der Hand der Demokraten. Hier versuchten Sigels Leute vergeblich einen Entlastungsangriff. Die Angreifer wurden zerstreut, Sigel und Theodor Mögling gelang es, mit Hilfe einiger Freiburger Demokraten in Freiburg unterzutauchen und dann Richtung Glottertal zu verschwinden. 33 Tote verzeichneten die Kirchenbücher, ihre Zahl dürfte jedoch wesentlich höher gewesen sein.

Während das reguläre Militär in Freiburg eine Hetzjagd auf die Demokraten begann, zogen sich die Reste der Kolonnen in ihre Heimatgemeinden zurück, einige flüchteten sich auf die Schusterinsel im Rhein nahe dem elsässischen Hüningen.

„Die Republik proclamieren und Hecker helfen".
Die Situation in Nordbaden

Auch in Nordbaden kam es in diesen Ostertagen zu Aktionen der Demokraten. Doch die Nachrichten brauchten Stunden und Tage, bis sie die
200 Kilometer ins Unterland zurückgelegt hatten. So gab es in Mannheim
am 26. April Barrikadenkämpfe gegen die mit Zustimmung der Regierung in der Stadt agierenden nassauischen und bayrischen Truppen, sie
wurden aber schnell vom Militär abgewürgt. Und es war sicher ein Zufall,
daß ausgerechnet am Ostermontag, dem Tag der endgültigen Niederlage
der Demokraten in Südbaden, Einwohner aus Sinsheim nach Heidelberg
zogen und erklärten, „daß sie … aufgeboten worden seyen, um den Hei-
delbergern zu Hilfe zu ziehen, welche heute die Republik proclamieren,
und Hecker zu Hilfe ziehen wollten."

Was war in der Amtsstadt Sinsheim mit ihren knapp 2.500 Einwohnern vorgefallen? Die Bauern und Tagelöhner litten unter der Hungerkrise – wie auch die Bauern im Odenwald. Im Gegensatz zu ihnen hatten
sie aber jemand, der ihrem Protest moderne, republikanische Worte geben konnte. Es war der Apotheker Gustav Maier (1812–1853), der aus
dem Seekreis stammte. Nach den Worten des „Mannheimer Journals"
vom 30. April 1848 begann Maier „den Fürstenhaß zu predigen, die Absichten und Anordnungen der Regierung mit schnödem Tadel zu ver-
dächtigen und Mißtrauen gegen die Organe der Staatsgewalt zu säen."
Maier habe „die republikanische Regierungsform als das Universalheil-
mittel für alle und jede Gebrechen des Staatslebens" gepriesen und „Pam-
phlete der gemeinsten und gehässigsten Art als Brandfackeln" unter das
Volk geschleudert.

Diese Brandfackeln entzündeten das revolutionäre Feuer unter den
Sinsheimer Bauern, die arm waren, Hunger litten und denen die Staats-
bürokratie nicht half, sondern ihre Not durch Abgaben noch vergrößerte.
Am 23. April glaubten sie das verabredete Zeichen der Heidelberger Demokraten zu sehen: den Feuerschein auf dem Berg Königstuhl. Am Morgen des 24. ließ die Stadt Generalmarsch schlagen, als Zeichen zum bewaffneten Sammeln. Ein großer Zug bewegte sich nach Heidelberg:
Nach drei Stunden wurden die Sinsheimer dort aber nicht als Helden
des republikanischen Kampfs begrüßt, sondern argwöhnisch betrachtet.
Nachdem sie sich vor dem Rathaus aufgestellt hatten, kam die Bürgerwehr, aber nicht um ihnen um den Hals zu fallen. Nein, die Bürgerwehr

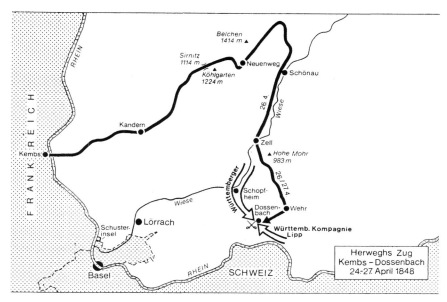

Der Herwegh-Zug

entwaffnete die braven Sinsheimer und schickte sie wieder nach Hause. So endete das Bestreben, „heute die Republik zu proklamieren".

Die letzten Versuche in Südbaden

Auch in Südbaden war die Nachrichtenlage unklar. Die Bürgerversammlung in Villingen beschloß am 23. April „zur Unterstützung des Heckerschen Zuges eine Mannschaft abzusenden." Am 24. April um 7 Uhr morgens wurde Generalmarsch geschlagen. 87 Männer marschierten nach Furtwangen. Zwei Villinger Gemeinderäte wurden nach Freiburg vorausgeschickt, um Klarheit zu gewinnen. In Denzlingen erhielten sie Aufklärung von fliehenden Freischaren.

Der Lehrer Paul Revellio schreibt 1950 in den „Schriften des Vereins für Geschichte und Naturgeschichte der Baar": „Sie kehrten um und trafen die Kolonne in Furtwangen erschlafft an, und diese wurde durch sie noch vollständig entmutigt." Die 87 kehrten um und wurden mit Wagen wieder nach Villingen zurückgeholt. Paul Revellio beschreibt die

89

Teilnehmer: „Es waren meistens Männer mit zahlreicher Familie, die wegen Verdienstlosigkeit und Nahrungssorgen sich zu diesem Zug entschlossen hatten." Ihr Führer war Johann Baptist Willmann. Der Student hatte schon 1832 auf dem Dreifaltigkeitsberg bei Spaichingen das „Hambacher Lied" gesungen und wurde in Tübingen „wegen seinen aufreizenden Reden verwarnt". 1834 war er „wegen eines Schmählieds auf die deutschen Fürsten" mit 14 Tagen Gefängnis bestraft worden. Er floh in die Schweiz und hatte bis 1847 eine Stelle beim Obergericht in Bern. 1848 und 1849 spielte er eine führende Rolle bei Demokraten. Er wird zu vier Jahren Gefängnis verurteilt. Nach Flucht und Rückkehr trat er die Strafe 1854 an und wurde 1855 begnadigt.

Wie Franz Sigels Kolonne im April 1848 zu spät kam, um Hecker zu unterstützen, so erging es der Deutschen Demokratischen Legion aus Paris bei ihrem Versuch, Sigel und den Freiburgern zu Hilfe zu eilen. Georg Herweghs Mitstreiter begaben sich auf einen Eilmarsch durch den Südschwarzwald, um in die rettende Schweiz zu gelangen. Fünf Kilometer vor der Grenze, bei Dossenbach, verwickelten württembergische Truppen die erschöpften Freischärler in ein Gefecht. Nach kurzer Zeit schlugen die Württemberger die tapfer kämpfenden Demokraten in die Flucht und töteten einige von ihnen. Emma und Georg Herwegh flohen in einer Bauernkutsche in die Schweiz.

Emma Herwegh und Amalie Struve haben oft gezielt in den Gang der Ereignisse eingegriffen. Ihr aktives politisches Engagement ließ die Öffentlichkeit aufmerken. Sie setzten ein Zeichen, daß Frauen politisch aktiv sein können. Genauso begannen die Handwerker und Arbeiter ihre eigene Situation zu begreifen und sich bewußt zusammenzuschließen.

Nach dem Frühjahr 1848 gab es 3.500 Hochverratsprozesse gegen die Demokraten, in vielen badischen Gemeinden und Landstrichen galt der Belagerungszustand, 30.000 Soldaten, zumeist aus anderen deutschen Staaten, wurden einquartiert. Trotzdem: bei den Wahlen zur ersten deutschen Nationalversammlung in der Frankfurter Paulskirche, wenige Wochen nach dem Hecker-Zug, wählten die Badener entschiedene Demokraten. 13 der 19 badischen Abgeordneten gehörten nach damaligen Begriffen der Linken an – das 20. Mandat war von den Tiengener Wählern für Hecker vorgesehen und blieb unbesetzt.

Von der Demokratie im Parlament zur Demokratie im Volksverein:
Skizze der badischen Entwicklung in der zweiten Hälfte des Jahres 1848

Die Hochrheinstadt Tiengen wählte Friedrich Hecker bei den Wahlen zur Nationalversammlung, deren Mehrheit sich jedoch gegen eine Amnestie für Hecker aussprach. Hecker sollte kein Parlamentarier werden. Tiengen mußte die Wahl wiederholen. Wie sah das Ergebnis aus? Wieder errang Hecker die meisten Stimmen, und abermals wurde das Wahlergebnis nicht anerkannt. Enttäuscht verließ Hecker Muttenz im Baselbiet. Von dort aus hätte er jeden Tag nach Baden zurückkehren können. Im September 1848 schiffte er sich in die USA ein.

Die erste deutsche Nationalversammlung war – auch ohne Hecker – ein Markstein der Demokratiebewegung. Die Versammlung trat am 18. Mai 1848 zusammen. Dort dominierten erstmals die liberalen bürgerlichen Mittelschichten in ihren unterschiedlichen Ausprägungen. Von den gewählten Abgeordneten waren 60 Prozent Juristen. Die Mehrheit der Abgeordneten war jedoch nicht für eine Republik. Die „Revolutionäre wider Willen" fürchteten, daß hinter der revolutionären Bewegung auch ein Angriff auf die bürgerliche Eigentumsordnung lauerte. Verlierer und Gewinner der Modernisierung trafen sich oft in einer der Fraktionen, die sich in der Paulskirche herausbildete. Die „komplexe Mischung aus Modernisierungspotentialen, blockierenden Elementen und vergangenheitsorientierten Zielen in allen politischen Richtungen erzeugte eine Problemfülle, die die Revolutionsbewegungen nicht zu lösen vermochten", urteilt der Historiker Dieter Langewiesche.

Die Nationalversammlung in der Paulskirche war Hoffnungsträger. Deswegen sah sie sich einem gewaltigen außerparlamentarischen Druck ausgesetzt. In Frankfurt meldeten sich die unterschiedlichen Strömungen zu Wort: im Juni tagte der Kongreß der demokratischen Republikaner, im Juli kam es in Sachsenhausen zum offenen Aufruhr mit radikaldemokratischer Absicht. Im September 1848 billigte die knappe Mehrheit in der Paulskirche den Waffenstillstandsvertrag Preußens mit Dänemark über Schleswig-Holstein. Für Teile der Öffentlichkeit richtete sich dieser Vertrag gegen deutsche Interessen. „Demonstrierende und aufruhrbereite Massen – Turner zumal" zogen durch Frankfurt. So beschreibt es Willy Real in seiner Geschichte von 1848/49. Zwei Abgeordnete, die den Waffenstillstand befürwortet hatten, werden ermordet. Real weiter: „Die politische Ohnmacht der Zentralgewalt hätte nicht deutlicher hervortreten können. Das Ansehen der Nationalversammlung war tief gesunken."

„Die Revolutionierung und Republikanisierung Deutschlands" endet in Staufen

Jetzt hielt Gustav Struve seine Stunde für gekommen. Gemeinsam mit seinem Freund Karl Heinzen (1809–1880) aus Grevenbroich hatte er seinen „Plan zur Revolutionierung und Republikanisierung Deutschlands" entwickelt. Dieses Papier wurde in vielen Exemplaren aus der Schweiz über die Grenze geschmuggelt.

Als Hecker sich in die USA verabschiedete, rüstete Struve zu neuen Taten. Am 21. September rückte er mit einer kleinen Gruppe Getreuer nach Lörrach. Er rief vom Lörracher Rathaus die Republik aus: „Nur das Schwert kann das deutsche Volk noch retten." Alles verlief in Lörrach nach Plan. Die Bürgerwehr war unter Waffen, die städtischen Beamten waren schon verhaftet, Tausende hörten seine Rathausrede. Er machte seinen Zuhörern Mut, gegen die fluchbeladenen Fürsten vorzugehen und engagiert für eine deutsche Republik zu kämpfen. In einer beschlagnahmten Druckerei erschien sofort das erste republikanische Regierungsblatt. Struve zog die Konsequenzen aus dem desolat organisierten Hecker-Zug: seinem Partner Karl Blind (1826–1907) übertrug er die Leitung der Finanzen. Dieser requirierte und beschlagnahmte. Auch das Prinzip des freiwilligen Mitmarschierens fiel für eine straffe Aushebung aller in Frage kommenden Jahrgänge. Mit dabei waren wieder August Willich, Theodor Mögling und Johann Philipp Becker (1800–1886), der Führer der deutschen Legion in der Schweiz, die alle eine Führungsrolle beim Hecker-Zug gespielt hatten.

Der Schriftsteller und Pfarrer Heinrich Hansjakob (1837–1916) ließ in Hagnau am Bodensee seinen späteren Sakristan Konrad Kübele zu seiner Frau Kreszentia sagen: „Kreszenz, ... jetzt behalten wir den Wein allen, und das Süle wird auch gemetzget, denn der Struve macht Republik." Der Schiffer und Kleinwinzer Kübele mußte jedes Jahr seinen letzten Tropfen Wein verkaufen, ebenso wie die sorgsam gefütterte Sau. Anders war der Zins für sein Haus nicht zu bezahlen. Deswegen stand er auf der Seite Heckers und Struves: weil er sich davon versprach, daß in der Demokratie wenigstens ein paar Schoppen Wein und die eine

Sau als Lohn für seine harte Arbeit blieben. Die rote Fahne wurde in Struves Zug mitgetragen. Sie wehte für die sozialen Forderungen.

Doch 1848 konnte Kübele sein Süle wieder nicht metzgen – Struves Republik dauerte keine vier Tage. Mit knapp tausend Leuten stieß Struve über Kandern nach Schliengen vor, von dort über Müllheim nach Staufen. Wieder war Freiburg das Zwischenziel. Mit mehr als zwei Bataillonen badischer Truppen war der General Hoffmann nach Staufen geeilt und rieb die Demokraten nach einem zweistündigen Gefecht auf. Die Freischärler flüchteten in die Weinberge, Struve und seine Frau kamen in Wehr in Gefangenschaft. Bis zum März 1849 mußte Struve im Zuchthaus Bruchsal auf seinen Prozeß warten – dieser Prozeß wurde eine Abrechnung mit dem badischen großherzoglichen Staat. Sein Rechtsanwalt war der Mannheimer Lorenz Brentano (1813–1891).

Der Fürstlich Fürstenbergische Hofrat Mathias Sulger (1793– 1871) zog aus seiner Sicht Bilanz für die Donaueschinger Region: „… selbst die rabiate Hüfinger Bürgerwehr scheint wieder zu Pflug und Düngerwagen zurückgekehrt zu sein. Die rote Fahne mag vielen die Augen geöffnet haben."

Die Republikaner wurden allerdings im Lauf des Jahres 1848 auf harte Proben gestellt. Am 26. Juni schlug die französische Regierung Arbeiterunruhen blutig nieder. Am 6. August zogen österreichische Truppen in Mailand ein. Im November verhängten preußische Truppen in Berlin den Belagerungszustand. In Wien hatte es zunächst noch anders ausgesehen. Am 6. Oktober weigerten sich die Truppen, gegen die revolutionären Ungarn auszurücken. 100.000 Wiener standen auf der Seite der Demokratie unter Waffen. Der Abgeordnete Robert Blum (1807– 1848) aus der Frankfurter Paulskirche eilte an die Donau, um seine Solidarität mit den kämpfenden Demokraten auszudrücken. Der Oberbefehlshaber des österreichischen Militärs, Windischgrätz, zog jedoch mit tschechischen und kroatischen Truppen gegen Wien. Am 31. Oktober nahm er die Innenstadt ein, Blum wurde trotz seines Abgeordnetenmandats standrechtlich erschossen.

Groß waren die Risse in der Opposition. Oppositionelle Handwerker und Arbeiter kämpften für die soziale Republik. Die liberalen „März-Ministerien" sahen darin eine Bedrohung und suchten Kompromisse mit den Monarchen. Diese verfügten fast überall über loyale Truppen – und „die Macht beruhte auf den Truppen", wie Wolfram Siemann schreibt.

In Baden reagierten die Demokraten empört auf die Ermordung

Blums. Fast überall, in Mannheim und Heidelberg, in Freiburg und Konstanz, fanden Trauerfeiern für diesen Vertreter der linken Abgeordneten der Paulskirche statt. Blum hatte den Hecker-Zug in Baden als isolierte Aktion kritisiert. Er war Deutschkatholik, deshalb transportierten diese Trauerfeiern gleichzeitig aufgeklärte Vorstellungen über Religion und Gesellschaft.

Der Hauptzollamtsassistent Amand Goegg (1820–1897) aus Renchen bei Offenburg arbeitete gezielt weiter. Am zweiten Weihnachtsfeiertag 1848 lud er 150 Demokraten zur Neugründung des Landesausschusses der badischen Volksvereine zusammen. An die Spitze wählten die Versammelten den Mannheimer Rechtsanwalt Lorenz Brentano, als Abgeordneter der Frankfurter Paulskirche ein Vertreter der Linken. Goegg wurde zweiter Vorsitzender und blieb der entscheidende Motor dieser demokratischen Vereine für den Kampf um die Grundrechte.

Ein denkwürdiges Jahr, dieses 1848. Die Landleute forderten Brot, die Handwerker verteidigten ihr Auskommen. Die Kauf- und Handelsleute wollten alle Beschränkungen abschaffen. Sie setzten auf einen effektiven Staat, der Eisenbahnen und Dampfschiffe baut. Dazu kamen noch Studenten und Schreiber. Sie haben von Georg Wilhelm Friedrich Hegel (1770–1831) die Idee mitbekommen, daß sich Staat und Gesellschaft entwickeln müssen. Diese Idee füllten sie mit konkretem politischem Inhalt – und sie handelten: die demokratische Republik mußte es sein!

Die von Ferdinand Förderer, Buchhändler in Villingen, herausgegebene Zeitung „Der Schwarzwälder" malte allerdings keine so rosige Perspektive. Dort erschien das Gedicht „Am Schlusse des Jahres 1848":

> „Noch eine Träne Dir, du Heldenschar,
> die du im Kampf für Freiheit mußtest fallen!
> Dir lacht des Ruhmes flammender Altar,
> uns drohen neuer Feinde Satanskrallen!
> Und wenn die Feigheit schleichet durch die Welt,
> wenn lächelnd man die Freiheit sich läßt rauben,
> wenn Lieb und Treu und Glaube matt zerfällt,
> dann ist es schwer, an einen Sieg zu glauben!"

Baden stand Ende 1848 nicht im „Frühlingsflor". Würde das nächste Jahr den Frühling für die Demokratie bringen?

Von der Reichsverfassungskampagne zur Revolution.
Baden im Frühsommer 1849

Vorgeschichte der Offenburger Versammlung

„Nach Offenburg, nach Offenburg", dieser Ruf durcheilte Anfang Mai 1849 mit Windeseile das Großherzogtum Baden. Kein Gasthaus, keine öffentliche Zusammenkunft, kein zufälliges Treffen unter Bekannten, bei denen nicht über die Einladung des provisorischen Landesausschusses der badischen Volksvereine zu einem Kongreß mit anschließender Volksversammlung diskutiert wurde. Sicher, es würde wieder ein Fest werden; ein Fest, wie die zahlreichen Volksversammlungen der Vergangenheit, bei denen schmuck gekleidete Turner voller Stolz und Tatendrang in militärischer Ordnung und Disziplin die schwarz-rot-goldene Fahne vor sich her trugen, zahlreiche Musikkapellen und Gesangvereine in den Redepausen Kurzweil verbreiteten, und die Bürgerwehren voller Selbstbewußtsein das Volk in Waffen zeigten, bereit, für die Ideale der Freiheit und Einheit Deutschlands, gegen fürstliche Willkürherrschaft und deren Marionettenregierungen zu kämpfen.

Ebenso sicher mußte man sich die üblichen Reden anhören, die dazugehörten, wie das Salz in die Suppe. Diese hatten zwar viel von ihrem Unterhaltungswert verloren, seitdem der begnadete Redner und Volkstribun Friedrich Hecker in den revolutionären Olymp, das Land der Freiheit, nach Amerika, entschwunden war. Welch eine Ironie der Geschichte, daß er sich just am 20. September vorigen Jahres, einen Tag bevor Gustav Struve, sein politischer Kampfgefährte und persönlicher Konkurrent, in Lörrach die Republik ausrief, in Southampton eingeschifft hatte. Eine kurzlebige Einrichtung übrigens, diese Republik von Lörrach, für die Struve und Karl Blind wenige Wochen zuvor in Freiburg zu acht Jahren Zuchthaus verurteilt worden waren. Allerdings war man bei diesem Prozeß nicht sicher gewesen, wer auf der Anklagebank saß, die Putschisten oder die Regierung unter dem Minister Bekk in Karlsruhe. Mit ein Verdienst ihres glänzenden Verteidigers Lorenz Brentano aus Mannheim, Vorsitzender des Landesausschusses der Volksvereine, Abgeordneter im Paulskirchenparlament und einer der populärsten Köpfe der demokratischen Opposition in Baden.

Weder Hecker, noch Struve, noch Blind, noch Brentano, der sich kränkelnd und geschwächt von den anstrengenden Prozeßtagen in Baden-Baden kurierte, würden also in Offenburg anwesend sein. Blieb von den landesweit bekannten Führern der Volksvereine nur noch der junge Rechtspraktikant Amand Goegg aus Renchen, Vizepräsident der Volksvereine und ihr unermüdlicher Organisator. Ihm war es letztlich zu verdanken, daß – ähnlich der Volksvereinsorganisation im benachbarten Württemberg – ein Netz von lokalen Vereinen und regionalen Zusammenschlüssen in Baden geknüpft worden war, das politische Belastungen und Pressionen aushalten, ja ihnen sogar Widerstand entgegenbringen konnte.

Schon die Wahl des Versammlungsortes war politische Aussage und Provokation zugleich. Schließlich waren es noch keine vierzehn Monate her, daß von der zweiten Offenburger Versammlung, am 19. März 1848, die Forderung ins Land getragen wurde, in jeder Gemeinde einen „vaterländischen Verein" zu gründen, dessen Aufgabe es sei, für die Bewaffnung, die politische und soziale Bildung des Volkes sowie für die Verwirklichung seiner ihm zustehenden Rechte Sorge zu tragen, um einen dauerhaften Zustand der Freiheit zu begründen. In der Tat war viel geleistet worden. Wie stark die demokratische Bewegung gerade in Baden geworden war, konnte man daran erkennen, daß nicht einmal die staatlichen Repressionen nach dem Zusammenbruch der beiden Aufstandsversuche im April und September 1848 vermocht hatten, das demokratische Vereinswesen und die revolutionäre Propaganda zum Verstummen zu bringen. Wurde ein Vaterländischer oder Demokratischer Verein verboten, gründete man flugs einen Volksverein, der unter diesem Namen munter fortbestand und politische Agitation betrieb. Goegg und seine zahlreichen, weniger bekannten Mitstreiter hatten ganze Arbeit geleistet. Innerhalb eines Jahres waren die Vereine wie Pilze aus dem Boden geschossen, sehr zur Beunruhigung des Ministeriums Bekk und der großherzoglichen Überwachungsbehörden. In der Jahresmitte 1848 hatten die Meldungen der Bezirksämter noch einigermaßen beruhigend geklungen: „Daß solche extravaganten Dinge hier keinen festen Boden gewinnen können", stand für den Amtmann von Müllheim im Juli 1848 klar fest. Auch seine Kollegen aus den anderen Amtsbezirken konnten, von wenigen Ausnahmen wie Mannheim, Heidelberg, Offenburg und Freiburg abgesehen, ihren Bezirk als „vereinsrein" melden, selbst wenn es „nicht an manchen Subjekten fehlte, die gerne im Trüben zu fischen wünschen". Ein Jahr später gab es keine Stadt oder größere Ortschaft mehr, in der nicht ein solcher Verein existierte. In manchen Bezirken bedeutete es für den Amtmann sogar weniger Arbeit, wenn er in den Berichten über die Stimmung unter seiner Bevölkerung nur die Gemeinden nannte, die noch nicht vom Virus „Verein" infiziert waren: „Mit Ausnahme von Grünenwörth, Boxtal und Dörlesberg" bestand z. B. im Amtsbezirk Wertheim zu Beginn der Mai-Ereignisse „fast in jedem Orte ein Volksverein" mit zum Teil beeindruckenden Mitgliederzahlen, wie der Amtmann fast schon resignierend in die Zentrale nach Karlsruhe meldete.

Nach vorsichtigen Schätzungen bestanden Anfang Mai 1849 zwischen 420 und 430 Volksvereine mit etwa 35–40 000 Mitgliedern. Täglich kamen neue hinzu. Zusammen mit den Turn- und Arbeitervereinen war ein politischer Mobilisierungsgrad erreicht, der einzigartig in der Geschichte Badens ist. Und es waren eben nicht die unterbürgerlichen Schichten, der „Pöbel", der sich mit den traditionellen Unterdrückungsmethoden des Obrigkeitsstaates noch hätte in die Schranken weisen lassen. Der badische Außenminister von Dusch war sich dessen wohl bewußt. In einer ausdrücklich als „private Meinung" deklarierten Äußerung gegenüber dem württembergischen Geschäftsträger in Karlsruhe gab er bereits im Oktober 1847 fast schon resignierend zu: „der Associationsgeist hafte ohnehin nicht an einzelnen Personen; er hätte alle Schichten der menschlichen Gesellschaft ergriffen, er lasse sich mit Verboten allein ebensowenig unterdrücken, als die Cholera durch Absperrungsmaßregeln". Honorige Herren, Bürgermeister, Staatsdiener, Landpfarrer, Gastwirte und Kaufleute, besuchten regelmäßig die Vereinsveranstaltungen, die lokalen Volksversammlungen, die Sänger- und Turnfeste. Selbst Totengedenkfeiern, wie die für den in Wien von der österreichischen Staatsmacht standrechtlich ermordeten sächsischen Reichstagsabgeordneten Robert Blum, gerieten zu politischen Demonstrationen, auf denen das Volk seine kollektive Macht und der einzelne Bürger sein gewachsenes politisches Selbstbewußtsein in aller Selbstverständlichkeit zeigten.

Die Konfrontation mit den reaktionären Kräften, für die Ruhe und Unterordnung unter den nicht hinterfragbaren Willen des Herrschers noch immer erste Bürgerpflicht war, schien unausweichlich, und sie wurde, wenn nicht gesucht, so doch akzeptiert. Die Jugend „für den unausbleiblich bevorstehenden Kampf" zu ertüchtigen und vorzubereiten, so Raphael Weil, Ratschreiber von Gernsbach und späterer Abgeordneter der Verfassunggebenden Landesversammlung, war das Leitmotiv nicht nur des neugegründeten Gernsbacher Turnvereins. Viele Vereine standen in dieser Tradition, unterstützt und gefördert durch die demokratische Presse, die nach Aufhebung der Zensur, zum ersten Mal seit Jahren die Luft der freien Meinungsäußerung atmete. Vereine und demokratische Presse gingen Hand in Hand. Sie bildeten eine kompakte Macht, die sich spätestens Anfang Mai 1849 gewissermaßen als populäre Gegenregierung zu der in Karlsruhe etabliert hatte. Nach einem Jahr unermüdlicher Organisationsarbeit war es an der Zeit, darüber Rechenschaft abzulegen, Heerschau zu halten und Perspektiven für das weitere Vorgehen zu entwickeln. Und Zehntausende sahen es als Ehrensache an, dem Aufruf des Landesausschusses Folge zu leisten und ihre Verbundenheit mit der demokratischen Volksbewegung durch ihre Anwesenheit in Offenburg zu dokumentieren.

„Nach Offenburg" hieß also die Devise, die in den ersten Maitagen das Land durcheilte. Zu einer weiteren Volksversammlung! Und doch würde alles etwas anders als die vorhergehenden Male. Die Reichsverfassung, die Tochter der März-Revolution des Jahres 1848 und kühnes Hauptwerk der Frankfurter Nationalversammlung, war in Gefahr! Zwar hatten 28 kleine und mittlere Staaten des Deutschen Bundes, darunter auch Baden, in einer gemeinsamen Erklärung, einer Kollektivnote, vom 14. April die Annahme der Reichsverfassung verkündet, damit die Gültigkeit der in diese Verfassung eingebundenen „Grundrechte des Deutschen Volkes" anerkannt und zugleich den Weg zu einem Wahlkaisertum geebnet. Friedrich Wilhelm IV., der für diesen Posten auserkorene preußische König, lehnte die ihm angetragene Krone brüsk ab. Damit war auch die preußische Zustimmung zur Reichsverfassung höchst unwahrscheinlich geworden, trotz der befürwortenden Empfehlung der 2. Kammer in Berlin. Die Furcht der Zeitgenossen, dies sei die späte Rache für die „Demütigung" des 18. März 1848 und zugleich Auftakt zu einem konservativen „roll-back" mit dem Ziel, den ganzen „demokratischen Zauber" in Frankfurt hinweg zu fegen, schien nicht unbegründet. Wie sehr sich die alten Gewalten von ihrer „Niederlage" im März 1848 erholt hatten, stellte der preußische Herrscher eindrucksvoll unter Beweis, als er seine II. Kammer, die ihm die Annahme der Kaiserkrone und der

Reichsverfassung empfohlen hatte, ob dieser unbotmäßigen Meinungsäußerung auflöste und die gewählten Vertreter der preußischen Lande
nach Hause schickte. Längst überwunden geglaubte Zeiten der tiefsten
Reaktion schienen wieder fröhliche Urstände zu feiern.

Die Königreiche Sachsen und Bayern wiederum lehnten aus
machtpolitischen Gründen die Reichsverfassung ab. Beide befürchteten
durch die Übertragung des Wahlkaisertums auf die Hohenzollern die
zwangsläufige Zementierung der preußischen Hegemonie im Deutschen
Bund und damit eigenen Machtverlust.

Das Herzstück des demokratischen Aufbruchs des Jahres 1848
war in Gefahr. Eine mächtige Kampagne zur Durchsetzung der Verfassung war die Folge. Sie ergriff Anfang Mai ganze Regionen und Länder.
Einzelne Städte in der preußischen Rheinprovinz erklärten offen ihren
Ungehorsam gegenüber Berlin, Zeughäuser der Landwehr wurden gestürmt, lokale Aufstände brachen aus, so in Elberfeld, Düsseldorf, Iser-
lohn und Solingen. In Breslau wurden ebenfalls Barrikaden errichtet.
Das Königreich Sachsen befand sich in Aufruhr, sein Herrscher, König
Friedrich August, hatte vorsichtshalber seine Dresdner Residenz bereits
verlassen. Preußische Truppen marschierten ein und schlugen den Aufstand in blutigen Kämpfen nieder. Auch in der bayrischen Rheinpfalz
gewann die Bewegung an Stärke. Eine Volksversammlung in Neustadt
wählte am 2. Mai einen provisorischen Landesverteidigungsausschuß,
der bei Nichtanerkennung der Reichsverfassung durch den bayrischen
König offen mit dem Abfall der Pfalz drohte.

Natürlich reihte sich die Volksvereinsorganisation in Baden ein in
die breite Front zur Verteidigung der Reichsverfassung. Schon am 1. Mai
1849 hatte der provisorische Landesausschuß in Mannheim die Forderung nach Bewaffnung des Volkes gestellt. „Sein Recht und seine Freiheit
mit den Waffen zu schirmen", wurde zum natürlichen Recht eines jeden
Volkes erklärt und zum Gebot der Stunde erhoben. Es galt, wachsam zu
sein. Denn trotz der Zustimmung aus Karlsruhe zum Frankfurter Verfas-
sungswerk war der großherzoglichen Regierung keineswegs zu trauen,
schien dynastische Solidarität im Zweifelsfalle die Oberhand über gege-
bene Zusagen an das Volk zu behalten. Besonders die als Teil der Reichsverfassung bereits publizierten Grundrechte des Deutschen Volkes waren
der Regierung ein Dorn im Auge. Hatte das Ministerium Bekk nicht wenige Tage zuvor ein vollkommen indiskutables Wahlgesetz in der Kammer präsentiert, das nach Aussage von Florian Mördes aus Mannheim,

einem führenden Mitglied der Volksvereine, „in allem und jedem Punkte mit den Grundrechten in Widerspruch" stand?

Ein allgemeiner Landeskongreß der Volksvereine in Baden war somit auch angesichts der geradezu dramatischen Ereignisse in anderen Ländern dringend erforderlich, galt es doch, die zukünftige nationale wie regionale Politik der demokratischen Opposition in Baden abzustimmen und erforderliche konkrete Schritte landesweit zu koordinieren. Vertreter des badischen Militärs kündigten ihr Kommen nach Offenburg an und unterstrichen damit, daß Soldaten und Bürger das gleiche Interesse an einer Fortentwicklung des Demokratisierungsprozesses hatten. Offensichtlich rumorte es auch im badischen Militär. Die politischen Diskussionen um Grundrechte und Verfassung machten nicht an den Kasernentoren Halt. Und aus den Garnisonen waren schon im Vorfeld der Offenburger Versammlung aufregende Neuigkeiten zu hören. Die militärische Disziplin schien am Boden zu liegen, die Autorität der großherzoglichen Offiziere war größtenteils zusammengebrochen und die Soldaten selbst schwankten zwischen Meuterei, Auseinanderlaufen und Kampf für die Reichsverfassung.

Ursachen und Verlauf der Militärmeuterei des 10.–12. Mai 1849

Die nahezu zeitgleichen Fälle von militärischem Ungehorsam und kollektiver Meuterei, die sich im unmittelbaren Vorfeld der Offenburger Versammlung in den wichtigsten badischen Garnisonen, Bruchsal, Rastatt, Freiburg und Lörrach, ereigneten, haben in der Geschichtsschreibung der Revolution zu manchen Spekulationen geführt. Vor allem die vehementen Gegner des demokratischen Emanzipationsprozesses, als dessen Höhepunkt und notwendige Konsequenz die Revolution im deutschen Südwesten sich präsentierte, sahen darin den unerschütterlichen Beweis für das Wirken eines revolutionären Planes, wie er von den „Wühlern" und „Rebellen" zum Umsturz aller geltenden Werte aufgestellt worden sei. Quellenmäßige Belege für die Verschwörungsthese fehlen, bloße Behauptungen überwiegen bis heute. Dies enthob die Autoren gleich einer doppelten Aufgabe. Mit der These von der Verschwörung Weniger konnte das ansonsten nur schwer erklärbare Phänomen der Massenhaftigkeit der badischen Bewegung auf die beliebige Verführbarkeit des einfachen Volkes reduziert werden. Zugleich entledigte man sich damit der

100

Notwendigkeit zur Auseinandersetzung mit den tatsächlichen Ursachen, die innerhalb weniger Stunden zum Abfall des gesamten badischen Militärs vom großherzoglichen Staat geführt haben. Und deren gab es viele! Als Beweis für die Verschwörung, für den revolutionären Plan und die gewollte Zuspitzung der Ereignisse, mußte die propagandistische Strategie der Volksvereine herhalten, die besonders im ersten Quartal 1849 ihre Bemühungen verstärkten, Zugang zum Militär zu gewinnen und damit den politischen Schulterschluß zwischen Soldat, Bürgerwehrmann und Volksvereinsmitglied vorzubereiten. Die politische Agitation der Armee war Schwerpunkt, jedoch nur Teil der viel umfassenderen Aufklärungskampagne der Volksvereine im Zusammenhang mit den Auseinandersetzungen um Grundrechte und Reichsverfassung und der politischen Reform in Baden. Eine Armee, die sich den politischen Vorstellungen der Opposition nicht verschloß, ja sie teilweise bereits als die eigenen ansah, verlor viel von ihrem reaktionären Schrecken und ließ die Chance auf einen Erfolg der angestrebten Reform von unten wachsen. In der Vergangenheit waren solche Versuche in der Regel unter den Bajonettstichen des Fürstenmilitärs zusammengebrochen. Ein gutes Verhältnis zur bewaffneten Macht war also Grundvoraussetzung jeder erfolgreichen außerparlamentarischen Aktion.

Gründe zur Unzufriedenheit gab es zuhauf bei den Soldaten. Besonders die erniedrigende, z.T. brutale, hochfahrende und würdelose Behandlung des einfachen Soldaten durch die Offiziersvorgesetzten und ihre Helfershelfer, die Unteroffiziere, wurde immer wieder kritisiert. Selbst dem Militär wohlgesonnene Zeitgenossen reagierten mit Ernüchterung und Erschrecken auf die „kollektive Rohheit" der militärischen Führung gegenüber ihren Soldaten. Körperliche Mißhandlungen waren an der Tagesordnung. Führungsmethoden, die schon bei Söldnerheeren nicht funktionierten, erwiesen sich als völlig ungeeignet für eine Armee, die sich gerade tiefgreifend wandelte.

Die just erfolgte Erhöhung des Stärkeetats auf 2 % der Bevölkerung, eine konsequentere Umsetzung der allgemeinen Wehrpflicht und vor allem die Aufhebung des Einsteherwesens, hatten die Sozialstruktur der Armee gründlich verändert. Durch die Dienstpflicht der Handwerker, Studenten, Angehörigen der freien Berufe und Arbeiter war aus der großherzoglichen Bauernarmee ein modernes Bürgerheer geworden, das die politischen und sozialen Probleme der Gesamtgesellschaft widerspiegelte. Auf diesen Wandel war die großherzogliche Militärverwaltung keineswegs vorbereitet. Mehr Soldaten drängten sich in den wenigen Kasernen, kurze Exerzierzeiten wechselten mit langen Urlaubsphasen ab, in denen die Rekruten natürlich am politischen Leben ihrer Heimatgemeinde teilnehmen konnten. Während die Offiziere jegliche Freiheit genossen, war der aktive Dienst des einfachen Soldaten streng geregelt. Und dies alles für einen vergleichsweise schäbigen Sold von vier Kreuzern am Tage. Dies entsprach einem Drittel des Einkommens eines Tagelöhners! Das Einsteherwesen, bei dem betuchte junge Männer sich vom Wehrdienst durch die Anwerbung von Einstehern freikaufen konnten, war ebenfalls aufgehoben worden. Damit verstärkte sich zwar der egalitäre Charakter der Armee. Die traditionellen Einsteher allerdings, die längerdienenden Korporale und Unteroffiziere, sahen sich dadurch der Einstandsgelder und damit eines gewichtigen Teils ihrer beruflichen Altersversorgung beraubt. Ihre soziale Deklassierung drohte. Die Stütze der Armee, das Unteroffizierskorps, entfremdete sich mit einem Schlag ihrer bisherigen Heimat.

Auf diesem aufgewühlten Boden fand der von den Volksvereinen ausgestreute politische Samen nahezu ideale Wachstumsbedingungen. Militärisches und Öffentliches gingen dabei eine Symbiose mit hoher Sprengkraft ein. Erhöhung der Löhnung, Einführung der Grundrechte in der Armee einschließlich dem Assoziations- und Versammlungsrecht, Wahl der Offiziere und Abschaffung der unbequemen Gamaschen als Symbol für die persönliche Einengung des Rekruten in einen stark reglementierenden Dienst waren die Parolen, die die Soldaten mit offenen Ohren aufnahmen. Eine Flut von Flugschriften regnete auf sie herab, oppositionelle Zeitungen kamen vor den Kasernen kostenlos zur Verteilung. In Volksversammlungen wurde die Verbrüderung zwischen Volk und Militär gefeiert, was um so leichter fiel, je mehr Freibier geflossen war. Mit gleichsam religiöser Inbrunst murmelte man das „demokratische Glaubensbekenntnis", und das Murmeln wurde immer lauter. Der Tag der Abrechnung mit den „Tyrannen" stand bevor und die Reichsverfassung schien der Hebel zu sein, mit dem deren Macht ins Wanken gebracht werden konnte. Ein Traum von Freiheit, was auch jeder darunter verstand, hatte den Südwesten Deutschlands ergriffen und breitete sich epidemisch aus: „Hinaufgefahren in die Herzen der unterdrückten Deutschen, von daher sie kommen wird, Rechenschaft abzufordern von den Tyrannen und ihren Mitbürgern. Ich glaube an eine Gemeinschaft aller freiheitsliebenden Deutschen, an die Aufhebung aller drückenden

Abgaben, die Auferstehung der Menschenrechte und eine einzige Freiheit und Gleichheit, Amen!" Dies war eine eindeutige Sprache, die jedermann verstand, und ihre Botschaft fiel auf fruchtbaren Boden, auch in der Armee.

In einer solchen Atmosphäre gewann jeder Einzelfall militärischen Ungehorsams politische Tragweite. Kaum war jemand ins Arrestlokal eingeliefert worden, stand eine Deputation vor der Tür und forderte die Freilassung des „politischen Gefangenen", wobei der Ton der Auseinandersetzung immer rauhere Formen annahm. Der Virus des „Associationsgeistes", von Dusch in resignierendem Fatalismus diagnostiziert, hatte im Frühjahr 1849 auch das Militär fest im Griff. Nach der Ablehnung der Reichsverfassung durch Preußen und Bayern durcheilte eine neue Fieberwelle das großherzogliche Heer.

Alles steuerte auf eine krisenhafte Zuspitzung der Ereignisse zu. Denn mit der Ablehnung der Verfassung war auch das Projekt eines Reichsheeres gestorben, das im badischen Militär hohe Popularität genoß. Eine Beeidigung der Armee auf die Reichsverfassung war allgemein gewünscht. Dies schien nun gefährdet. Die preußische Landwehr in der Rheinprovinz wie die Soldaten in der Rheinpfalz verweigerten schon zu Tausenden den Gehorsam. Der Landesverteidigungsausschuß in der Pfalz gerierte sich bereits wie ein Regierungsorgan und produzierte „zur Abwehr fürstlicher Attacken" Verfügungen und Erlasse am laufenden Band. Die Volksvereinsorganisation in Mannheim, die zu der Zeit, wie Amand Goegg notiert, „die Agitation bei den Garnisonen eifriger als je" betrieb, unterstützte nach Kräften die Bewegung in der Rheinpfalz. Schon formierten sich bewaffnete Freikorps, um den bedrohten Demokraten jenseits des Rheins zu Hilfe zu eilen. Das badische Volk wurde aufgefordert, den Durchzug loyaler bayrischer Truppen nach der Pfalz zu verhindern. Mannheim, der Vorort der badischen Demokratie, ging mit leuchtendem Beispiel voran und untersagte bayrischen Truppen den Eintritt ins Stadtgebiet. An das badische Militär erging von Seiten der Volksvereinsführung am 6. Mai ein flammender Appell, sich auf die Seite des Volkes zu stellen und damit jedem Versuch der Regierung entgegenzutreten, die „Reichsverfassungskampagne" mit militärischen Mitteln zu unterdrücken. Eine erste Verbrüderung feierten die Bewohner Rastatts und die badischen Festungssoldaten am 9. Mai auf dem dortigen Exerzierplatze. Am nächsten Tage folgte eine weitere Versammlung in einem Bierkeller, wohin die Kanoniere der Festung in geschlossener Formation mit blankgezogenem Säbel ausgerückt waren. Die schwarz-rot-goldene Fahne an der Spitze ihres Zuges war Programm. Hier wurde auch zum ersten Male von Seiten der Soldaten öffentlich die Forderung nach Teilnahme an der Offenburger Volksvereinsversammlung erhoben. Jede Kompagnie sollte, nach Absprache mit der Volksvereinsspitze, einen Delegierten nach Offenburg schicken können. Die Gleichstellung von Verein und Kompagnie dokumentiert, welches Gewicht der Landesausschuß einer guten Zusammenarbeit mit dem großherzoglichen Militär beimaß. Zur gleichen Zeit fand auch in Freiburg auf dem Schloßberg eine Soldatenversammlung statt. Die Offiziere reagierten mit Empfehlungen, sich nicht an solchen Veranstaltungen zu beteiligen. Dies fruchtete jedoch nicht. Im Gegenteil: Mit dieser Form des Gegensteuerns, Zureden statt eindeutiger Verbote, erlitt die Autorität der Offiziere einen weiteren, entscheidenden Schlag.

Versuche, die militärische Disziplin wieder herzustellen, waren selten und bewirkten deswegen einen eher gegenteiligen Effekt. Die Verhaftung einzelner Soldaten, die sich im Rastatter Bierkeller durch besonders energische Reden hervorgetan hatten, führte am 11. Mai zum offenen Ausbruch der Meuterei. Gewaltsam wurden die Gefangenen aus den Arrestlokalen der Leopold- und Wilhelmkaserne befreit, die wachhabenden Offiziere, von ihren Wachabteilungen im Stich gelassen, bedroht und mißhandelt. Dem Generalmarsch, dem allgemeinen Befehl zum Antreten, wurde schon keine Folge mehr geleistet. Nichts schien den buntgewürfelten Haufen aus Soldaten, Festungsarbeitern, einheimischer Bürgerwehr und Turnern aufhalten zu können, der sich am Nachmittag und in den Abendstunden des 11. Mai durch die Straßen von Rastatt wälzte. Die einbrechende Dunkelheit beruhigte nur kurz den Tatendrang und die Wut der aufständischen Menge. Freilassung auch der Kasemattengefangenen gellte als Parole durch die Nacht. Zugeständnisse des Festungskommandanten – so erhielten die Soldaten nun offiziell die Erlaubnis, die Offenburger Versammlung zu beschicken – kamen zu spät und verfehlten ihre Wirkung. Der Abtransport der in den Kasematten einsitzenden Revolutionäre Gustav Struve und Karl Blind in den frühen Morgenstunden des 12. Mai aus der aufrührerischen Festung in das vermeintlich sichere Bruchsaler Zuchthaus war eher dazu geeignet, die Schwäche des Festungsgouvernements zu unterstreichen, als den Forderungen der Meuternden die Spitze abzubrechen. Mit den Gefangenen und ihrer militärischen Begleitung reiste zudem die Nachricht von der Rastatter Meuterei in die

Bruchsaler Garnison, die dort begeisterte Nachahmer finden sollte. Schon am nächsten Tage wurden auch hier die politischen Gefangenen gewaltsam befreit.

In Lörrach war am 11. Mai ein Oberst beim vergeblichen Unterfangen, eine Gefangenenbefreiung zu verhindern, durch einen Schuß schwer verwundet worden. Ein letzter Versuch, den Soldatenaufstand in Rastatt einzudämmen, schlug ebenfalls fehl. Am 12. Mai rückte aus Karlsruhe der Kriegsminister General Hoffmann in Begleitung vermeintlich zuverlässiger Truppen an und wollte die Meuterei im Keime ersticken. Nach dramatischen Stunden in der Festung, bei denen es um ein Haar zu einem Blutbad unter den Soldaten gekommen wäre, mußte der badische Kriegsminister Stadt und Festung fluchtartig verlassen. Begleitet wurde er von wenigen großherzogtreuen Truppen. Ein Großteil seiner Begleitmannschaft hatte sich der Rastatter Festungsbesatzung angeschlossen.

Mit Ausnahme von Mannheim gab es kaum eine Garnison in Baden, die unbeteiligt die Nachrichten von den Rastatter Ereignissen zur Kenntnis nahm. Mit ihren spontanen lokalen, nach demselben Muster ablaufenden, jedoch keinem einheitlichen Plan folgenden Revolten hatten die badischen Soldaten im Vorfeld des Offenburger Volksvereinskongresses neue Tatsachen geschaffen. Wie darauf reagieren? Die Antwort auf diese Frage war ungewiß und gab der Versammlung im „Zähringer Hof" eine eigene Bedeutung. Eine Lösung mußte gefunden werden. Dies erwarteten sowohl die zahlreichen Teilnehmer auf der für Sonntag, den 13. Mai, einberufenen Volksversammlung wie Tausende von Vereinsmitgliedern in Baden.

Offenburg, 12.-13. Mai 1849

Handlungsanleitungen und Verhaltensmaßregeln erwarteten also die Delegierten der badischen Volksvereine, die sich an jenem Samstag nach Offenburg aufmachten. Die vorgesehene Tagesordnung würde angesichts der Ereignisse in den badischen Garnisonsstädten sicher in den Hintergrund treten müssen. Nicht mehr die definitive Organisation der badischen Volksvereine nach württembergischem Vorbild stand zur Debatte. Schnell wurde in der Versammlung der Rechenschaftsbericht des provisorischen Landesausschusses abgehandelt und der Plan zur endgültigen Organisation sowie zur Wahl eines definitiven Landesausschusses an eine Kommission verwiesen.

Interessanter waren die im Laufe des Nachmittags eintreffenden Nachrichten über die Vorgänge in Rastatt und die Diskussion darüber, wie die Volksvereinsorganisation auf die Vorgänge im gesamten Lande reagieren sollte. Ratlosigkeit und Unsicherheit herrschten vor. So unterschiedliche politische Charaktere wie der engagierte Republikaner Amand Goegg, just an diesem Tage aus dem badischen Staatsdienst entlassen, und der Anhänger einer konstitutionellen Monarchie wie der Mannheimer Volksvereinspräsident Florian Mördes waren sich zumindest darin einig, daß nichts überstürzt werden dürfe. Zwar erkannte Goegg sehr wohl, daß sich früher oder später die alles entscheidende Frage „Republik oder Monarchie" stellen würde. Ein übereiltes Vorgehen barg jedoch zu viele Gefahrenmomente in sich. Noch hatten nur wenige Truppeneinheiten den Gehorsam verweigert und keiner konnte mit Gewißheit sagen, ob diese Meuterei von Dauer sein würde. Ihre gewaltsame Unterdrückung war immer noch möglich, in deren Verlauf sicher auch die demokratischen Volksvereine Schaden genommen hätten. Das blutige Schicksal der sächsischen Demokraten lastete wie ein Menetekel über der Versammlung. So fiel es ihr auch leicht, dem Antrag von Mördes zuzustimmen, den Kampf um die Reichsverfassung in den Mittelpunkt der politischen Agitation zu stellen, die Frage der Republikanisierung Badens jedoch auf einen späteren Zeitpunkt zu verschieben. Dies war der kleinste politische Nenner und entsprach zudem der Gefühlslage der Mehrheit der Delegierten. Eine Kommission erarbeitete derweilen „Offenburger Beschlüsse", die der morgigen Volksversammlung vorgelegt werden sollten.

Den politischen Kräfteverhältnissen in der Versammlung entsprach die Zusammensetzung der dreiköpfigen Deputation, die noch in der Nacht nach Karlsruhe aufbrach, um der Regierung die Forderungen der badischen Volksvereine vorzutragen. Apotheker Rehmann von Offenburg und Rechtsanwalt Karl Rotteck aus Freiburg vertraten dabei die gemäßigte Richtung, während der Ettlinger Sonnenwirt Philipp Thiebaut dem Flügel der Republikaner zuzurechnen war.

Auflösung der Kammern, sofortiger Rücktritt des Ministeriums Bekk, Einberufung einer konstituierenden Landesversammlung, die Rückberufung der politischen Flüchtlinge sowie der Erlaß einer allgemeinen Amnestie für politische und militärische Gefangene waren die zentralen Forderungen, mit denen sich der in Karlsruhe krank zu Bette liegende Innenminister Bekk am Morgen des 13. Mai konfrontiert sah. Wer allerdings definitive Zusagen von Seiten des versammelten Staatsrates erwartet hatte, sah sich bitter getäuscht. Mit einer höflichen aber unmißverständlichen Abfuhr im Handgepäck, machte sich die Delegation gegen Mittag auf den Rückweg nach Offenburg.

Dort hatte inzwischen die große Volksversammlung begonnen. Schon am Vorabend waren auf dem Platz vor dem Rathaus gewaltige Tribünen aufgestellt worden und die ersten Teilnehmer aus den entfernteren Landesteilen eingetroffen. Seit dem frühen Morgen füllte sich die Stadt. Festlaune herrschte. Turner, Sänger und Musiker entstiegen den übervollen Zügen, die aus dem Ober- und Unterland anrollten. Die Fahrt war kurzweilig gewesen, Musikstücke hatten mit revolutionären Liedern abgewechselt, an jeder Station waren die neuen Fahrgäste mit „Hecker-hoch"-Rufen willkommen geheißen worden. Geschmückt mit schwarz-rot-goldenen Kokarden, Nationalfahnen oder die eigenen Volksvereinsfahnen stolz vor sich her tragend, zog man in geschlossener Formation in die Stadt ein. Aus der Rheinebene wie von den Höhen des Schwarzwaldes kam die Landbevölkerung in ihren Trachten, die Pferde und Wagen reich geziert. Die Wirte der Stadt machten glänzende Geschäfte, kein Wunder bei mehr als 30 000 Versammlungsteilnehmern.

Alles drängte sich zur Sitzung der Volksvereinsdelegierten, die seit 10.00 Uhr öffentlich tagten, um dort Neuigkeiten zu erfahren. Empfindlich gestört wurde die aufgeweckt-optimistische Stimmung durch die Rückkehr der Karlsruher Delegation mit ihren niederschmetternden Nachrichten. „Eine große Aufregung bemächtigte sich aller Anwesenden", wie ein durchaus zuverlässiger Augenzeuge wenige Tage darauf berichtete. Mehr denn je stellte sich die Frage nach dem „Was tun". Die Versammlung drohte, im Chaos zu versinken. Inmitten all des Trubels und der politischen Irritationen erwies sich Amand Goegg als Mann der Stunde und der Tat. In einer turbulenten Versammlungsatmosphäre setzte er sich mit dem Vorschlag einer Erweiterung der am Vortage ausgearbeiteten Offenburger Beschlüsse um Punkte durch, die an den Grundfesten des konstitutionellen Staates rütteln mußten. Traditionelle liberale Forderungen wie Bildung einer neuen (immer noch großherzoglichen) Regierung unter dem Vorsitz des Hofgerichtsadvokaten Lorenz Brentano, Einberufung einer konstituierenden Landesversammlung, sofortige Entlassung aller politischen Gefangenen, Verschmelzung von Militär und Bürgerwehr, freie Offizierswahl und Einschränkung der Bürokratie, waren um Positionen ergänzt worden, die ohne vollständige

Umgestaltung der herrschenden gesellschaftlichen Verhältnisse sicher nicht durchsetzbar waren. Unentgeltliche Aufhebung der Grundlasten, Abschaffung des alten Steuersystems und Einführung einer progressiven Einkommenssteuer, Errichtung einer Nationalbank für Gewerbe, Ackerbau und Handel zum Schutz der kleinen Gewerbetreibenden gegen die großen „Kapitalisten" und Bildung eines Landespensionsfonds für arbeitsunfähig gewordene Mitbürger, waren Forderungen aus dem sozialpolitischen Repertoire der radikalen Republikaner. Ohne das Wort „Republik" zu erwähnen, hatte Goegg dennoch die Stoßrichtung der Bewegung vorgegeben, die damit zwangsläufig revolutionär sein würde.

Die sofortige Bildung des Landesausschusses wurde eingeleitet, der Ausschuß selbst um Vertreter der inzwischen in Offenburg eingetroffenen Soldaten der Rastatter Garnison erweitert. Bis zur Durchsetzung seiner Forderungen erklärte er sich als permanent tagend und beschloß, in Rastatt, dem Hauptort der Militärrevolte, seinen Sitz zu nehmen. Damit stellte er sich von Anfang an hinter die Anliegen der aufständischen Soldaten und konstituierte sich unter deren Schutz in der Tat als Gegenregierung, die sich anschickte, die Regierungsgeschäfte zu übernehmen. Folgerichtig wurden für die einzelnen Ämter Zivilkommissare ernannt, die als besondere Vertrauenspersonen den Landesausschuß bei der Übernahme der Verwaltungsgeschäfte zu unterstützen hatten. Wahrlich revolutionäre Schritte, auch wenn noch niemand den Fortgang der Dinge überblicken konnte. Auf der nachmittäglichen Volksversammlung wurden die Offenburger Beschlüsse in der von Goegg gewünschten Form per Akklamation begeistert angenommen und bereits wenige Stunden später in zahllosen Exemplaren den Teilnehmern zur Verteilung in ihren Heimatgemeinden ausgehändigt. Dort warteten bis spät in die Nacht Gemeindebehörden wie Bevölkerung auf die Rückkehr ihrer „Offenburger" und auf die neuesten Nachrichten über den Fortgang der Ereignisse.

Sicher nicht ohne Hintergedanken war Lorenz Brentano, trotz seiner Abwesenheit von Offenburg, zum Vorsitzenden des Landesausschusses gewählt worden. Jede Bewegung bedarf eines populären Kopfes spätestens dann, wenn die Zeit der Entscheidung naht. Und Brentano genoß diese Art von Popularität über Schichten und Klassen hinweg. Nicht umsonst war er als neuer Regierungschef vorgeschlagen worden. In seiner politischen Grundhaltung konstitutionell mit sozial-demokratischem Einschlag, keinesfalls jedoch entschiedener Republikaner, vermittelte Brentano jene Art von Kontinuität und Augenmaß, die geeignet war, in den skeptischen Kreisen des Bürgertums die Abscheu und das Mißtrauen vor der „roten" Bewegung zu zerstreuen und sie so „salonfähig" zu machen. Sein Image als glänzender Analytiker, als Reformer und verläßlicher Partner, galt es zu nutzen, obgleich Brentano sich in den zurückliegenden Monaten in der Volksvereinsbewegung eher rar gemacht hatte. Vorbereitung und Verlauf des Freiburger Schwurgerichtsprozesses gegen Blind und Struve, dessen Verteidiger er gewesen war, hatten seine gesamten Kräfte in Anspruch genommen, ihn physisch wie psychisch so erschöpft, daß er in Baden-Baden zur Kur weilte. So zumindest die offizielle Version. Darüber, inwieweit sein Nichterscheinen in Offenburg als Demonstration seiner Unzufriedenheit mit der unter Goegg ungestüm vorwärtsdrängenden Politik der badischen Volksvereinsorganisation interpretiert werden konnte, machte sich offensichtlich niemand Gedanken. Von Krankheit und Erschöpfung war zumindest bei Brentano in den kommenden Wochen keine Spur mehr.

Sein Stellvertreter Amand Goegg, als überzeugter Republikaner durchaus politischer Gegenspieler des Vorsitzenden, war durch die Abwesenheit Brentanos zwangsläufig in eine Position hineingewachsen, die ihn hoffen lassen konnte, zum Führer der demokratischen Bewegung zu avancieren und den Vorsitzenden früher oder später aus dem politischen Tagesgeschäft ausschalten zu können. Als Galionsfigur, als „elder statesman", konnte er dagegen noch wertvolle Dienste leisten. Am besten jedoch, er blieb auch als Vorsitzender in Baden-Baden!

Franz Raveaux, als Kommissar der Frankfurter Reichsregierung offizieller Beobachter der Vorgänge in Offenburg, suchte Brentano jedoch schon am Nachmittag des 13. Mai in Baden-Baden auf, um ihn zur Ausübung des Amtes als Landesausschußvorsitzender zu drängen. Nur Brentano, so erkannte Raveaux durchaus zutreffend, wäre in der Lage, die sich an ihrer eigenen Radikalität berauschende Bewegung in nüchternem, realistischem Fahrwasser zu halten. Denn alles konnte die Frankfurter Zentralgewalt in diesen angespannten Zeiten brauchen, nur keinen revolutionären Flächenbrand in der Südwestecke Deutschlands, den Kampf um eine Republik, der die Reichsverfassungskampagne in den übrigen Ländern gründlich diskreditiert hätte. Doch Brentano zierte sich noch.

Während dessen verließ ein riesiger Eisenbahnzug, vollgestopft mit Turnern, Freischaren, einfachen Volksvereinsmitgliedern und dem gewählten Landesausschuß Offenburg in Richtung Rastatt. Das Gros der Mitreisenden stieg bereits in Baden-Oos aus und harrte am dortigen Bahnhof der Dinge. Nur mit Mühe gelangten die Vertreter des Landesausschusses in die Festung, wo in der Zwischenzeit wenig Bereitschaft vorhanden war, die Übernahme der Regierungsgeschäfte in Karlsruhe mit Gewalt zu betreiben. Die in Rastatt in Garnison liegende Infanterie weigerte sich gar, nach Karlsruhe zu ziehen, aus Furcht vor der dortigen Bürgerwehr. So martialisch und entschlossen man sich gegeben hatte, so groß war nun die Gefahr, daß die Bewegung in ihren Anfängen steckenblieb und als lokale Revolte enden würde. Doch erneut spielte dem Landesausschuß eine Militärmeuterei in die Hände, die in der Residenz die Voraussetzung für einen zeitweiligen Sieg der revolutionären Bewegung in Baden schuf. „Die Armee war es, die in Rastatt und Karlsruhe die ‚Bewegung' in eine Insurrektion verwandelte", schrieb zutreffend der junge Friedrich Engels, als Adjutant des Freischarenführers August Willich selbst aktiver Teilnehmer am Aufstand, in seiner glänzenden, immer noch lesenswerten Analyse der Ereignisse jenes Jahres in Baden und in der Pfalz.

Karlsruhe, 13.–14. Mai 1849

Die Nachrichten aus den badischen Garnisonsstädten verfehlten auch bei den militärischen Einheiten in der Residenz ihre Wirkung nicht. Der Versuch der Regierung, mit der eiligst vorgenommenen Beeidigung der Soldaten auf die Reichsverfassung beruhigend zu wirken, gelang nur unvollständig. Just an dem 13., an dem die Beeidigung vorgenommen werden sollte, wurden Gerüchte laut, wonach das badische Militärkontingent durch nichtbadische Einheiten ersetzt werden sollte, um so den Geist des Aufruhrs, der „Insubordination" zu unterdrücken. Das Rastatter Beispiel vor Augen, waren die Soldaten fest entschlossen, sich diesem Ausrückbefehl zu widersetzen. Zwei Kompanien Infanterie, die aus Bruchsal zur Aufrechterhaltung von Ruhe und Ordnung eintrafen, erwiesen sich als undisziplinierter Haufe, der Feuer an das Pulverfaß legte. Voller Stolz berichteten die Bruchsaler Infanteristen von den erfolgreichen Versuchen ihrer Kameraden und der Einwohner der Stadt, die im dortigen Gefängnis und in Kislau einsitzenden politischen Gefangenen mit Gewalt zu befreien. Die Karlsruher Stadtverwaltung hatte das Rathaus und das neben dem Polytechnikum gelegene Zeughaus mit zuverlässigen, regierungstreuen Bürgerwehreinheiten besetzt. Vor allem letzteres entfachte den Zorn der meuternden Truppen und der sich mit ihnen solidarisierenden Menge. Auf die Versuche einiger weniger Offiziere, militärischen Gehorsam mit Gewalt einzufordern, reagierte die enthemmte Masse zuerst mit kleineren Ausschreitungen, danach mit einer Eskalation der Gewalt. Die Infanteriekaserne wird demoliert, die dort gefundenen Waffen verteilt. Regelrechte Jagdszenen auf Offiziere und loyale Soldaten ereigneten sich in Karlsruhes Straßen. Der stundenlange vergebliche Versuch, das Zeughaus zu stürmen, endete mit Toten und Verwundeten auf beiden Seiten. Von einer staatlichen Autorität, einer ordnenden Hand, von dem Willen, sich mit allen Mitteln dieser Revolte entgegenzustellen, war an diesem Tage in Karlsruhe, wie im gesamten Lande, recht wenig zu spüren. Ein Großteil der Offiziere hatte ihre Truppen bereits verlassen. Hilflosigkeit und Resignation herrschten vor. Auch die Beamten blieben in ihren eigenen vier Wänden, reisten „in dringenden Familienangelegenheiten" aufs Land oder bereiteten offen ihre Flucht vor. Sicher kein nachahmenswertes Beispiel für Mut und Zivilcourage. Doch konnte man Heldenhaftes von Staatsdienern erwarten, deren Führung sich im entscheidenden Augenblick durch Zaudern, Zurückweichen und Feigheit auszeichnete? Feige im Stich gelassen konnten sich die Beamten im wahrsten Sinne des Wortes fühlen. In den frühen Morgenstunden des 14. Mai kursierten in Karlsruhe Gerüchte, wonach der Großherzog seine Residenz fluchtartig verlassen habe. Nachforschungen des Karlsruher Bürgermeisters brachten die niederschmetternde Bestätigung. Leopold war mitsamt seiner Familie in Begleitung einiger weniger Getreuer durch den Hardtwald nach Germersheim unterwegs, von wo er kurze Zeit darauf seine Flucht nach Hagenau, ins benachbarte Ausland, fortsetzen sollte. Seine Minister taten es ihm sogleich nach und verließen noch in den frühen Morgenstunden ebenfalls die Stadt. In ihrem Gefolge die adligen und vornehmen Familien der Stephanien- und Langen Straße, die sich vor der vermeintlich ausbreitenden Anarchie auf ihre Landsitze „retteten".

Von Zeitgenossen wie Historikern, die sich mit der badischen Revolution auseinandergesetzt haben, wird die Flucht des Großherzogs als entscheidender Wendepunkt im Ablauf des Geschehens angesehen. Als kopflos und unnötig charakterisiert, symbolisiere sie die Kapitulation der alten Gewalten vor der Militärrevolte in Baden. Vor allem die Heimlichkeit, das Sich-davon-Stehlen, ohne weitere Instruktionen oder Verfügun-

gen zu treffen, gab ein denkbar schlechtes Beispiel fürstlicher Souveräni-
tät und verfehlte seine Wirkung im gesamten Lande nicht. Ein politisches
und militärisches Vakuum blieb zurück, die Angst vor Anarchie, Raub und
Plünderung in der Residenz nahm paranoide Züge an. Erst dadurch, so
die großherzoglichen Kritiker, habe die in Rastatt in Wartestellung ver-
harrende, lediglich revolutionsbereite Volksvereinsbewegung überhaupt
die Möglichkeit erhalten, die Regierungsgeschäfte zu übernehmen. Wie
eine reife Frucht fielen diese in den Schoß des Landesausschusses, der
nur in Ansätzen politische Strategien zur revolutionären Übernahme der
Macht entwickelt hatte. Die teils von Offenburg, teils in Rastatt betriebene
Ernennung von Zivilkommissaren ist sicher darunter zu rechnen. Fort-
dauernde Wirksamkeit war von ihnen jedoch nur zu erwarten, wenn das
Problem der zentralen Gewalt einer Lösung näher gebracht werden
konnte. Nicht einmal aus eigenem Antrieb erfolgte die Übersiedlung des
Landesausschusses in die Residenz. Eine Delegation des Karlsruher Ge-
meinderates hatte sich in den frühen Morgenstunden nach Rastatt begeben und ersuchte den noch schwankenden Landesausschuß, seinen Sitz in
die Residenz zu verlegen und so für den Schutz der Stadt zu sorgen.

Der hatte in der Zwischenzeit prominenten Zuwachs erhalten. Noch
in der Nacht waren die in Bruchsal und Kislau befreiten Struve, Blind und
Eichfeld in Rastatt eingetroffen und hatten sich an die Spitze der Bewegung gestellt. Der erste Weg Struves führte ihn nach Baden-Baden, wo
er, unterstützt von einer großen Menschenmenge, vor dem Wirtshaus
zum „Geist" eine kurze, flammende Rede an Brentano richtete und ihn
aufforderte, das Ruder der Regierung in Karlsruhe zu übernehmen. Endlich fand sich Lorenz Brentano, in den Augen der ruhebedürftigen Bevölkerung sicher der Garant für einen friedfertigen Fortgang der Bewegung,
dazu bereit, den Vorsitz des Landesausschusses zu übernehmen. In der
Tat betrat mit Brentano ein Mann die politische Bühne, der weder revolutionär dachte, noch sich – selbst in dieser günstigen Situation – zu revolutionären Gesten und Reden hinreißen ließ. Er war im wahrsten Sinne des
Wortes Realpolitiker, der in erster Linie den nunmehr erreichten politischen Status quo, als wichtige Etappe auf dem Weg zu einer volksmäßigen
Regierung, absichern wollte. Dies bedeutete keineswegs eine Absage an
die Republik als Staatsform. Sie war und blieb Fernziel des politischen
Handelns auch der Gemäßigten oder „Halben", wie sie von den republikanischen Eiferern geringschätzig tituliert wurden. Mit der Übernahme
des Amtes durch Brentano hatte der Ausschuß zwar an Reputation in der

Öffentlichkeit gewonnen, nicht jedoch an innerer politischer Geschlossenheit. Der Zielkonflikt, „Sicherung des Erreichten durch Realisierung der Reichsverfassung" oder „Weitertreiben der Bewegung in Richtung Republik", war von Anfang an im Landesausschuß angelegt. Brentano präsentierte sich als Verfechter eines etappenmäßigen Vorgehens. Schon in seinen ersten Verlautbarungen stellte der Präsident des Landesausschusses die Durchführung der Reichsverfassung als die drängendste Aufgabe dar. Jetzt und in der Folgezeit kein Wort von Republik, dem unmittelbaren Ziel der einflußreichen Gruppe um Struve und Goegg. Vorerst galt es, die so überraschend und unblutig erworbene Macht politisch und militärisch abzusichern.

Revolutionäre Politik?

Noch während in Rastatt der Landesausschuß die Vorbereitungen zur Abreise nach Karlsruhe traf, hatten Struve und Blind die ersten Aufgebote der Bürgerwehren alarmiert, um die „Rechte, wie sie zu Offenburg neuerdings beschlossen", notfalls mit Waffengewalt durchzusetzen. Eine durchaus zweideutige Formulierung. Wiederfinden konnte sich darin jeder. Für die Mehrzahl der Bürgerwehrmänner genoß die Verteidigung oder Durchsetzung der Reichsverfassung oberste Priorität, auch wenn man möglicherweise nur die wenigsten ihrer Passagen kannte. Der Begriff „Reichsverfassung" hatte innerhalb kürzester Zeit eine symbolische Bedeutung gewonnen. Er stand für alles, für Fürstenkritik, Befreiung von Lasten und Abgaben, den Wunsch nach materiellem Wohlergehen ebenso wie die Hoffnung auf bürgerliche Freiheiten und nationale Einheit. Begeistert folgten die Volkswehrmänner dem Aufruf und überschwemmten binnen weniger Stunden die Bahnhöfe entlang der Strecke nach Karlsruhe.

Dort war am späten Nachmittag der Landesausschuß eingezogen, begleitet von Truppen aus Rastatt. Die Stimmung in der Residenz war durchaus geteilt. Die einen bejubelten den Einzug der Institution, der man zutraute, das führungslos im Meer der Ereignisse schlingernde Staatsschiff wieder auf festen Kurs zu bringen. Andere dagegen beäugten mißtrauisch dieses revolutionäre Organ und fürchteten seine Politik, wie sie in den Offenburger Beschlüssen angekündigt war. Brentanos Rede vom Balkon des Karlsruher Rathauses war jedoch geeignet, diese Be-

fürchtungen zu zerstreuen. Sie entsprach in weiten Passagen dem Ruhe-
und Sicherheitsbedürfnis der Karlsruher Bürger. Steuerung der Anarchie, Schutz des Privateigentums und Aufrechterhaltung von Ruhe und
Ordnung waren Schlüsselbegriffe, die das verängstigte Publikum hören
wollte. Dementsprechend groß war der Jubel seiner Zuhörer, als er die
unnötige Flucht des Großherzogs bedauerte, die verräterische Politik seiner ebenfalls geflohenen Minister dagegen scharf geißelte und seine Absicht beteuerte, die Regierungsmaschine in dieser kritischen Zeit in
Gang zu halten. Ausdrücklich charakterisierte er die Übernahme der Regierungsgeschäfte durch den Landesausschuß als „provisorisch" und ver-
mied bewußt jede Anspielung auf die zukünftige Staatsform. Damit war
die Revolution im Grunde genommen bereits für „geschlossen" erklärt,
kaum daß sie ausgebrochen war. Ihr Ziel schien mit dem Wechsel Brentanos von der Oppositionsbank zum Ministersessel erreicht.

Sehr zum Verdruß der republikanischen Kräfte, die jedoch sowohl
im Landesausschuß wie in der noch am 14. Mai gebildeten Exekutivkommission, dem eigentlichen Regierungsorgan, deutlich in der Minderheit blieben. Besonders der Landesausschuß mit seinen 14 ordentlichen und 13 Ersatzmitgliedern erwies sich in der Folgezeit als denkbar
ungeeignetes Forum für die Umsetzung revolutionärer Politik. Dies lag
weniger an der sozialen Zusammensetzung des Gremiums, als vielmehr
an seiner Größe und den unüberbrückbaren politischen Differenzen, die
seine Mitglieder trennten und seine Effizienz lähmten. Im Landesausschuß waren vertreten: 7 Juristen, 4 Soldaten, 2 Journalisten, 1 Lehrer,
1 Apotheker, 1 Finanzbeamter, 1 Drechslergeselle und 1 Färber. Domi-
nierend dabei die Advokaten, die auch im fünfköpfigen Vollzugskomitee
des Landesausschusses, der früheren Exekutivkommission, mit zwei Vertretern präsent waren. Revolutionäre Politik betrieben, wenn überhaupt,
im Lande nur noch die von Goegg in Rastatt eingesetzten Zivilkommissare, die in ihren Bezirken die Amts- und Verwaltungsgeschäfte übernah-
men. Sie wurden dabei von Sicherheits- und Wehrausschüssen unterstützt, die sich aus den Reihen der Volksvereine als revolutionäre
Gegengremien zu den Gemeinderäten bildeten. Absetzung „verhaßter"
Staatsbeamter, Beschlagnahme der lokalen Kassen und Organisation
des ersten Aufgebots gehörten zu ihren vordringlichsten Aufgaben. Von
wenigen Ausnahmen abgesehen, verlief auch hier alles in geordneten
Bahnen, erschöpften sich revolutionäre Energien im demonstrativen
Tragen von Schleppsäbel, Pistole und Heckerhut.

Erste Aufgabe des neugebildeten Vollzugskomitees war es, sich der Mitarbeit des großherzoglichen Verwaltungsapparates zu versichern und die gefährdeten organisatorischen Strukturen des Staates zu stärken. Der Kommission gehörten neben Lorenz Brentano als Minister des Innern und der Auswärtigen Angelegenheiten noch Ignaz Peter als Justizminister, Amand Goegg als Leiter des Finanzdepartements und der aus Kislau befreite Oberleutnant Karl Eichfeld als Kriegsminister an. In Anlehnung an die großherzogliche Ministerialorganisation teilte sich der Landesausschuß in vier Senate. Sie hatten die Beschlußempfehlungen für die Plenarsitzungen auszuarbeiten. Ohne eigenständigen Geschäftsbereich nahm Gustav Struve die Stelle eines Vizepräsidenten der Exekutivkommission wahr. Damit hatte er nach der Geschäftsordnung die zweitwichtigste Position im Landesausschuß inne, ohne sie allerdings zur erfolgreichen Umsetzung revolutionärer Politik nutzen zu können. Seine Mitarbeit im Kriegssenat war jedoch Programm. Nicht mit politischen, sondern ausschließlich mit militärischen Mitteln waren nach Struves Auffassung die Errungenschaften der Revolution zu verteidigen. Schon dadurch machte er sich zwangsläufig zum politischen Antipoden Brentanos. Flügelkämpfe in der neuen Regierung konnten nicht ausbleiben, auch wenn die Fülle der Tagesaufgaben die unausweichliche Diskussion über die Ziele der Bewegung und den Weg zum Ziel vorerst zu verhindern schien.

Doch schon bei der ersten innenpolitischen Maßnahme des Landesausschusses brachen die gegensätzlichen Meinungen auf. Der Landesausschuß mußte sich der Loyalität der großherzoglichen Beamten versichern. Die Vereidigung auf den Landesausschuß sollte nach der in Rastatt verwendeten, von Goegg entworfenen Formel erfolgen, worin von der unbedingten Befolgung der Anordnungen des Landesausschusses die Rede war. Brentano setzte unter Rücktrittsdrohungen eine Änderung der Eidesformel dahingehend durch, daß dies nur „unbeschadet der durch die alte Landesverfassung übernommenen Verpflichtungen" geschehen sollte. Damit hatte die Formel einen solchen Grad der Unverfänglichkeit erreicht, daß sich die meisten Ministerialbeamten der Vereidigung nicht widersetzten. Am 15. Mai gaben sie den Amtsvorständen des Landes ihre Entscheidung bekannt, „bis auf weiteres ihre Amtsverrichtungen" fortsetzen zu wollen. Damit war ein wichtiger Schritt zur Konsolidierung der einmal errungenen Machtposition erreicht. Von aktiver Zusammenarbeit mit der Revolution, gar von Unterstützung ihrer Politik war jedoch keine Rede, und die Drohung mit der zeitlich begrenzten Zusammenarbeit war deutlich genug. Obwohl der Landesausschuß bereits in seiner ersten Sitzung beschlossen hatte, Eidverweigerer und sonstige „volksfeindliche" Beamte zu entlassen, wurde von diesem Mittel recht wenig Gebrauch gemacht. Von Widerstand keine Spur, Heer und Beamtenschaft zeigten vordergründig überall Bereitschaft zur Mitarbeit.

Die Unentschlossenheit, die neue Politik mit neuen Strukturen zu untermauern, war ein Charakteristikum der ersten Revolutionsphase des Frühsommers 1849. Anstatt jedoch einer Klärung der z.T. konträren politischen Positionen das Wort zu reden, waren alle Seiten anfänglich krampfhaft bemüht, den Landesausschuß in der Öffentlichkeit als einheitlichen Block der Revolution zu präsentieren und die Einigkeit in seinen Reihen – wider besseres Wissen – überschwenglich zu loben. Anderslautende Gerüchte, die in Karlsruhe das Gegenteil verbreiteten, wurden mit Ehrenerklärungen über den Zusammenhalt innerhalb des Gremiums beantwortet.

Die Wirklichkeit sah jedoch anders aus. Über den Charakter der Regierung – großherzoglich oder republikanisch – wurde von Anfang an gestritten. Den Großherzog offiziell zurückzurufen, wie dies Damian Junghanns allen Ernstes bereits am 15. Mai gefordert hatte, wagte man nicht, auch wenn es der Mehrheit des Landesausschusses offenbar wohler gewesen wäre, hätte sie die Regierungsarbeit mit landesväterlichem Segen unter einer „geläuterten" Monarchie fortsetzen können. Daß die „Karlsruher Zeitung" unter den neuen Redakteuren Karl Blind und dem Heidelberger Privatdozenten Oppenheim als offizielles Organ und Amtsblatt der neuen Regierung fungierte, war nur eine weitere, sicher unbedeutende aber bezeichnende Parallele. Man hatte das Firmenschild gewechselt, ohne die marode Firma in ihren Strukturen, Abläufen und Einstellungen zu ändern. Die Verfechter der Republik, unter verschiedenen Ausprägungen und Vorzeichen durch Struve und Goegg vertreten, waren im Landesausschuß in der Minderheit. Mit lebhafter Propagandatätigkeit suchte zumindest Struve, die Öffentlichkeit von einem Weitertreiben der Revolution über die Grenzen Badens hinaus zu überzeugen und so möglicherweise durch den Druck der Straße eine Änderung der Landesausschußpolitik zu erreichen. Eine Flut von Maueranschlägen, Flugschriften und Plakaten überzog das Land. Allein der Karlsruher Druckereibesitzer Scholer stellte dem Landesausschuß knapp 130 000 Exemplare verschiedensten Inhalts in Rechnung. Goegg wiederum war mit der Leitung des Finanzressorts vollauf mit Beschlag belegt. Seine größte Sorge galt einem geregelten Geschäftsgang und der pünktlichen Erfüllung der finanziellen Verpflichtungen der badischen Regierung. Deren Finanzlage beim Amtsantritt war durchaus gut. In den zurückgelassenen Staatskassen lagen knapp drei Millionen Gulden Bargeld und Staatsschuldscheine in Höhe von einer Million. Der Zufluß aus den Amtskassen im Lande stockte nicht, so daß Goegg die beruhigende Mitteilung verkünden konnte, daß im Kassenwesen des Staates keine Störung vorkommen werde. Zudem – auch dies ein eher grotesker Zug dieser revolutionären Bewegung – verpflichtete sich das Finanzministerium, alle finanziellen Verpflichtungen der früheren badischen Regierung pünktlich zu erfüllen, wozu neben den zahlreichen Pensionsleistungen auch die Apanagen der fürstlichen Hofhaltung zählten.

Doch der Landesausschuß hatte das Volk unter Waffen zu setzen. Wie eine Flut brachen die Bitten nach Waffen und Munition über die revolutionären Behörden herein. Die Vorräte aus dem Zeughaus, technisch eher ins Museum gehörend, waren bald erschöpft. Umgehend nahm Goegg mit der Welt der internationalen Waffenhändler Kontakt auf. Der Offenburger Gemeinderat Rehmann und der Sachse Tzschirner wurden zu Waffeneinkäufen in die Schweiz geschickt, 185 000 Francs an eine Straßburger Bank zu Einkäufen in Frankreich überwiesen, weitere 140 000 Francs dem Landesausschußmitglied Heinrich Happel übergeben, der in Belgien moderne Gewehre besorgen sollte. Natürlich nur gegen Vorkasse oder Nachweis der Geldüberweisung auf ein vermittelndes Bankhaus. In der Welt des Handels und der Industrie genoß sie recht wenig Kredit, die neue Regierung in Karlsruhe. Auch der Versuch, im deutschen Ausland Waffen zu erwerben, scheiterte. Die 70 000 Gulden, die an das Frankfurter Bankhaus Rothschild und Söhne überwiesen worden waren, wurden nach Intervention des geflohenen Großherzogs durch das Reichsinnenministerium in Frankfurt mit Beschlag belegt.

Die stetig steigenden Ausgaben für das Militär, die Volkswehren und die Freischaren führten zu einer zunehmenden Verschlechterung der badischen Finanzlage. Die Entlohnung der Landesausschußmitglieder mit fünf Gulden am Tag fiel angesichts der riesigen Ausgaben nicht ins Gewicht. Bereits Vorahnung des finanziellen Debakels, auf das die Revolution zusteuerte, waren die Ende Mai erfolgenden Aufrufe an die Gemeinden des Landes, „vaterländische Beiträge" zu sammeln und sie zur Finanzierung der Volkswehren nach Karlsruhe zu schicken. Mehrere tausend Gulden, gesammelt in allen Teilen des Landes, gelangten bis in den Juli 1849 hinein in die Goeggschen Kassen. „Daß unsere Sache eine empfängliche Bevölkerung auch im ruhigsten Winkel des Landes gefunden hat" und die patriotischen Beiträge innerhalb weniger Tage zusammengekommen waren, „während die Aufforderung von der Kanzel zur Unterstützung des Papstes keinen Pfennig eingetragen hat", hielten nicht nur die Volksvereinsvorstände aus Markdorf für ein gutes Zeichen. Neben Euphorie und Begeisterung war auch die Bereitschaft weit verbreitet, materielle und finanzielle Opfer im Dienst der Sache zu bringen.

Doch auch im Bereich der Finanzen hatte sich der Landesausschuß nicht zu einem befreienden Beschluß durchringen können. Bereits in seiner ersten Sitzung forderte Struve durchgreifende Maßregeln zur Finanzierung der Revolution. Dazu gehörten – in Erfüllung des Offenburger Programms – die sofortige Einführung einer progressiven Einkommensteuer, die Ausgabe von Papiergeld, Durchführung außerordentlicher Holzhiebe in den Staatswaldungen sowie der Verkauf der Domainengüter. Vor allem die progressive Einkommensteuer rüttelte an den Grundfesten des Staates. Die Ablehnung aus den Reihen des Landesausschusses kam daher nicht überraschend. Selbst Goegg, Anhänger des neuen Steuersystems, schreckte vor dessen sofortiger Einführung zurück. Angelegenheiten von solcher Brisanz und Tragweite wollte er gerne von der zukünftigen Verfassungsversammlung beraten und verabschiedet sehen. In dieser durchaus fundamentalen Frage der Finanzierung der Revolution prallten sie wieder aufeinander, der konsequente Revolutionär Struve, dem der (demokratische) Zweck die (revolutionär-diktatorischen) Mittel heiligte, und der überzeugte Demokrat Goegg, der selbst für notwendig erkannte Maßnahmen die Legitimierung durch parlamentarische Gremien einforderte. Zu den beiden „Antipoden" Brentano und Struve gesellte sich somit eine dritte Kraft hinzu, die im Landesausschuß wirkte.

Dieser war zu Entscheidungen mit weitreichender Tragweite nur in den Bereichen fähig, die zum liberalen Grundkonsens gehörten, wie er in den Offenburger Forderungen des September 1847, der Mannheimer Sturmpetition vom Februar 1848 und dem ersten Teil des Offenburger Programms vom 13. Mai 1849 entwickelt worden war. Ohne große Diskussion wurde so am 15. Mai die Auflösung der badischen Kammern und die Wahl einer konstituierenden Versammlung beschlossen. Ein Pressegesetz mit der Aufhebung sämtlicher Zensur und der völligen Freigabe der Presse folgte. Absetzung der geflohenen Minister, Freilassung und Amnestierung der politischen Gefangenen sowie Freigabe der beschlagnahmten Vermögen der politischen Flüchtlinge waren weitere Beschlüsse, die sich im konventionellen Rahmen Brentanoscher Politik bewegten und einer möglichen Rückkehr des Großherzogs keine unüberwindlichen Hindernisse in den Weg legten. Wie sehr die badische Revolution des Frühsommers 1849 nach Popularität geradezu gierte und damit letztendlich die Durchführung der Revolution verhinderte, zeigt die Rückberufung des 48er-Mythos Friedrich Hecker, die der Landesausschuß aussprach. Ansonsten war das Gremium vollauf damit beschäftigt, den Ablauf der Geschäfte verwaltungsmäßig zu verbessern. Sekretäre, Kanzlisten und Registratoren wurden eingestellt, eine Geschäftsordnung entworfen und die Einrichtung eines Anfragebüros, eines Vorläufers des heutigen Petitionsausschusses, eines Auskunftsbüros und eines Expeditionsbüros beschlossen. Die Effizienz der Beratungen und die Qualität der Beschlüsse erfuhren dadurch allerdings keine Steigerung.

Sobald Versuche unternommen wurden, weitere Bestandteile des Offenburger Programms auf regionaler oder zentraler Ebene umzusetzen, schritt die antirepublikanische Mehrheit des Landesaussschusses ein. Kaum eine Sitzung verging, in der nicht die Frage der Ausrufung der Republik für Zündstoff sorgte und in schier endlosen Debatten das Für und Wider erörtert wurde. Entscheidungen fielen keine, vielleicht das Grundübel der Bewegung, die auch in diesem Bereich keine praktischen Handlungsanleitungen entwickelt hatte. Nach außen jedenfalls war von revolutionärem Elan nicht viel zu sehen. Im Gegenteil: Schon am 25. Mai wurden auf Betreiben Brentanos die Vollmachten der Zivilkommissare für erloschen erklärt, sofern sie keine vom Landesausschuß oder der Vollzugsbehörde ausgestellte Vollmacht vorweisen konnten. Dies kam einer Entmachtung der Goeggschen Zivilkommissare gleich. Einige von ihnen, die als überzeugte Republikaner in ihren Bezirken ungeniert revolutionäre Machtpolitik betrieben hatten, wurden durch gemäßigtere Kommissare ersetzt. Die Ernennung neuer Kommissare behielt sich Brentano vor. Es schien, als schreckten die Revolutionäre vor ihrer eigenen Courage zurück. So wurde das Gesetz über die Änderung der Gemeindeordnung, das, am 25. Mai im Regierungsblatt publiziert, die bestehenden Gemeinderäte auflöste und deren Neuwahl auf der Grundlage des Wahlgesetzes für die konstituierende Versammlung anordnete, ausdrücklich als „provisorisch" deklariert und seine Gültigkeit von der Zustimmung der konstituierenden Versammlung abhängig gemacht.

Dieselbe Verzagtheit, dasselbe Zaudern bei den ersten außenpolitischen Aktivitäten des Landesausschusses. Sicher gehörte es zur Lebensfrage der Reichsverfassungskampagne, unter deren Flagge die Revolution immer noch segelte, daß sie weitere Breitenwirkung, über die Grenzen Badens hinaus, gewann. Auch die Revolution war auf einen Export ihrer Ideen angewiesen. Eine „badische Winkelrepublik" hatte keine Überlebenschance. Dies hatte schon der ehemalige Innenminister Bekk der Offenburger Delegation höhnisch klargemacht. Als gleichsam natürlicher Verbündeter bot sich die Rheinpfalz an, die sich von der Münchner Zentrale und ihrer reaktionären Politik losgesagt hatte. Erste offizielle Kontaktaufnahmen erfolgten über den Reichskommissar Schütz, der schon frühzeitig einer militärischen und politischen Union das Wort redete. Der Wert einer solchen Union lag sicher eher im symbolischen Bereich, in seiner Wirkung nach außen. Schließlich gehörte die Forderung nach Überwindung der Kleinstaaterei zum republikanischen Glaubensbekenntnis, war in der Vergangenheit kaum eine politische Versammlung beendet worden ohne das traditionelle „Pereat", den Abgesang auf den Deutschen Bundestag, den Hort der Reaktion. Deshalb die Union mit der Rheinpfalz: Den Worten mußten Taten folgen. Doch auch hier wurden die Republikaner bitter enttäuscht. Nach lebhaften Diskussionen entschied sich der Landesausschuß lediglich für eine militärische Union mit der Pfalz. Das Karlsruher Kriegsministerium war nun für beide Länder zuständig, der kleine Grenzverkehr wurde durch die Aufhebung des Brückengeldes erleichtert. Eine kleine politische Sensation verbarg sich im vierten Paragraphen des am 17. Mai ratifizierten Vertragswerkes. In ihm wurden die Einwohner beider Länder so angesehen, als seien sie Bürger eines Landes. Damit war die militärische Union eindeutig als Zwischenetappe auf dem Weg zum Fernziel, dem Zusammenwachsen beider Länder, charakterisiert. Eine gemeinsame diplomatische Mission nach Paris, der von badischer Seite Karl Blind als Gesandtschaftssekretär angehörte, die gegenseitige Teilnahme an den Landesausschußsitzungen, das Projekt einer gemeinsamen Wahl zur konstituierenden Versammlung, waren sicher Ansätze, die im Innenverhältnis vertrauensbildend wirkten. Allerdings blieb diesem interessanten Versuch, grenzüberschreitende Zusammenarbeit zu institutionalisieren, die notwendige Außenwirkung und damit das Beispielhafte insoweit versagt, als der Unionsvertrag erst am 5. Juni im Regierungsblatt veröffentlicht wurde. Erneut hatte die defensive Haltung der Mehrheit des Landesausschusses den Sieg davongetragen. Sie fürchtete durch eine sofortige Veröffentlichung der Unionsabsichten eine Einengung ihres Verhandlungsspielraumes mit dem Großherzog, auf dessen Rückkehr viele hofften.

Nach den ersten aufregenden Tagen machte sich in Baden eine versöhnliche Grundstimmung breit. Die badischen Abgeordneten in Frankfurt drängten auf Vermittlung zwischen dem Großherzog und den reformerischen Kräften in Karlsruhe. Auf ihre Intervention hin entschloß sich der Reichsverweser zur Absendung zweier Reichskommissare, der linken Abgeordneten Christ und Zell, nach Karlsruhe, wo sie mit Brentano die Möglichkeiten einer friedlichen Rückkehr zur rechtmäßigen Gewalt erörterten. Sowohl Reichsgewalt wie badische Revolutionsregierung hofften dadurch, einer drohenden Intervention preußischer Truppen zuvorzukommen. Diese Geheimpolitik setzte eine defensive Haltung nach außen geradezu voraus und vertrug sich daher nur schwer mit den offiziellen Verlautbarungen, die landauf, landab zu vernehmen waren. Wohl aus eben diesen Gründen hielten sich die Bemühungen in Grenzen, in den Nachbarländern Württemberg und Hessen-Darmstadt energische Propaganda für das Übergreifen der Revolution zu betreiben. Die Verteilung von Flugschriften, in denen die Entwicklung des badischen Aufstandes dargestellt und um Vertrauen und Solidarität vor allem der Soldaten geworben wurde, erfüllte nur unvollständig den gewünschten Zweck. Jetzt rächte sich, daß die Volksvereinsbewegung in Baden im zurückliegenden Jahr keine überregionalen Initiativen, unter Einschluß württembergischer und hessischer Organisationen, gestartet hatte.

Einzelne lokale Agitationserfolge konnten über dieses Dilemma nicht hinwegtäuschen, ja machten es erst bewußt. Am 27. Mai trat Joseph Fickler auf einer Volksversammlung im württembergischen Reutlingen auf. In einer begeisternden Rede gelang es ihm, die 20 000 Teilnehmer zur Annahme eines Aktionsprogramms zu bewegen. Erweiterung der badisch-pfälzischen Union durch Württemberg und die Versicherung, jeden feindlichen Durchmarsch durch das Land zu verhindern, waren die zentralen Punkte, die dem Ministerium Römer in Stuttgart vorgelegt werden sollten. Hatte sich auf der Reutlinger Volksversammlung noch der „gute Geist" der Württemberger gezeigt, der durchaus auf ähnliche Vorgänge wie in Baden hoffen ließ, so wurde die euphorische Einschätzung Ficklers in der Folgezeit bitter enttäuscht. Als das Ministerium Römer die Reutlinger Forderungen rundweg ablehnte, war von Volkserhebung und Soldatenmeuterei keine Rede mehr. Selbst die am 2. Juni erfolgte Verhaftung Ficklers und dessen Einlieferung in das Gefängnis Hohenasperg wirkte nicht als Zündfunke für den Aufstand. Als auch noch Truppen König Wilhelms die Grenze nach Baden abriegelten, zerstoben die Hoffnungen in Karlsruhe auf tatkräftige Unterstützung aus Württemberg wie eine Seifenblase. Aus dem benachbarten Hessen kamen von Anfang an wenig ermutigende Nachrichten. Die erhoffte Solidarisierung zwischen hessischen Soldaten und hessischen Demokraten war ausgeblieben. Die Linientruppen blieben ihrem Fahneneid treu und scheuten sich auch nicht, auf ihre hessischen Brüder zu schießen, wie die Ereignisse in Oberlaudenbach am 25. Mai zeigten. Dort war nach Ermordung eines hessischen Regierungskommissars eine Volksversammlung gewaltsam gesprengt und mehrere Demokraten getötet worden. Mit dem Militär im Rücken gewann die hessische Regierung wieder Oberwasser. Sämtliche Versammlungen unter freiem Himmel wurden umgehend verboten, preußische Truppen zogen aus Mainz in das Land ein. Gleichzeitig ging das hessische Armeekorps bei Heppenheim in Stellung und riegelte die Grenze zum revolutionären Baden ab. Somit blieb für die enttäuschten Revolutionsstrategen in Karlsruhe, die fest damit gerechnet hatten, daß sich das Großherzogtum Hessen-Darmstadt aus eigener Kraft der Revolution anschließen würde, nur noch die Verteilung von Aufrufen und Proklamationen als einziges, wenn auch wirkungsloses Mittel der Agitation.

Immer deutlicher schälte sich heraus: Baden und die Pfalz würden in dem sich abzeichnenden Kampf gegen die „verbündeten Feinde der Freiheit und Einheit Deutschlands", so die letzte Ankündigung des Landesausschusses am 1. Juni 1849, alleine stehen. Und dieser Kampf war unausweichlich, hatte doch Großherzog Leopold Preußen offiziell um Unterstützung im Kampf gegen die Revolution ersucht.

Provisorische Regierung und Verfassunggebende Versammlung

Die Erfahrungen mit den ersten militärischen Auseinandersetzungen an der hessischen Grenze und die Erkenntnis, daß Baden organisatorisch noch keineswegs in der Lage war, diesen Kampf erfolgreich zu führen, drängten auf eine rationellere Organisation der Verwaltung. Der schwerfällige Apparat des Landesausschusses hatte sich als unfähig erwiesen, flexibel auf die Anforderungen zu reagieren. Eine Verschlankung tat not.

Immer mehr lähmte die Auseinandersetzung über die zukünftige Staatsform das Gremium. Zwischen den Anhängern der Brentanoschen Richtung und den Sozialrevolutionären um Struve und Philipp Stay suchte Amand Goegg verzweifelt und vergebens einen Weg des Ausgleichs. Doch auch für ihn stand fest: Der Zwitterzustand zwischen Monarchie und Republik, in dem Baden sich befand, war auf Dauer keine Lösung. Der Republik, deren sofortige Erklärung Struve permanent forderte, fehlte allerdings die nötige Popularität in der Öffentlichkeit. Zudem bestand die Gefahr, daß der von breiter Unterstützung getragene Kampf um die Reichsverfassung dann seine moralische Legitimation verlor, wenn nun plötzlich für die Republik gefochten werden sollte. Damit wäre Baden sicher aus der überregionalen Protestbewegung, als die sich die Reichsverfassungskampagne von Anfang an verstand, ausgeschert. Eine folgenreiche Schwächung der eigenen Bewegung war nicht auszuschließen, auch wenn die „große Tat" sicher einiges zur aktuellen Klärung und, nebenbei bemerkt, zur historischen Ehrenrettung der Revolution beigetragen hätte. Der Stimmung der Mehrheit der badischen Bevölkerung entsprach eine radikale Politik jedoch nicht.

Dasselbe Stimmungsbild war auch im Landesausschuß vorzufinden. Struve, das „Rübenmönchlein", wie ihn Hecker unter Anspielung auf seine vegetarische Lebensweise abschätzig tituliert hatte, genoß keinerlei Ansehen bei den Mitgliedern des Gremiums. Stay und er waren politisch isoliert. Selbst Joseph Fickler und Amand Goegg, beide entschiedene Republikaner, gingen auf Distanz zum Struveschen Radikalismus, der sich in revolutionären Proklamationen und blindem Aktionismus gefiel. Beide sprachen sich dafür aus, die Frage der Staatsform solange zu vertagen, bis der Kampf um die Reichsverfassung zu Ende geführt war.

Am 1. Juni 1849 beschloß der Landesausschuß sich aufzulösen und aus seinen Reihen eine fünfköpfige provisorische Regierung zu wählen, der die gesamte Exekutive und Judikative übertragen werden sollte. Kontrolle über die Regierung sollte die am 3. Juni zu wählende Verfassunggebende Versammlung ausüben. Ihr war es auch vorbehalten, die provisorische Regierungsbildung nachträglich zu bestätigen. Nichts dokumentiert die politischen Kräfteverhältnisse innerhalb des Landesausschusses deutlicher, als das Ergebnis zur Wahl dieser neuen Regierung.

Als Sieger ging Joseph Fickler hervor mit 19 Stimmen, der sicher von seiner zwischen den Extremen ausgleichenden Art und seinem gemäßigten Republikanismus profitiert hatte. Ungebrochen auch die Popularität Brentanos, Goeggs und des militärischen Oberbefehlshabers Franz Sigel, die alle 18 Stimmen auf sich vereinigen konnten. Als fünftes Mitglied der neuen Regierung konnte sich Ignaz Peter in einer Stichwahl gegen den Frankfurter Reichskommissar Christ durchsetzen. Einer Demütigung kam das Wahlergebnis für die entschiedenen Revolutionäre Gustav Struve und Philipp Stay gleich, die beide jeweils nur eine Stimme (ihre eigene?) auf sich vereinigen konnten. Damit waren beide von der unmittelbaren Einflußnahme auf die weitere Politik der badischen Regierung ausgeschlossen.

Mit der Verhaftung Ficklers in Württemberg wurde das republikanische Element in der neuen Regierung weiter geschwächt. An der Spitze Badens stand nun de facto ein Ministerium Brentano-Peter, das man sich durchaus auch unter dem Großherzog hätte vorstellen können. Von diesem Ministerium ein Weitertreiben der Revolution zu erwarten, war vermessen. Und doch war dies in den Augen der revolutionären Republikaner so dringend nötig, sollte die Revolution in Baden nicht an denselben Fehlern zugrunde gehen, die ihr in den anderen Ländern den Garaus gemacht hatten. Vor allem die „Handlungsreisenden in Sachen Revolution", wie sie Veit Valentin nennt, die ihr politisches wie persönliches Schicksal mit dem badischen Aufstand verbanden, drängten auf „entschiedenere" Maßnahmen. Das Ergebnis der Wahlen zur badischen Konstituante bestätigte ihre Befürchtungen vom langsamen Versanden der Revolution auf der parlamentarischen Ebene. Schon hatten am 30. Mai die verbliebenen Reste der Nationalversammlung beschlossen, von Frankfurt nach Stuttgart umzuziehen, um den preußischen Pressionen zu entgehen. Damit hatte das Stuttgarter Rumpfparlament, dessen Sitzungen nur noch die parlamentarische Linke beiwohnte, jeglichen Einfluß verloren. Zugleich war dieser Umzug eine bittere Niederlage für die gesamte Reichsverfassungskampagne im deutschen Südwesten, die ja ausdrücklich unter dem Banner des Schutzes der Reichsverfassung und der Nationalversammlung vor den Angriffen der alten Mächte angetreten war. Damit hatte der Begriff der Reichsverfassungskampagne jeden mobilisierenden Effekt verloren. Nun konnte auch offen für die Republikanisierung Deutschlands agitiert werden, was wiederum die innerbadischen politischen Auseinandersetzungen zuspitzen mußte.

124

Die Wahl der Verfassunggebenden Landesversammlung war bereits in der ersten Sitzung des Landesausschusses zugleich mit der Aufhebung der beiden badischen Kammern beschlossen worden. Dies entsprach einer alten liberal-demokratischen Forderung. Die Auswahl der Kandidaten erfolgte in Wahlversammlungen, zu denen jedermann Zutritt hatte. Die Wahlbezirke (insgesamt 20) entsprachen denen zur Frankfurter Nationalversammlung des Jahres 1848. Wahltag war Sonntag, der 3. Juni 1849. Zum ersten Mal in der deutschen Geschichte wurde nach allgemeinem, gleichem, direktem und geheimen (Männer-) Wahlrecht gewählt. Jeder, der das 21. Lebensjahr erreicht hatte, war ohne Einschränkung von Konfession, Vermögen und Einkommen wahlberechtigt. Es war das freieste und demokratischste Wahlrecht, das es bisher in einem deutschen Staat gegeben hatte und wird bis heute als Grundlage einer jeden Demokratie betrachtet. Selbst den im Felde stehenden Soldaten wurde die Möglichkeit zur Stimmabgabe eingeräumt, mobile Wahllokale wurden bei den Einheiten eingerichtet.

Die Konstitutionellen traten im Wahlkampf kaum in Erscheinung und stellten keine eigenen Kandidaten auf. Viele konservative badische Bürger enthielten sich daher der Stimme. Dennoch ist die Wahlbeteiligung, die zwischen 45 % und 56 % der Wahlberechtigten lag, durchaus respektabel. Sie zeigt, daß die vormärzlichen Forderungen der demokratischen Bewegung nach einem Einkammersystem von der Mehrheit des Volkes getragen wurden. Die Abgeordneten selbst waren in der Mehrzahl Demokraten und schon längere Zeit, meistens in den Volksvereinen, politisch aktiv gewesen. Unter anderem erhielten der inhaftierte Fickler und der aus Amerika zurückeilende Hecker Mandate in der Versammlung. Mit dem Gernsbacher Ratschreiber Raphael Weil wurde zum ersten Mal ein Israelit in ein deutsches Parlament gewählt, das nach dem allgemeinen, gleichen, direkten und geheimen Wahlrecht zustande kam. Bezeichnenderweise war Struve in seinem Wahlkreis II (Radolfzell, Stockach, Engen, Hüfingen) trotz massiven Wahlkampfs durchgefallen. Somit war der prominenteste Vertreter der radikalen Linken in der Konstituante nicht vertreten. Erst in einer späteren Nachwahl im selben Wahlbezirk rückte Struve nach, konnte jedoch nur noch an wenigen Sitzungen teilnehmen.

Als die Versammlung am 10. Juni feierlich eröffnet wurde, zeigte sich Karlsruhe noch einmal in schwarz-rot-goldenem Fahnenschmuck. Unter militärischen Ehren und Beifall der Bevölkerung zogen die gewählten Vertreter des badischen Volkes in den Sitzungssaal im Stände-

haus. Daß von den gewählten 74 Abgeordneten nur 63 den Eröffnungs-
feierlichkeiten beiwohnten, war auch Ausdruck der immer wahrscheinli-
cher werdenden preußischen militärischen Intervention. Brentano hielt
die Eröffnungsansprache, in der er über die bisherige Arbeit des Landesausschusses und der provisorischen Regierung Rechenschaft ablegte.
Ausdrücklich wies er der neuen Volksvertretung die Aufgabe zu, die zukünftige Regierungsform für Baden festzulegen, wobei er den badischen
Kampf als Teil des Kampfes des ganzen deutschen Volkes für das große,
für das deutsche Vaterland charakterisierte. Das Schwergewicht lag somit
weiter auf der Kampagne für die Reichsverfassung und nicht auf dem
isolierten Geplänkel für eine regionale Republik. Der stürmische Beifall,
den Brentano für seine Rede erhielt, zeigt das hohe Maß der Zustimmung der Abgeordneten für seine politische Position.

Für die badische Verfassunggebende Versammlung war ihre homo-
gene Zusammensetzung charakteristisch. Advokaten und Schriftverfas-
ser (15), Handwerker (8), Lehrer (7), Gastwirte (7), Ärzte/Apotheker (6),
Geistliche (5) und Journalisten (5) waren die am stärksten vertretenen
Gruppen. Kleinbürger dominierten, durch ihre Berufe volksverbunden
und mit direkter Einsicht in die Nöte und Leiden der einfachen Bevölkerung. Ablösung der alten Eliten lautete ihr Credo, keineswegs soziale Revolution. Damit vertrat die Versammlung genau die Linie des von Häusser so abschätzig titulierten „Brentanoschen Moderantismus", die auch
weitgehend der Stimmung der Mehrheit der badischen Bevölkerung
entsprach.

Drei Wochen agierte die Verfassunggebende Versammlung Badens.
Unmittelbare Wirkung auf den Verlauf der Bewegung war ihr nicht mehr
beschieden. Die Wahl einer Regierung „mit diktatorischer Gewalt", der
als „Diktatoren" Lorenz Brentano, Amand Goegg und Max Werner an-
gehörten, die Ernennung von Ministern und die Beratungen über neue
Gesetze blieben symbolische Akte in einer Situation, in der die militärischen Erfordernisse des Augenblicks immer mehr dominierten. Bereits
am 25. Juni mußte die Versammlung vor den anrückenden preußischen
Truppen Karlsruhe verlassen. Ihr letzter Tagungsort war, nach kurzem
Zwischenaufenthalt in Offenburg, Freiburg, wo am 30. Juni die vier-
zehnte und letzte Sitzung dieses Parlaments stattfand. Eine wahrhaft
kurzlebige Episode. Bleibender Ruhm ist ihm dennoch sicher. Schließlich wurden in der Versammlung Verfassungsvorstellungen realisiert,
die zu den wichtigen Merkmalen eines modernen parlamentarischen

Regierungssystems gehören. Zum ersten Mal in Deutschland wurde eine Regierung von einem Parlament eingesetzt, das sich das Recht ihrer jederzeitigen Absetzung vorbehielt. Mißtrauensvotum, Ministerverantwortung und damit demokratische Kontrolle der Regierung wiesen noch über die parlamentarischen Neuerungen der Frankfurter Nationalversammlung hinaus, die in Form des Interpellationsrechtes und der Gesetzesinitiative der Abgeordneten ebenfalls Eingang in die Geschäftsordnung und -praxis des badischen Parlaments fanden. Auch auf der Ebene der Gemeinden wurden die Prinzipien der repräsentativen parlamentarischen Demokratie umgesetzt. Dazu gehörte in erster Linie die Einführung eines einheitlichen Staatsbürgerrechts, was die Aufhebung von Privilegien einzelner Gemeindemitglieder, die diese aufgrund ihres Vermögens oder spezifischer Ortsbürgerrechte in den Gemeindeselbstverwaltungsorganen besaßen, mit einschloß. Das Bestätigungsrecht der Staatsbehörde für den gewählten Bürgermeister fiel weg und damit ein wichtiges Instrument der staatlichen Einflußnahme auf die Geschicke der Gemeinde. Und davon hatte die vorrevolutionäre Regierung in Karlsruhe regen Gebrauch gemacht. So war dem in Mannheim zum Bürgermeister gewählten Lorenz Brentano die Ernennung verweigert und stattdessen Karl Mathy eingesetzt worden. Das Zensuswahlrecht in den Gemeinden wurde ebenfalls abgeschafft und eine Neuwahl auf der Grundlage des allgemeinen Wahlrechts angeordnet. In zahlreichen Dörfern und Städten konnten noch in der zweiten Junihälfte des Jahres 1849 Neuwahlen durchgeführt werden.

Wie in allen politischen Gremien der Revolution 1848/49 sind bei den Diskussionen über Staatsform und parlamentarische Verfassung zwei konträre Positionen erkennbar; eine Minderheitenposition, die auf der republikanischen Staatsform als Sofortziel beharrte, und die gemäßigte Mehrheit, die dieses Ziel über den Weg der parlamentarischen Reform erreichen wollte. Die Differenzen über die politischen Ziele und die Methoden, diese zu erreichen, hinderten die Verfassunggebende Versammlung keineswegs, auch im gesellschaftspolitischen Bereich initiativ zu werden. Unmittelbare politische Wirksamkeit blieb diesen Ansätzen allerdings versagt. Trotzdem wiesen sie wie Leuchtfeuer entlang einer dunklen Küste späteren politischen Ansätzen den Weg in die Demokratie unserer Tage.

In erster Linie ist darunter die Erhebung einer Zwangsanleihe zu zählen, wie sie am 12. Juni 1849 in der Versammlung zur Debatte stand. Alle Vermögen über 10 000 Gulden waren davon erfaßt. Zwischen 0,33 und 4 % der Vermögenssumme mußte als verzinsliche Anleihe zur Finanzierung des Staatsapparates entrichtet werden. Vor allem das Prinzip der – in diesem Falle allerdings moderaten – Steuerprogression entsprach einer alten Forderung der demokratischen Linken, die auch in die Offenburger Beschlüsse aufgenommen worden war. Damit demonstrierte die Verfassunggebende Versammlung, daß sie die sozialpolitischen Forderungen aus Offenburg, wie die nach einer allgemeinen Rentenkasse, einer progressiven Einkommensteuer und dem kostenlosen Unterricht für alle, nicht einfach zu den Akten gelegt hatte. Doch es war nicht die Zeit für soziale Reformen. Andere Prioritäten, die Fragen der Kriegsführung und deren Finanzierung, dominierten die Verhandlungen des Parlaments. Vergessen waren die gesellschaftspolitischen Ziele des demokratischen Liberalismus keineswegs; lediglich aufgehoben für die Zeit danach, wie Goegg in seinen Erinnerungen freimütig bekannte.

Staatsstreich von links? – Der Klub des entschiedenen Fortschritts

Im Landesausschuß isoliert, in der breiten Öffentlichkeit ohne ernsthaften Rückhalt, wie die Wahlen zur Verfassunggebenden Versammlung eindrucksvoll auswiesen, hatte die revolutionäre Linke um Gustav Struve Anfang Juni 1849 fast jede Möglichkeit verloren, direkten Einfluß auf die Politik der badischen Regierung zu nehmen. Mit der Verhaftung Ficklers in Stuttgart am 3. Juni 1849 und dem permanenten Aufenthalt Sigels bei der Armee im Felde waren innerhalb kurzer Zeit zwei wichtige, von ihrer politischen Überzeugung durchaus kongeniale Ansprechpartner aus der Regierung ausgeschieden. Die revolutionäre Bewegung war unter der Dominanz Brentanos mehr denn je im Begriff, sich innerhalb der badischen Grenzen einzurichten. Das Verhältnis zur Pfalz war nur auf dem Papier ein gutes. Verächtlich äußerte sich der badische Regierungschef über die in Kaiserslautern herrschende „rote Kamarilla" und deren revolutionäre Phrasen, die geeignet waren, seinen reformerischen Bestrebungen zuwiderzulaufen. Als am 2. Juni ein Befehl erging, wonach badischen Truppen verboten wurde, die Landesgrenze in offensiver Absicht zu überschreiten, rief dies naturgemäß Entrüstung unter den entschiedenen Revolutionsfreunden hervor. Schon längst hegten diese den Verdacht, daß Brentano nur auf einen günstigen Augenblick warte, um die Revolution für beendet zu erklären.

Doch mit diesem Schreckensszenario konnten und wollten sich die aus allen Regionen in die Südwestecke Deutschlands herbeigeeilten Demokraten nicht abfinden. Sie setzten alle ihre Hoffnungen auf die revolutionäre Offensive. Ob Sachse, Preuße, Österreicher, Württemberger oder Revolutionär aus dem fremdsprachigen Ausland, besonderes Interesse am politischen Schicksal des kleinen Landes Baden besaßen die wenigsten von ihnen. Für sie zählte die Südwestecke nur insoweit, als von hier aus die Revolutionierung Deutschlands und Europas sowie die Einbindung ihrer Heimatstaaten in die Bewegung ausgehen sollte. Scheiterte das Unternehmen, so würde man es zu gegebener Zeit und am anderen Ort erneut versuchen. Dies waren Vorstellungen, die sich nur schwer mit denen der badischen Bevölkerung in Einklang bringen ließen. Auch hier wieder das Auseinanderfallen der Zielvorstellungen, das die tiefere Ursache für das gespannte Verhältnis von Einheimischen und Fremden in der badischen Revolution gewesen sein mag.

Hatten die fremden Revolutionäre bei ihrer Ankunft in Baden noch geglaubt, auf eine hochgradig revolutionär gesinnte Bevölkerung zu treffen, so wurden diese Erwartungen schnell enttäuscht. Nur ein radikaler Wechsel in der Politik, ein Wechsel, der die Kriegsführung mit einbeziehen mußte, war ihrer Ansicht nach in der Lage, das Siechtum und den drohenden langsamen Tod der Bewegung aufzuhalten. Auf parlamentarischer Ebene war dieser notwendige Wechsel jedoch nicht mehr zu bewerkstelligen. Und es ist bezeichnend, daß in dieser Situation der scheinbaren politischen Immobilität auf die bewährten Aktions- und Agitationsformen der außerparlamentarischen Assoziation, des Club- und Vereinswesens zurückgegriffen wurde. Der Zulauf hielt sich jedoch in Grenzen. Während ein für den 28. Mai in Karlsruhe geplanter revolutionärer Kongreß erst gar nicht stattfinden konnte, geriet die auf den 30. Mai nach Mannheim einberufene „Zusammenkunft der entschiedenen Revolution" zu einem vollkommenen Fiasko. Wenig mehr als eine Handvoll Personen fanden sich zusammen! Die von auswärts gekommenen Theoretiker der sozialen Revolution, unter ihnen Karl Marx, reisten enttäuscht wieder ab. Andere, vor allem enthusiasmierte Helden, revolutionäre Schwärmer und Freibeutercharaktere, blieben und genossen das aufregende Leben der Revolution, auch wenn sie selten eine ihren Erwartungen entsprechende Verwendung im Heer wie in der Verwaltung fanden. Ihr Credo blieb der europäische Völkerkampf, der nur mit einer radikalen Änderung der badischen Politik noch erreichbar schien.

Die Haltung Goeggs, wiewohl einer der ihren, wurde mit zunehmendem Mißtrauen beobachtet, schien er sich doch ohne größere Widerstände der Brentanoschen Politik zu fügen. Zwangsläufig scharten sich diese Kräfte um den entschiedensten badischen Radikalen, Gustav Struve. Halb gedrängt, halb aus eigenem Antrieb lud dieser für den 5. Juni die Freunde des „entschiedenen Fortschritts" in den hinteren Saal des Karlsruher Rathauses ein. Dort sollte erneut die Gründung eines gleichnamigen Klubs beraten und Maßnahmen diskutiert werden, wie die radikaldemokratische Fraktion mehr Einfluß auf den Ablauf der Ereignisse erhalten könne.

Alle prominenten Revolutionäre, im Ganzen rund 30, fanden sich ein. In welcher Rolle dabei Amand Goegg auftrat, als Mitglied der Regierung oder als Anhänger der radikalen Richtung, ist unklar. Nach Ausweis des Protokolls hat er sich nicht in die zum Teil hitzige Debatte eingemischt. Neben vereinzelten badischen Radikalen, unter ihnen Friedrich Neff und Gustav Nikolaus Tiedemann, waren es vor allem Nichtbadener, die das Bild der Versammlung und ihren Ton bestimmten. Beeindruckend allein schon das Auftreten des 61jährigen Wiesbadener Revolutionsveteranen Georg Böhning, der mit seinem wallenden silbernen Haupthaar und dem prächtigen Vollbart sicher zu den malerischsten Erscheinungen in Baden zählte. Doch auch die Freischärler und radikalen Demokraten Johann Philipp Becker, Max Dortu aus Potsdam, Adolf Tzschirner aus Dresden, Karl Heinzen, der ehemalige preußische Oberstleutnant Ludwig von Rango und der junge Wilhelm Liebknecht standen mit ihrer Person und ihrer Biographie für einen entschieden revolutionären Kurs. Was sie in den Augen der Regierung besonders gefährlich erscheinen ließ, war nicht so sehr ihre Zahl, als vielmehr das hinter ihnen stehende militärische Gewicht. Beachtliche Teile der badischen Volkswehr, Oberst Becker war bekanntlich deren Kommandant, und einige Freikorps bildeten ein ernstzunehmendes politisch-militärisches Potential, das durchaus in der Lage war, den Forderungen der Versammlung Gehör zu verschaffen.

Der Klub selbst war schnell konstituiert. Vorstand wurde Gustav Struve, der Reichstagsabgeordnete Friedrich Martiny sein Schriftführer. Etwas länger dauerte die Ausformulierung des Programms. In einer mehrstündigen Diskussion entstand ein umfangreicher Forderungskatalog an die Regierung. Reorganisation der Ministerien, Maßnahmen zur Befreiung Ficklers aus württembergischer Haft, Durchsetzung der politischen Union mit der Rheinpfalz, Säuberung der öffentlichen Verwaltung, insbesondere des Heeres von allen reaktionären Elementen, waren danach unabdingbare Maßnahmen, um den Übelständen der bisherigen Politik entschieden zu begegnen. Über allem thronte jedoch die Forderung nach konsequenter Mobilisierung aller militärischen Kraftreserven des Landes und ihrem Einsatz im revolutionären Kampf gegen die alten Mächte. Primat des Militärischen und Ausrichtung aller Maßnahmen unter dem Gesichtspunkt des europäischen Völkerkampfes waren die zentralen Aussagen, die einer Kriegserklärung an die bisherige Brentanosche Politik gleichkamen. Noch bevor die letztendlich hinhaltende Antwort der Regierung auf die Forderungen eingetroffen war, hatte der Oberbefehlshaber der badischen Volkswehren, Johann Philipp Becker, strategisch wichtige Punkte in der Stadt – Zeughaus, Kaserne Gottesaue sowie den Pulverturm in Bulach – mit Freischärlern besetzen lassen und gleichzeitig den Patrouillendienst in der Innenstadt verstärkt. In den Augen der Regierung deutliche Zeichen also, daß zumindest Teile der im Fortschrittsklub organisierten Linken bereit schienen, die Umsetzung ihrer Forderungen mit Gewalt durchzusetzen. Eine Konfrontation schien unvermeidlich, der Sturz der Regierung war nicht mehr auszuschließen.

Ob dies tatsächlich das unmittelbare Ziel des Fortschrittsklubs gewesen war, mag dahingestellt bleiben. Auch kann die Frage nur schwer beantwortet werden, ob und in welches konkrete Stadium der vermeintliche Staatsstreich von „links" bereits getreten war. Letztendlich ist die Antwort unerheblich, denn Brentano, ganz Machtpolitiker, wußte diese höchst prekäre Situation energisch in seinem Sinne zu nutzen. Er zögerte dabei nicht, die niedrigsten Instinkte und latent vorhandenen Ängste des Volkes zu instrumentalisieren. Es galt, einem Putsch der „Fremden" zuvorzukommen, die Baden lediglich als Spielwiese für ihre blutrünstigen revolutionären Abenteuer mißbrauchen und dadurch jede Möglichkeit der Verständigung ausschließen wollten. Kontinuität mit der Hoffnung auf Einschwenken in geregelte Bahnen des politisch-gesellschaftlichen Miteinanders oder die „rote Anarchie", dies waren aus seiner Sicht die scheinbaren Alternativen. Dabei kam ihm die Gewißheit zu Hilfe, daß vor allem die Karlsruher Bevölkerung sich bisher jedem revolutionären Experiment abhold gezeigt hatte und sich allmählich eine tiefe Sehnsucht nach der „guten, alten Zeit" einstellte. Mit diesem Argumentationsmuster war es Brentano ein leichtes, die Karlsruher Bürgerwehr zu mobilisieren und auf seine Seite zu ziehen. Daß er dabei mit einer Institution gemeinsame Sache machte, die als Hort der Reaktion in der Stadt galt, diskreditierte ihn nicht nur in den Augen seiner vehementen Gegner.

Mit ihr und weiteren loyalen Volkswehreinheiten aus Ettlingen, Philippsburg und Gaggenau, die zur Unterstützung der provisorischen Regierung in die Residenz beordert worden waren, nahm er den Kampf auf. Die Truppen trafen noch in der Nacht vom 5. auf den 6. Juni in der Stadt ein, verhafteten die ersten Mitglieder des Klubs, darunter den jungen Liebknecht, schlugen in den frühen Morgenstunden Generalmarsch und besetzten mit starken Kräften den Schloßplatz und strategisch wichtige Straßen der Stadt. Damit standen sich im Morgengrauen revolutionäre Freischärlereinheiten und loyale Volkswehrtruppen kampfbereit gegenüber, ein Funke genügte, und das Faß explodierte.

Oberst Becker ignorierte den von Brentano erhaltenen Befehl, mit seinen Freikorps die Stadt zu verlassen und sich zur Neckararmee nach Heidelberg zu begeben. Auch Böhning verweigerte den Gehorsam. Versicherungen Struves, man beabsichtige keinen Putsch, wurden unter diesen Vorzeichen nicht mehr ernst genommen. Als der Klub des entschiedenen Fortschritts am Nachmittag des 6. Juni zu einer weiteren Besprechung im Rathaus zusammenkam, schlug Brentano zu. Aus der Versammlung heraus wurden Becker, Struve und andere Entschiedene verhaftet. Damit war der Versuch der Umsetzung einer konsequent revolutionären Politik an der entschiedenen Haltung Brentanos gescheitert. Gegen die Zusage, mit ihren Truppeneinheiten nach Heidelberg an die Neckarfront abzugehen, wurden Becker und Böhning wenige Stunden nach ihrer Verhaftung wieder freigelassen. Becker selbst wurde als Führer der Volkswehren abgesetzt, die zukünftig unter dem Kommando von Friedrich Doll standen.

Die Leidenschaften, die Brentano mit dem energischen Vorgehen gegen die „Fremden" und „roten Anarchisten" entfacht hatte, beruhigten sich nur mühsam. Aller Haß und alle Aggressionen der auf dem Marktplatz versammelten Karlsruher Bürgerwehr richteten sich auf Gustav Struve. Infanteristen und Bürgerwehr drangen mehrmals in das Rathaus ein, beschimpften den dort ausharrenden Struve und drohten mit Lynchjustiz. Zum Schutz seiner Person eskortierte ihn Brentano durch den dichtgedrängten Rathausplatz und über die Straßen nach seiner Wohnung. Im persönlichen Duell der beiden standen Sieger und Verlierer fest. Wenige Tage darauf verließ Struve Karlsruhe und begab sich für einige Tage in die Pfalz.

Goegg bei den Canonieren

Der Bruch zwischen den kompromißorientierten Kräften und den entschiedenen Revolutionären war offenkundig, die gesamte Bewegung dadurch entscheidend geschwächt. Von Offensive, ob in militärischer oder politischer Hinsicht, redete schon lange niemand mehr. Unklarer denn je waren die Ziele, für die die badische Bewegung stand und zu kämpfen bereit war. Letztendlich erwies sich der Erfolg Brentanos über den Klub des entschiedenen Fortschritts als Pyrrhussieg. Immer mehr geriet der Regierungschef tatsächlich in die Rolle des Testamentvollstreckers einer demokratischen Massenbewegung, die spätestens mit dem 6. Juni auch offiziell zu Grabe getragen worden war.

In den folgenden Tagen veränderte sich die Gewichteverteilung auf der badischen Revolutionsbühne gravierend. Mit dem am 9. Juni abgeschlossenen Aufmarsch der Truppen Preußens und des Reiches an den badisch-pfälzischen Grenzen deuteten alle Zeichen auf den bevorstehenden Kampf und die drohende Invasion. Andere Prioritäten drängten jetzt in den Vordergrund, die parlamentarisch-politische Debatte verlor mehr und mehr, wenn auch nicht an rhetorischer Heftigkeit, so doch an unmittelbarer Wirksamkeit. Daß selbst großartige militärische Anstrengungen nicht in der Lage sein würden, den unglücklichen

Verlauf des politischen Prologs der Revolution zu korrigieren, sollte sich bald erweisen.

Je direkter die militärische Bedrohung, desto radikaler die politischen Reaktionen. Dieser banale Zusammenhang kam auch in den letzten Maßnahmen der badischen Revolutionspolitik zum Tragen. Bereits die am 16. Juni erfolgte Wahl einer dreiköpfigen provisorischen Regierung „mit diktatorischer Gewalt" weist in diese Richtung. Lorenz Brentano, Amand Goegg und der Oberkircher Rechtsanwalt Max Werner als Kriegsminister waren die Diktatoren, die die neue Regierung bildeten. Am 17. Juni erklärte die Verfassunggebende Versammlung Baden zum Freistaat. Dies bedeutete mehr als nur den Wegfall des Begriffs großherzoglich in den offiziellen Titulaturen und Behördenbezeichnungen. Damit war zugleich auch offiziell dokumentiert, daß eine Verständigung mit dem badischen Großherzog nicht mehr möglich war und die Entscheidung über Wohl und Wehe der badischen Bewegung auf dem Schlachtfeld werde fallen müssen. Amand Goegg unterstrich dies insoweit, als er wenige Tage nach seiner Ernennung zum Finanzminister Karlsruhe in Richtung Neckararmee verließ, um mit dem Militär für den Erfolg seiner Ideale zu kämpfen. Der Freiburger Rechtsanwalt und Zivilkommissar Adam Ignaz Heunisch trat an seine Stelle.

Zusammen mit der Verfassunggebenden Versammlung verließ auch die provisorische Regierung, mit wenigen Getreuen und bescheidenem Troß, am 25. Juni 1849 die großherzogliche Residenzstadt Karlsruhe. Über Rastatt und Offenburg ging die Flucht nach Freiburg, wo sie mit den geringen Überresten der deutschen Nationalversammlung, die am 18. Juni in Stuttgart gewaltsam gesprengt worden war, zusammentrafen. Brentano legte am 28. Juni seinen Posten in der Regierung zeitgleich mit seinem Mandat in der konstituierenden Landesversammlung nieder und floh anschließend in die Schweiz. In einem unmittelbar darauf proklamierten Manifest an das badische Volk erhob er schwere Vorwürfe an seine politischen Mitstreiter, die er ob ihres Radikalismus für das Scheitern der Reichsverfassungskampagne und der badischen Bewegung verantwortlich zeichnete. Die meisten Abgeordneten folgten seinem Beispiel und verließen in den ersten Julitagen das Land, darunter auch Gustav Struve, der den letzten Sitzungen des ersten frei gewählten badischen Parlaments als Abgeordneter beigewohnt hatte. Lange und in der Regel harte Jahre des Exils sollten vor ihnen liegen.

134

Militär in der Revolution

Die Armee formiert sich

Die zahlreichen Gehorsamsverweigerungen des Militärs auf lokaler Ebene hatten entscheidend zum kurzzeitigen Erfolg der badischen Bewegung beigetragen. Ohne die beunruhigenden Nachrichten aus Freiburg, Bruchsal, Rastatt und der Karlsruher Garnison hätte weder für den Großherzog noch für seine Minister ein Grund für ihre überstürzte Flucht bestanden. Erst aus dem fast kollektiven Abfall des badischen Militärs, einem in der neueren Geschichte einmaligen Vorgang, ergab sich für den Landesausschuß die überraschende Chance, die Führung der politischen Geschäfte in die eigenen Hände zu nehmen. Mindestens drei, trotz aller Gemeinsamkeiten sich unabhängig voneinander entwickelnde Wirkkräfte sind für den Mai des Jahres 1849 in Baden zu konstatieren:

die politisch-demokratische Emanzipationsbewegung der Volksvereinsorganisation, die innere Reformen in Baden wie im Deutschen Reich anstrebte,

die Reichsverfassungskampagne, die auf nationaler Ebene die politischen Grundvoraussetzungen für die Realisierung der Reformvorhaben sichern wollte, und

die Gehorsamsverweigerung badischer Truppen als ursächliches Moment für die letztendlich überregionale Wirksamkeit der beiden vorgenannten Bewegungen.

Doch revolutionär, im politischen Wortsinne, ausgestattet mit politischem Programm und konkreten Handlungsmustern zu dessen Umsetzung, war die Armee keineswegs. Von Ausnahmen abgesehen, ging es den meisten lediglich um die Abschaffung einiger Auswüchse in der inneren Militärorganisation, um Befreiung von lästigen Dienstpflichten und den Bedrückungen durch ihre militärischen Dienstvorgesetzten. Sicher hatte die Tätigkeit der Volksvereine und deren Anteilnahme an ihren Sorgen und Anliegen beim Militär Erfolge verzeichnen können. Die Ausdehnung der Grundrechte des deutschen Volkes auf den Militärstand, die Wahl der Offiziere, Solderhöhung und das Verschmelzen von Linientruppen und allgemeiner Bürgerwehr zu einem Wehrgerechtigkeit direkt umsetzenden Bürgermilitär, waren nicht nur Forderungen kleiner politischer Zirkel, sondern durchaus populär, auch und gerade in den Reihen des badischen Militärs. Doch Forderungen erheben war das eine, die Voraussetzungen für deren Umsetzung zu schaffen das andere. In erster Linie kam es darauf an, die Armee als geschlossene Einheit zu erhalten, da ohne dieses Instrument sowohl die Reichsverfassungskampagne als auch die Bestrebungen zur inneren politischen Reform im Großherzogtum Baden auf schwachen Füßen standen.

Vier Behörden waren mit dieser Aufgabe befaßt: der Kriegssenat des Landesausschusses unter seinem Vorsitzenden Gustav Struve, dem das Kriegsministerium als Vollzugsbehörde zur Seite stand, das Oberkommando der Volkswehr sowie das Oberkommando der nach dem 17. Mai 1849 formal vereinigten badisch-pfälzischen Armee. Nicht alle Einheiten der alten großherzoglichen Armee hatten mit dem gleichen Enthusiasmus den Eid auf den Landesausschuß geleistet, wie die badischen Artilleristen der Festung Rastatt. Vor allem die Dragoner, die Waffengattung, in der das adlige Element traditionell dominierte, verhielten sich eher reserviert, wenn sie nicht gar, wie die Dragoneroffiziere in Mannheim und Freiburg, den Eid rundweg verweigerten. Nirgends war jedoch offene Auflehnung gegen den Landesausschuß festzustellen. Der nahezu reibungslose Übergang der Macht in die Hände des Landesausschusses ließ zudem die Gefahr einer bewaffneten Auseinandersetzung mit Anhängern des Großherzogs vorerst gering erscheinen. Auch von den in Baden stationierten auswärtigen Truppen des Deutschen Bundes ging offensichtlich keine Gefahr aus. Der württembergische General von Miller zog sich mit seinen Truppen von Freiburg auf die württembergische Seite des Schwarzwaldes zurück. Und auch die österreichische Besatzung der Festung Rastatt hielt sich aus den vermeintlich innerbadischen Querelen heraus und zog nach einigen Tagen unbehelligt in ihre Heimat ab. Einige wenige großherzogtreue Einheiten bzw. Teile von ihnen beabsichtigten, sich mit ihren Waffen ins benachbarte Ausland abzusetzen. Der erfolglose Versuch des ehemaligen Kriegsministers General Hoffmann und des Dragonermajors Hinkeldey, mit Soldaten und einigen Geschützen nach Frankfurt zu gelangen, um sich dort der Reichsgewalt zur Verfügung zu stellen, mobilisierte das ganze Unterland zwischen Mannheim, Heidelberg und dem badischen Odenwald, bis schließlich die Verhaftung des Majors gelang.

Der große Rest der Armee schien im Begriff auseinanderzulaufen. Die Offiziere hatten zum großen Teil ihre Posten verlassen, überall mangelte es an ausgebildeten, erfahrenen und von der Truppe anerkannten Führern. Der Aufruf an alle Militärpersonen, sich wieder in die Reihen der Armee einzugliedern, die umgehend dekretierte Solderhöhung und die sofort bei den einzelnen Truppenteilen vorgenommene Wahl der Offiziere, waren letztendlich erfolgreiche Versuche, die weitere Auflösung der badischen Armee zu verhindern.

Sicher trug dazu auch die ungeheure Welle der Begeisterung bei, die Baden angesichts der Ereignisse in Offenburg und Karlsruhe durcheilte. Zu Tausenden waren die ersten Aufgebote des Landes an den Sammelplätzen des Volksheeres eingetroffen, um für die Durchsetzung der Reichsverfassung zu kämpfen. Dort herrschte bald, wie in Oos, dem Treffpunkt für die mittelbadischen Amtsbezirke, ein heilloses Durcheinander, waren die Organisatoren vor enorme logistische Probleme gestellt. Während die bewaffneten Einheiten zum Schutze Karlsruhes und der Nordgrenze Badens rasch mit der Eisenbahn nach Karlsruhe und in das Unterland transportiert werden konnten, kampierten die unbewaffneten Freiwilligen in der Umgebung der Bahnstation. Es mangelte an Unterkünften und Lebensmitteln, lediglich Bier, Wein und Schnaps gab es reichlich. Das Fest von Offenburg schien seine Fortsetzung im kollektiven „Betriebsausflug" der ersten Aufgebote des Landes zu finden.

Seit der Einführung des Bürgerwehrgesetzes im vergangenen Jahr hatten die meisten Gemeinden offenkundig recht wenig in diese Einrichtung investiert. Die Aufgebote wiesen in der Regel keinen zufriedenstellenden Ausrüstungs- und Ausbildungsstand auf. Manche waren gänzlich unbewaffnet, andere wiederum lediglich mit Sensen oder beinahe antiken Büchsen ausgerüstet, für die allein die Besorgung von Munition ein schier unmögliches Unterfangen war. Die Forderung nach Waffen und militärischer Ausrüstung war allgemein. Landesausschuß, Kriegsministerium und Zeughausdirektion wurden mit Anfragen nach Waffenlieferungen geradezu bombardiert, tagtäglich standen Gemeindedeputationen vor den Pforten des Zeughauses und verlangten mit Nachdruck Waffen und Munition. Auch wenn aus den Altbeständen der badischen Armee bereitwillig Gewehre abgegeben wurden, konnte die Nachfrage keineswegs befriedigt werden. Doch selbst mit leidlicher Ausrüstung war der Ausbildungsstand der Aufgebotsleute eher bescheiden. Eine militärische Offensive zu beginnen und den Marsch nach Frankfurt zu wagen, war unter diesen Umständen höchst risikoreich. Ohne entsprechenden Ausbildungsstand, ohne fähige Offiziere und ohne eine erfolgversprechende militärische Strategie, war das Scheitern des Unternehmens so gut wie sicher. Vorbereitende Planungen waren keine vorhanden, ein weiteres Indiz, wie unvorbereitet die Entwicklung der Ereignisse die handelnden Personen angetroffen hatte.

Schon bald wurden die unbewaffneten Freiwilligen und Aufgebotsleute in ihre Heimatorte heimgeschickt. Enttäuscht trafen sie dort ein. Statt vom erhofften Marsch nach Frankfurt konnten sie lediglich von organisatorischem Chaos, Kompetenzgerangel und den unbefriedigenden Bedingungen ihres Aufenthaltes berichten. Eine merkliche Abkühlung des revolutionären Elans war die Folge. Daran konnten auch die von der Zentralgewalt in die Amtsorte geschickten Instruktoren recht wenig ändern. Ihnen, in der Regel altgediente Unteroffiziere und Soldaten der badischen Armee, war die gewaltige Aufgabe übertragen worden, die militärischen Laien der ersten Aufgebote zu unterweisen und sie zu einer schlagkräftigen militärischen Formation auszubilden. Kein leichtes Unterfangen, auch weil die lokalen Behörden sich bei der Beschaffung von Gewehren und Ausrüstungsgegenständen weiterhin sehr zurückhaltend zeigten.

Den wenigen Einheiten, die ins Unterland abtransportiert worden waren, erging es nicht besser. Tagelanges Herumlungern in den Karlsruher Kasernen wechselte mit sinnlosen Märschen und Einquartierungen in den Dörfern zwischen Karlsruhe und Heidelberg ab. Beides stieß auf Unwillen. Die Landbevölkerung beschwerte sich über die hohen Einquartierungslasten, die Bewohner der Residenz über den untätigen, disziplinlosen Haufen in ihrer Stadt, der auch nicht vor Bettel und Pöbeleien in den Straßen zurückschreckte. Denn selbst die Versorgung mit Verpflegung und die Auszahlung der zugesagten Löhnung stießen auf enorme Schwierigkeiten. Erste Fälle von Gehorsamsverweigerung und unerlaubtem Entfernen von den Einheiten waren zu konstatieren. Ernüchterung machte sich breit, die anhielt, selbst als die meisten Aufgebote nach wenigen Tagen ebenfalls in ihre Heimatorte zurückmarschieren durften.

Trotz dieser ersten Enttäuschung rechneten alle mit einer militärischen Offensive, die nur das Rhein-Main-Gebiet zum Ziel haben konnte.

Mit der Einnahme von Frankfurt, jener „allgemeinen deutschen Stadt" (Valentin), die zum Synonym für die parlamentarische Bewegung der zurückliegenden Monate geworden war, hätte die Reichsverfassungskampagne den zentralen Hauptort gewonnen und damit aus der südwestdeutschen Sonderrevolution eine gesamtdeutsche Bewegung entstehen lassen. Eile war dringend geboten, da die alten Mächte den Symbolwert der Stadt durchaus einzuschätzen wußten. Innerhalb weniger Tage wurde das Gros des VIII. Deutschen Armeekorps zwischen Frankfurt und der Bundesfestung Mainz konzentriert. Verstärkte Militärpatrouillen, Durchsuchungen auf den Bahnhöfen und systematische Kontrolle des Schiffsverkehrs demonstrierten vor aller Augen die Entschlossenheit der Bundesstaaten, jedem Eindringen demokratisch-revolutionärer Propaganda und Truppen Widerstand entgegenzusetzen. Und dennoch war die militärische Offensive, gerade weil der Truppenaufmarsch der Gegenseite täglich die Chancen auf Erfolg schwinden ließ, das Gebot der Stunde.

Von strategischen Überlegungen zum Revolutionsexport in Karlsruhe jedoch keine Spur. Der Kriegssenat war vollauf damit beschäftigt, die in den einzelnen Einheiten gewählten Offiziere zu bestätigen, Militärkommissare zur Aushebung der ersten Aufgebote in den Amtsbezirken zu ernennen, unzählige, in ihrer Wirkung umstrittene Proklamationen zu entwerfen, Freifahrscheine für die Eisenbahn auszustellen und andere, vermeintlich kriegswichtige Aktivitäten zu veranlassen. Ein strategischer Kopf mit militärischem Sachverstand war auch im Kriegsministerium nicht vorhanden. Der Kriegsminister, Oberleutnant Karl Eichfeld, dessen Legitimation für diesen Posten seine Schrift über „stehendes Heer und Volkswehr" sowie die einjährige Kislauer Korrektionsstrafe wegen Ungehorsam waren, erwies sich immer mehr als Fehlbesetzung. Als „Spintisierer mit Kunstgefühl, als liebenswürdiger Improvisator" charakterisiert ihn zutreffend Veit Valentin, dessen monumentales Werk über die Deutsche Revolution auch 60 Jahre nach seinem Erscheinen nichts an Aktualität verloren hat. Entschlußlos und führungsschwach, begnügte sich Eichfeld mit der schlampigen Verwaltung des Vorgefundenen und der unzureichenden Organisation des Mangels, wo durchgreifende Maßnahmen erforderlich gewesen wären. Die Grundlagen waren dazu insofern geschaffen, als der Landesausschuß sich schon sehr früh für die komplette Mobilisierung aller 18 – 30–jährigen in den ersten Aufgeboten, für die Neuformierung der badischen Armee und für die Bildung von Freiwilligenkorps ausgesprochen hatte. Wie gering das Vertrauen der führenden

Männer in die Fähigkeiten der Person des Kriegsministers war, zeigt, daß Eichfeld an keiner dieser drei Unternehmungen direkt beteiligt wurde. Seine Demontage setzte ein, kaum daß er die Spitze seiner Karriere erreicht hatte. Bereits am 19. Mai reiste Eichfeld, zwar immer noch Kriegsminister und zudem zum Oberbefehlshaber der Neckararmee ernannt, auf den „Kriegsschauplatz" nach Heidelberg ab, wo er allerdings ebensowenig Erfolge erzielen konnte. Selbst mit dem Kommando des Leib-Infanterie-Regiments, das ihm danach, in der Zwischenzeit zum Oberst befördert, angetragen wurde, war er offensichtlich überfordert.

Nach seiner Abreise blieb die Stelle des Kriegsministers für einige Tage unbesetzt, das Ministerium selbst wurde von den Stellvertretern Eichfelds im bürokratischen Sinne verwaltet, ohne daß die Behörde in der Lage gewesen wäre, die sich auf verschiedenen Ebenen und an verschiedenen Schauplätzen etablierenden militärischen Aktivitäten zu bündeln und sie einer einheitlichen Leitung zu unterstellen. Der auf der politischen Ebene festgestellte Zielkonflikt – parlamentarische Reform Badens oder Republikanisierung Deutschlands – fand seinen Niederschlag auch auf der militärischen Ebene. Defensive Strategie oder militärische Offensive lauteten hier die Gegensätze, die solange nicht ausgetragen wurden und sich solange gegenseitig lähmten, bis mit dem Beginn der militärischen Intervention das Gesetz des Handelns endgültig auf die Seite der Fürstenheere übergegangen war. Wie im Bereich der allgemeinen Politik entbehrte die Militärpolitik der Revolution der inneren Geschlossenheit.

Die eigentlich revolutionäre Militärbehörde, das Oberkommando der Volkswehr, befand sich in den letztendlich entscheidenden Anfangstagen noch im Aufbau. An seiner Spitze stand mit Johann Philipp Becker ein auf vielen europäischen Revolutionsschauplätzen bekannter und geschätzter militärischer Führer. Unterstützt von Struve, förderte er als Sektionschef im Kriegsministerium in der Folgezeit alle Aktivitäten, um das Volksheer innerhalb kürzester Zeit zu mobilisieren, dem Mangel an ausgebildeten militärischen Führern abzuhelfen und aus den heterogenen Bestandteilen – Linientruppen, Volkswehr, Freikorps – eine schlagkräftige Einheit zu formieren. Mit seiner Ernennung am 19. Mai 1849 war zugleich öffentlich das Signal für alle europäischen Demokraten und Emigranten gegeben, sich auf dem badischen Schauplatze einzufinden und hier für die Verteidigung der Freiheit und die Verwirklichung einer demokratischen Gesellschaft zu kämpfen. Viele strömten herbei, kampferprobt in den Schlachten der zurückliegenden Jahre, die für die demokratische Freiheit Europas gefochten worden waren. Ob in Sizilien, Posen oder im Schweizer Sonderbundskrieg des Jahres 1847, überall hatten sie für ihre demokratischen Ideale gekämpft. Sogar Veteranen aus dem griechischen Freiheitskampf wie der alte Böhning und der spätere Gouverneur der Festung Rastatt, Gustav Nikolaus Tiedemann, boten ihre Dienste an. Aus allen vier Himmelsrichtungen trafen Nachrichten über Zuzüge von Freiwilligenformationen in Karlsruhe ein. Aus Hanau kündigte sich eine knapp 600 Mann starke Legion der Hanauer Turner an; Heilbronner Turner, Tübinger Studenten und Arbeiter, daneben eine weitere Schwäbische Legion, eine deutsch-schweizerische Flüchtlingslegion, die Besançoner Legion aus deutschen Emigranten und französischen Demokraten sowie zahlreiche Einzelpersonen aus fast allen Staaten des Deutschen Bundes und des benachbarten Auslands stellten sich der badischen Volksregierung zur Verfügung. Pensionierte Offiziere, in der Regel eher ohne politischen Hintergrund, die auf ihre alten Soldatentage noch einmal Pulverdampf atmen wollten, waren ebenso darunter wie revolutionäre Enthusiasten ohne solide militärische Kenntnisse. Karlsruhe selbst beteiligte sich aktiv an der Anwerbung von Truppen. Schon am 16. Mai stellte der Landesausschuß jeweils 1500 Francs für die in Marseille und Lyon tätigen Organisationen der politischen Flüchtlinge zur Verfügung. 25 Francs Reisegeld erhielt dort jeder, der sich bereit erklärte, innerhalb einer gesetzten Frist in Baden einzutreffen und sich den Freikorps anzuschließen. Einen besonders guten Ruf, was persönlichen Mut, strategisches Geschick und militärische Erfahrung betraf, genossen die zahlreichen Polen, die nach der neuerlichen Aufteilung ihres Landes als politische Flüchtlinge vor allem in Frankreich lebten und mit dem „Demokratischen Polnischen Komitee" in Paris eine weit über die Grenzen des Landes bekannte Organisation geschaffen hatten. Sie waren seit Jahrzehnten Symbolgestalten nicht nur für den Unabhängigkeitskampf ihres Volkes, sondern auch für das Freiheitsbestreben der unter der Fürstenknute schmachtenden Völker Europas. Kein Aufstand, keine lokale Revolte, geschweige denn ein Revolutionsversuch, an dem nicht polnische Emigranten tätigen Anteil nahmen. Sie schienen in der Lage zu sein, die vakanten Schlüsselstellen in der badischen Heeresorganisation einzunehmen und das durch die Verweigerungshaltung vieler großherzoglicher Offiziere entstandene Führungsdefizit auszugleichen. Die Pfälzer, die schon einige Tage länger „Revolutionserfahrung" hatten, knüpften die

Kontakte nach Paris. Von den „zwei polnischen Offizieren mit Autorität", die in Paris auf Engagements warteten, sicherten sie sich die Dienste des Generals Schneider (Sznayde), eines schon betagten Haudegens, der auf fast allen europäischen Kriegsschauplätzen gefochten hatte. Die Badner wiederum verhandelten mit einem gewissen Ludwig Mieroslawski, dessen militärischer Ruf ebenso tadellos war wie seine politische Reputation. „Intellektueller Mittelpunkt der polnischen Demokratie, umgeben mit dem ganzen Zauber der Poesie, mit welcher der Heroismus und das Unglück das Volk der Polen geschmückt hat", so Johann Philipp Becker in geradezu hymnischen Worten, schien er tatsächlich der Mann zu sein, der fähig war, der Revolution neuen Schwung zu geben. Aktiver Teilnehmer bereits des polnischen Aufstandes im Jahre 1830 und glänzender Analytiker der Gründe für dessen Scheitern zugleich, war er in Paris zu einem der einflußreichsten Mitglieder des Zentralausschusses des demokratischen Polen geworden. Einer breiten Öffentlichkeit in Deutschland bekannt wurde er vor allem durch seine Mitwirkung am Februaraufstand des Jahres 1846 in Posen, seine anschließende Gefangennahme und den berühmten Prozeß vor dem Moabiter Gericht, der mit seiner Verurteilung zum Tode endete. Die Märzereignisse 1848 in Berlin befreiten den Todeskandidaten aus seiner Zelle. Nach Paris zurückgekehrt, konnte Mieroslawski im Mai 1849 zwischen zwei lukrativen Angeboten auswählen, Oberbefehlshaber der sizilianischen Aufständischen oder aber der badischen Armee zu werden. Sicher werden nicht nur die 6000 Francs Gage sowie die Zusicherung, als Oberbefehlshaber lediglich der politischen Exekutive unterstellt zu sein und in militärischen Dingen absolut freie Hand zu haben, Mieroslawski dazu bewogen haben, sich für ein Engagement auf dem rechten Rheinufer zu entscheiden. Nirgendwo in Europa standen – trotz aller Schwierigkeiten und Widerstände – die Chancen für ein militärisches und politisches Gelingen des demokratischen Aufstandes so gut wie in der Südwestecke des Deutschen Bundes. Der demokratischen Revolution in Baden zum Sieg zu verhelfen, hieß für Mieroslawski gleichzeitig, die Chancen für eine territoriale Wiederherstellung Polens unter demokratischen Vorzeichen zu steigern. Unter dieser Perspektive – Einbindung der badischen Bewegung in den europäischen Völkerkampf – hatten sich auch eine ganze Reihe polnischer Emigranten im Umfeld Mieroslawskis bereit erklärt, gegen Übernahme der Reisekosten und einen angemessen Sold bei freier Kost und Logis jenseits des Rheins revolutionären Kriegsdienst zu leisten. In Baden selbst wurden derweil die organisatorischen

Vorbereitungen getroffen, die avisierten „Fremden" in den militärischen Verband zu integrieren. Schon am 17. Mai hatte sich in Karlsruhe auf höhere Order ein Komitee zur Gründung einer deutsch-polnischen Legion konstituiert, das, mit reichlich Geldmitteln versehen, eine gemischt-nationale Einheit bilden sollte. Eine ähnliche Initiative führte zur Gründung einer deutsch-ungarischen Legion. Damit sollte wohl den Problemen begegnet werden, die durch mangelnde Kenntnisse der Sprache, des Terrains, der militärischen Gepflogenheiten sowie des badischen Volscharakters unter den fremdsprachigen Ausländern entstehen konnten.

Innerhalb weniger Tage kamen so mehrere Tausend Freiwillige nach Baden, um die dortigen Freiwilligenverbände zu verstärken. Nicht die Teilnahme an den politischen Debatten in Karlsruhe war ihre Absicht, sondern der Kampf, die militärische Offensive. Doch von vereinzelten lokalen Aktivitäten abgesehen, sollte es bis Ende Mai dauern, ehe ein halbwegs brauchbarer Angriffsplan zur Ausführung gelangen konnte, entworfen vom neuen Kriegsminister Franz Sigel, der seit dem 25. Mai auch Oberbefehlshaber der vereinigten pfälzisch-badischen Revolutionsarmee war.

Das Militär in der Offensive

Trotz des Abfalls der Rheinpfalz von Bayern waren die beiden Festungen des Landes, Landau und Germersheim, in den Händen loyaler bayrischer Truppen geblieben. Auch ein Teil der badischen Dragoner hatte sich in die schützenden Mauern Landaus geflüchtet. Der Besitz der beiden pfälzischen Festungen war für jede militärische Offensive entscheidend. Zugleich hätte sich die revolutionäre Bewegung im Falle eines Scheiterns der Offensive auf einen Kordon von Festungen stützen können, der jeden Angriff des Bundesheeres zu einem großen Wagnis hätte werden lassen. Mit der Einnahme der Festung Landau wurde der Weinhändler und Oberst der Wormser Bürgerwehr, Ludwig Blenker, beauftragt. Dieser hatte bereits am 10. Mai den ersten militärischen Vorstoß der süddeutschen Reichsverfassungskampagne unternommen, als er den sich noch in Händen regierungstreuer bayrischer Soldaten befindenden Brückenkopf von Ludwigshafen angriff und nach kurzem Kampf für die pfälzische Revolutionsregierung sicherte. Sein Freikorps setzte sich aus rund 800 Mann Wormser Volkswehr sowie der Frankentaler

Volkswehr zusammen. Es scheiterte jedoch am 20. Mai bei dem Versuch, die Festung zu überrumpeln. Entgegen allen Erwartungen und entgegen den Erfahrungen mit den bayrischen Truppen in Ludwigshafen, die sich bereitwillig dem Landesverteidigungsausschuß in Kaiserslautern unterworfen hatten, eröffnete die Besatzung Landaus das Feuer auf die anrückenden Freischaren, die sich daraufhin in wilder Flucht zurückziehen mußten. Weitere Eroberungsversuche unterblieben, trotzdem einige Sechs-Pfund-Kanonen aus badischen Armeebeständen in die Pfalz transportiert wurden. Damit war auch die Hoffnung zunichte, mit der Eroberung Landaus den Fall der Festung Germersheim quasi automatisch zu verursachen. Wie Stachel steckten die beiden Festungen auch weiterhin im revolutionären Fleische der Pfalz, was sicher einer zu befürchtenden Invasion antidemokratischer Truppen zugute kommen würde.

Um so dringender erschien die militärische Offensive nach Norden, in Richtung Frankfurt und Mainz, wo Preußen und der Deutsche Bund bereits zahlreiche Truppen massiert hatten. Auf Anstöße aus dem revolutionären Kriegsministerium in Karlsruhe warteten die Pfälzer jedoch vorerst vergebens. Weder Kriegsminister Eichfeld noch seine Stellvertreter Mercy und Meierhofer entwickelten jene Kühnheit des strategischen Denkens, die den Umständen der Lage gerecht geworden wäre. Statt dessen dominierte militärische Bürokratie den Tagesablauf der Behörde. Forderungen nach einer Offensive wurde mit dem Hinweis begegnet, daß zuerst die Mobilisierung und Einübung der ersten Aufgebote abgewartet werden müsse, ehe man an erfolgversprechende Aktionen denken könne. Auch hier, wie auf der politischen Ebene, die gleiche Zurückhaltung, das gleiche vorsichtige Taktieren, das letztendlich nur denen in die Hände spielte, die sich jenseits der Landesgrenzen versammelten, um dem demokratischen Frühlingserwachen des badischen Volkes den tyrannischen Garaus zu machen. Noch immer gab man sich in Karlsruhe der Illusion hin, als würden die benachbarten deutschen Länder unter der Wucht der politischen Propaganda und der Wirkmächtigkeit der Parolen der Reichsverfassungskampagne sich eher früher denn später der demokratischen Revolution in Baden und in der Pfalz anschließen.

Da Württemberg sich allen Anzeichen nach neutral verhielt und sein Augenmerk lediglich auf die Sicherung seines eigenen Territoriums legte, rückte zwangsläufig Hessen-Darmstadt in den Mittelpunkt des revolutionären Interesses, zumal die dortige Regierung Jaup am 19. Mai ihre Vereidigung auf die Reichsverfassung abgelehnt hatte. Ähnlich wie in den Anfangstagen des Mai in Baden überzogen Volksversammlungen die Provinzen Starkenburg und Rheinhessen, um deren Anschluß an den demokratischen Aufstand im Südwesten des Deutschen Bundes voranzutreiben. Noch war man sich in Baden sicher, die hessischen Soldaten ebenso leicht zum Überlaufen bewegen zu können, wie wenige Tage zuvor die großherzoglich-badische Armee. Der Aufruf des badischen Volkes an die hessischen Soldaten vom 22. Mai gibt jene euphorische Zuversicht wieder, von der die Revolutionsstrategen in Karlsruhe, in erster Linie Gustav Struve, erfüllt waren. „Wir erwarten von Euerer Einsicht und hochherzigen Gesinnung", so stand da zu lesen, „daß Ihr Euch nicht täuschen lasset, uns nicht zwingen werdet, die Waffen gegen Euch zu kehren, daß Ihr nicht wüthend gegen Euer eigen Fleisch und Blut, nicht Eure eigene Wohlfahrt und Zukunft verrathend, die Sache Eurer Despoten führen werdet, welche nur durch Zersplitterung und Zwietracht herrschen. Wir reichen Euch die Bruderhand." Daß die hessischen Soldaten diese Bruderhand schnöde zurückweisen könnten, war außerhalb der Vorstellungswelt der badischen Revolutionsstrategen.

Doch Geschichte läßt sich nicht wiederholen oder wenn, dann nur mit einem ungewissen, nicht immer geplanten Ausgang! Die bewaffnete Volksversammlung der hessischen Demokraten am 25. Mai in Oberlaudenbach sollte – exakt nach dem Offenburger Vorbild – der Auftakt zur inneren Revolutionierung des hessischen Großherzogtums und zum bewaffneten Zug nach Darmstadt werden. Doch alles kam anders. Anstatt Solidarisierung zwischen Bürgern und Militär Konfrontation! Nach der Tötung eines Regierungskommissars wird die Volksversammlung in Oberlaudenbach durch hessische Linientruppen gewaltsam gesprengt, viele Demokraten bleiben tot oder schwer verwundet auf dem Versammlungsplatz zurück. Der Treue ihrer Truppen gewiß, schreitet die Regierung in Darmstadt zu weitergehenden Maßnahmen. Noch am selben Tage werden in Hessen Versammlungen unter freiem Himmel verboten, der von Blenker in Rheinhessen beabsichtigte Vorstoß nach Mainz endet bereits in Worms, von wo er sich mit seinem Korps vor den anrückenden preußischen Truppen wieder in die Pfalz zurückzieht. Der demokratische Volksaufstand in Hessen ist gescheitert, eine Ausweitung der Revolution somit zwangsläufig nur noch auf militärischem Wege möglich.

Dies wurde auch in Karlsruhe erkannt. Die am 26. Mai publizierte Ernennung Franz Sigels zum Oberkommandierenden der vereinigten badischen und pfälzischen Truppen war mehr als nur ein Wechsel in der Person. Mit dem jungen Leutnant aus Sinsheim befand sich nunmehr ein Militär an der Spitze des Heeres, der als konsequenter Verfechter einer offensiven militärischen Strategie galt. Sein hohes Ansehen bei der Truppe, seine persönliche Integrität, sein unermüdlicher Einsatz für die als gerecht empfundene Sache hoben ihn positiv von seinem Vorgänger Eichfeld ab, auch wenn er das gewünschte, ja vielleicht erforderliche Maß an beruflicher Erfahrung noch nicht besaß. Doch Sigel wußte zu begeistern und begann ohne Verzögerung einen Operationsplan auszuarbeiten, dessen Ziele – Besetzung von Darmstadt, Gewinnung des Großherzogtums Hessen-Darmstadt sowie Vormarsch nach Frankfurt und Sicherung der dort verbliebenen linken Reste der deutschen Nationalversammlung – vorgegeben waren. Daß Brentano in diese Offensivpläne eingeweiht war, ist nur schwer vorstellbar. Schließlich hatte er sich in einer Konferenz mit dem Frankfurter Reichskommissar Zell für die Einstellung aller militärischen Aktionen nach außen ausgesprochen. Sigel, Teilnehmer an der Unterredung, die anläßlich des großen Verbrüderungsfestes zwischen Soldaten und Bürgern an den beiden Pfingsttagen in Mannheim stattfand, hat nach übereinstimmenden Aussagen weder bei dieser Gelegenheit noch an anderer Stelle den Chef der Revolutionsregierung in seine Pläne einbezogen. Die im politischen Bereich konstatierte Flügelbildung, idealer Nährboden für Mißtrauen, Verdächtigungen, Geheimnistuerei und kontraproduktive Grüppchenbildung, lähmte auch die Zusammenarbeit zwischen Militär und Politik. Eine einheitliche Vorgehensweise war damit nahezu unmöglich. Denn auch in der Armee selbst galt es, Widerstände zu überwinden. Auch hier begegneten sich begeisterte Anhänger einer revolutionären militärischen Offensive und Parteigänger des moderaten Wegs der Reformen, die befürchteten, durch unüberlegte militärische Schritte das Eingreifen der Bundestruppen erst zu provozieren.

Sigels erste Maßnahme war, sämtliche Truppen der Neckar-Armee an die Nordgrenze Badens vorrücken zu lassen. Dies brachte Bewegung in die Armee, im wahrsten Sinne des Wortes. Viele Offiziere begehrten angesichts der offensichtlichen Offensivvorbereitungen ihren Abschied, die Desertionen nahmen zu. Gegensätzliche Reaktionen bei den Verfechtern der revolutionären Offensive. „Vom guten Geist der Mannschaft", die froh sei, daß die Zeiten des nutzlosen Wartens endlich vorbei seien, berichteten zahlreiche Vorgesetzte an das Oberkommando des Revolutionsheeres nach Heidelberg. Auf den 30. Mai war der Marsch nach

146

*Treffen bei Hemsbach am 30. Mai 1849, zwischen den großherzoglich hessischen
Truppen und den badischen Freischaren*

Darmstadt, mit Fernziel Frankfurt und damit der tatsächlichen Vereini-
gung von Parlament und Revolution, geplant. Während Sigel von Weinheim aus mit der Hauptstreitmacht, Dragonern, Infanterie und den vereinigten Volkswehrbannern von Lahr und Offenburg in direktem
Vorstoß Darmstadt erreichen wollte, hatte auf dem linken Flügel das
Rheinhessische Freikorps unter dem Paulskirchenabgeordneten Franz
Heinrich Zitz sowie das Blenkersche Korps die Aufgabe, Rheinhessen
zu besetzen und, wenn möglich, sich der Festung Mainz zu bemächtigen.
Den rechten Flügel der Angriffsbewegung bildete Germain Metternich
mit seinen Volkswehr- und Freikorpseinheiten. Beerfelden und Erbach
und damit Kontrolle des hessischen Odenwaldes hießen seine Ziele.

Was mit einem optimistischen, eher einem Festzug ähnelnden Ausmarsch der Truppen am Morgen des 30. Mai begonnen hatte, sollte
noch am selben Tage in einem Fiasko enden. Die bis an die Grenze vor-
geschobenen Vorposten der Hessen wurden noch problemlos überwäl-
tigt, die ersten Gefangenen unter Jubel nach hinten verbracht. Mit derselben Zuversicht stießen die badischen Truppen nach Hemsbach und

Heppenheim vor. In Sichtweite der Stadt empfing sie Kartätschenfeuer einer Batterie, die zusammen mit der Hauptmacht der hessischen Truppen die Ortseingänge sicherte. Der Vormarsch der Dragoner kam ins Stocken, ihr angeordneter Rückzug aus dem unmittelbaren Feuerbereich artete in wilde Flucht aus, die alle Waffengattungen erfaßte und erst hinter dem Neckar wieder zum Stillstand kam. Verzweifelte Versuche Sigels, mit versprengten Truppenteilen eine erneute Offensive zu starten, zerbrachen an der mangelnden Kommunikation unter den Flügeln der Hauptstreitmacht.

Die militärische Bedeutung des 30. Mai beruhte auf dem ersten förmlichen Aufeinandertreffen von Revolutionstruppen und regulären Einheiten im badischen Revolutionskrieg des Frühsommers 1849. Weitaus gravierender waren jedoch die politisch-psychologischen Folgen, die aus der Niederlage von Heppenheim resultierten. An jenem Abend hatte sich zum einen der Plan zur Eroberung Frankfurts und damit zur Sicherung der parlamentarischen Demokratie in Deutschland als undurchführbar erwiesen. Der Auszug der verbliebenen Reste des Paulskirchenparlaments nach Stuttgart, Anfang Juni, war sichtbarer Ausdruck dieses Scheiterns und zugleich Flucht vor den sich in der Stadt zum Angriff auf Baden massierenden preußischen Truppen. Schwer wog aber zum andern der Imageverlust, den Revolution und revolutionäre Armee nach Bekanntwerden der Heppenheimer Ereignisse in Baden wie im gesamten Deutschland erlitten – Wasser auf die Mühlen der Konservativen in Armee und Gesellschaft, die mehr denn je die Rückkehr des Großherzogs und das Ende des revolutionären Spuks herbeisehnten. Der Revolution war endgültig das Gesetz nicht nur des militärischen Handelns aus der Hand genommen worden. Die naive Begeisterung und die unbekümmerte Euphorie schwanden dahin, Ernüchterung machte sich breit, und mancher wird dumpf geahnt haben, daß das, was im Festrausch so herrlich begonnen hatte, in Gefahr war, in einem Blutrausch tragisch unterzugehen.

Trotz dieses Rückschlages blieb Sigel weiterhin Verfechter einer militärischen Offensive. Deutlich erkannte er, daß mit passivem und hinhaltendem Widerstand der Untergang der Revolution lediglich hinausgezögert, nicht jedoch verhindert werden konnte. Nur ein erneutes beherztes Vorgehen, so Sigel vor dem Landesausschuß in Karlsruhe, der ihn zur Berichterstattung über die Vorgänge im hessisch-badischen Grenzgebiet einbestellt hatte, eröffne der Revolution die Möglichkeit des Zeitgewinns, womit die dringend erforderliche Mobilisierung und Organisation des Volkes in Waffen durchgeführt werden könne. Mit seiner Argumentation stieß der Oberbefehlshaber jedoch auf taube Ohren. In Karlsruhe war keinerlei Bereitschaft erkennbar, der Sigelschen Strategie zu folgen. Im Gegenteil: Seine Abberufung und die Ernennung des Obersten von Beck zum neuen Oberbefehlshaber symbolisierte vor aller Augen den Übergang der revolutionären Strategie von der Offensive in eine notgedrungen heldenhafte, letztendlich jedoch vergebliche Defensive. Sigel selbst genoß in den Reihen der Demokraten wie in den Reihen der Armee ein solch hohes Ansehen, daß nicht einmal der populäre Brentano es wagen konnte, ihn einfach ins hintere Glied zu versetzen. Mit seiner Wahl zum Mitglied der provisorischen Regierung und seiner Übernahme des Amtes als Kriegsminister hatte der junge Sigel vordergründig den Höhepunkt seiner militärischen Karriere erreicht. Doch dies war keine Beförderung, eher das Einbinden einer bemerkenswerten revolutionären Dynamik in die – vermeintlichen oder wirklichen – Zwänge der Realpolitik in Karlsruhe. Und Sigel beugte sich dem Willen der Zentrale, wohl auch im Bewußtsein, daß der polnische General Ludwig Mieroslawski sich schon auf dem Wege nach Baden befand und in wenigen Tagen bereits die Nachfolge des Obersten von Beck würde antreten können.

In Erwartung des Angriffs

Der Regierungschef persönlich griff jetzt in die militärischen Belange ein. „Sicherung der nördlichen Landesgrenze", nicht mehr Marsch nach Frankfurt, hieß nun die operative Vorgabe, die Brentano im Einvernehmen mit den höheren Truppenbefehlshabern unmittelbar nach Abberufung Sigels ausgegeben hatte. Dies lag in der Konsequenz Brentanoschen Handelns. Die Bescheidung auf die engen Grenzen seiner badischen Heimat bot für ihn die einzig realistische Chance, den Errungenschaften der Reformbewegung in Baden dauerhaften Bestand zu geben. Ob Republik oder „geläuterte", durch die Macht der demokratischen Bewegung eingerahmte konstitutionelle Monarchie, dies waren für Brentano eher verschiedene Etiketten ein- und derselben Sache. Sicherung der bürgerlichen Freiheiten in weitestem Sinne stand für ihn in seiner politischen Prioritätenliste ganz oben. Diese galt es zu hegen und zu pflegen. Jede militärische Konfrontation provozierte die weit überlegenen Kräfte der Großmacht Preußen und brachte die Gefahr mit sich, daß das zarte Pflänzchen Demokratie unter den Nagelschuhen der preußischen Soldaten sein Ende finden würde.

Jeder Tag der Untätigkeit zersetzte allerdings den revolutionären Elan des Landes. Die im Felde stehenden Truppen, deren guter Geist immer wieder lobend hervorgehoben wurde und die sich bislang gegen jede antirevolutionäre Propaganda immun gezeigt hatten, begannen an der Sinnhaftigkeit des Unternehmens zu zweifeln. Die Diskrepanz zwischen ursprünglich verkündetem Anliegen – Export der Revolution zur Sicherung und Festigung der nationalen Freiheit – und derzeitigem Zustand – untätiges Verharren und Warten auf die Aktionen des Feindes – zehrte nicht nur an den Nerven aller, sondern ließ die gesamte Glaubwürdigkeit der badischen Bewegung schwinden. Diese Glaubwürdigkeit besaß in den Augen der Truppe alleine noch Sigel, der trotz seiner administrativen Isolierung im Kriegsministerium in Karlsruhe de facto Oberbefehlshaber der badischen Truppen geblieben war. Doch auch er beugte sich nunmehr den militärpolitischen Direktiven Brentanos.

In den Gemeinden des Landes war man in der Zwischenzeit ebenfalls zur scheinbaren Normalität des Alltags zurückgekehrt. Besonders im Oberland erinnerte auf den ersten Blick recht wenig an die Revolution. Lediglich das ausgedehnte Exerzieren der ersten Aufgebote, die Erfassung und Musterung aller kriegstauglichen Einwohner sowie die Einsammlung patriotischer Beiträge für die unzureichend ausgestatteten Volkswehreinheiten an der Neckarfront ließen die militärische Bedrohung ahnen, die auf dem Land lastete. Im Unterland stöhnten die Gemeinden unter den Einquartierungslasten, die sie zu tragen hatten.

Alle Hoffnungen richteten sich auf Ludwig Mieroslawski, den neuen Oberbefehlshaber der vereinigten badisch-pfälzischen Revolutionsarmee. Am 8. Juni traf er in Karlsruhe ein. Zwei Tage später stellte er sich den in Mannheim paradierenden Truppen vor. In seiner Ansprache an die Soldaten hob er die Notwendigkeit militärischer Disziplin hervor. Vertrauen genoß er schon allein dadurch, daß ihm Franz Sigel als Generaladjutant beigegeben war. Da fiel auch der Umstand weniger ins Gewicht, daß die französisch gesprochene Rede Mieroslawskis von einem Dolmetscher übersetzt werden mußte, und so viel von der rhetorischen Brillanz und Überzeugungskraft des Polen verloren ging. Unklar ist, ob Mieroslawski von Brentano mit den politischen Vorgaben einer defensiv orientierten „Verteidigung des Landes" instruiert worden war. Allerdings verfügte der neue Oberbefehlshaber über nur noch geringen Handlungsspielraum, wenn man die strategische Gesamtsituation nüchtern betrachtete. Er war in der Defensive zum Reagieren verurteilt, die Feinde würden die Regeln und den Rhythmus des zukünftigen Spiels bestimmen. Die Heterogenität der revolutionären Armee, ihr Auseinanderfallen in badisches Linienmilitär, Volkswehreinheiten und Freiwilligenformationen, die unklaren Unterstellungsverhältnisse, die oft abenteuerlichen Befehlswege und das geradezu eifersüchtige Festhalten der einzelnen Kommandeure an eigenen Kompetenzen und Zuständigkeiten, machten ein einheitliches, die Kräfte konzentrierendes militärisches Vorgehen nahezu unmöglich. Die von der Offenburger Versammlung als Forderung erhobene Verschmelzung von Linienmilitär und Volkswehr war allenfalls in Ansätzen verwirklicht. Zu den ersten Aufgaben Mieroslawskis zählte daher die Zusammenführung der verschiedenen Bestandteile der Armee zu einem einheitlichen Truppenkörper. Innerhalb weniger Tage gelang es ihm, die bislang unkoordiniert operierenden Einheiten in sechs mobile Divisionen von je 4000 Mann zusammenzufassen. Sie wurden von je einem Obersten geführt. Ob die nunmehr in eine festere militärische Hierarchie eingebundenen Truppenführer ihre bisherige Befehlsautonomie aufgeben und sich den Anweisungen des Obergenerals fügen würden, mußte allerdings die militärische Praxis erweisen.

Anfang Juni war der Aufmarsch der Bundestruppen und der beiden preußischen Armeekorps um Mainz und Frankfurt vollendet. Den Oberbefehl über die preußischen Truppen übertrug man dem Prinzen Wilhelm, dem „Kartätschenprinzen", der seit den Berliner Märztagen des Jahres 1848 als Inbegriff der Reaktion galt. Pardon war von einem solchen Gegner auf keinen Fall zu erwarten. Ein letzter Versuch des Großherzogs, mit einem Amnestieversprechen Armee und badisches Volk zur Rückkehr zu den alten Gewalten zu bewegen, blieb ohne Resonanz. Unmittelbar nach Ankunft Mieroslawskis bei den Truppen setzte sich das Bundesheer in Richtung Süden in Bewegung. Die militärische Gegenoffensive der Konterrevolution hatte begonnen und es war illusorisch zu glauben, die Truppen würden an den badischen Landesgrenzen innehalten.

Folgende Doppelseite:
Gefecht bei Hirschhorn am Neckar zwischen der kurfürstlich hessischen Infanterie und den badischen Freischaren, am 15. Juni 1849

Das in die Pfalz einrückende preußische Armeekorps unter Leitung des Generals von Hirschfeld traf, von kleineren Scharmützeln abgesehen, nirgends auf organisierten Widerstand der nur wenige tausend Mann umfassenden pfälzischen Volkswehren und Freischareneinheiten. Innerhalb kürzester Zeit drangen die preußischen Truppen bis an den Rhein bei Ludwigshafen vor, wo sie die verbarrikadierte Stadt am 15. Juni 1849 nach kurzem Kampf einnahmen. Damit war Mannheim unmittelbar bedroht. Eine vom militärischen Kommandanten der Stadt, dem Preußen Otto von Corvin-Wiersbitzky, und dem Schweizer Artilleriehauptmann Steck angeordnete Beschießung von Ludwigshafen bot zwar Anlaß zu spektakulären Meldungen und stimmungsvoller Berichterstattung in Zeitungen und dem Bildmedium der Zeit, der massenhaft verbreiteten politischen Druckgraphik. Allein die Beschießung war ein Muster ohne militärischen Wert und besaß lediglich symbolische Bedeutung für den Willen der revolutionären Bewegung, sich nicht kampflos von der politischen Bühne zu verabschieden.

Zeitgleich mit dem preußischen Vormarsch in die Pfalz setzten sich ein weiteres preußisches Armeekorps unter General von der Gröben und das aus Bundestruppen zusammengesetzte VIII. Armeekorps unter dem ehemaligen Reichskriegsminister Generalleutnant von Peucker in Richtung Neckar in Bewegung. Vorabteilungen des Bundeskorps lieferten sich am 17. Juni bei Hirschhorn ein heftiges Gefecht mit den Revolutionstruppen, die erstmals dem Gegner heldenhaften Widerstand leisteten und seinen Vormarsch ins Stocken bringen konnten. Ein ermutigendes Zeichen, trotz der offensichtlichen Führungsmängel, die einen Triumph der Revolution über die Bundestruppen verhindert hatten. Der Kampfesmut der Linientruppen und der Freiwilligeneinheiten, die seit Anbeginn der Revolution an der Nordgrenze des Landes lagen und sich dort auf die Kämpfe vorbereiteten, überraschte sichtlich den Gegner. Er kontrastiert allerdings augenfällig mit dem Verhalten derjenigen Volkswehreinheiten, die Mieroslawski zur Unterstützung der Grenztruppen und zur Abwehr des preußischen Vorstoßes mobilisiert hatte.

Aber weder Hirschhorn noch die kleineren Treffen bei Ladenburg, Käfertal und Großsachsen, wo badische Formationen die anrückenden Bundestruppen zum Rückzug zwangen, konnten darüber hinweg täuschen, daß, angesichts der numerischen Überlegenheit des Feindes, die Neckarlinie auf Dauer nicht zu halten war. Schließlich standen den 60 000 Angreifern lediglich knapp 30 000 Verteidiger gegenüber, ein

Mißverhältnis, das auch durch die Vorteile der Topographie nicht gänzlich ausgeglichen werden konnte. Darüber hinaus drohte Gefahr im Rükken der revolutionären Armee. Durch ihren Vormarsch in der Pfalz hatten die preußischen Truppen bereits Verbindungen mit den Festungen Germersheim und Landau aufgenommen. Unter dem Schutz ihrer weitreichenden Festungsgeschütze schickten sie sich an, den Rhein zu überschreiten und danach in einer Schwenkbewegung die Neckarlinie von Süden aufzurollen.

Die Reste der pfälzischen Armee, immerhin noch etwa 8 000 Mann, verließen mit ihrem General Sznayde am 18. Juni demoralisiert ihre Heimat. Wie optimistisch hatten die Parolen noch vor wenigen Tagen geklungen, wie sehr war man davon überzeugt gewesen, die scheinbar morschen Fundamente der alten Mächte mit Begeisterung und revolutionärem Elan zertrümmern zu können. Stattdessen nun dieser schmachvolle Rückzug. Freischaren, Volkswehren und Offizieren war, nach Aussage eines Augenzeugen, deutlich die Scham anzusehen, „daß sie sich nicht einmal zur Wahrung ihrer Ehre hatten ernstlich schlagen dürfen". Die aus Paris eintreffenden Nachrichten von der endgültigen Niederlage der republikanischen Bewegung in Frankreich, die Hiobsbotschaft von der Sprengung des Rumpfparlamentes in Stuttgart und der Flucht der demokratischen Abgeordneten ins revolutionäre Baden trugen zur Niedergeschlagenheit und Resignation der durch Karlsruhe passierenden Truppen das Ihrige bei.

Am 20. Juni überschritt das Hirschfeldsche Korps bei Rheinsheim den Rhein. Wider Erwarten stieß es auf keinen nennenswerten Widerstand. Die bei Philippsburg stationierten badischen Volkswehr- und Linieneinheiten wurden dabei im Schlaf überrascht, begnügten sich mit dem Austausch einiger mehr symbolischer Gewehrkugeln und zogen sich dann rasch nach Bruchsal zurück. So schnell räumten sie dabei ihre Stellungen, daß den Preußen sogar die Kriegskasse und Dienstpapiere in die Hände fielen. Damit war dem Feind das Einfallstor in das flache nordbadische Unterland geöffnet. Als Verantwortlicher für die kampflose Preisgabe der Rheinbrücke wurde der polnische Oberst Theophil Mniewski wegen Feigheit vor dem Feind festgenommen und in Karlsruhe arretiert. Ein folgenschwerer Fehler, wie sich herausstellen sollte! Als die revolutionären Truppen die Residenz am 25. Juni räumten, wurde Mniewski im dortigen Gefängnis zurückgelassen und fiel in die Hände des Feindes, der ihn später standrechtlich erschießen ließ.

Übergang der pfälzischen Truppen über den Rhein bei Knielingen, am 18. Juni 1849

156

157

Mit den nun auf badischem Boden operierenden preußischen Truppen war die Stellung Mieroslawskis in der Kurpfalz von drei Seiten zugleich bedroht. Von Norden rückte das zweite preußische Korps auf
Mannheim und Heidelberg vor, in seiner rechten Flanke operierte von
der Gröben gegen den Odenwald und bedrohte den badischen Kraichgau. Weiterer Rückzug oder Kampf war die alleinige Alternative. Mieroslawski faßte den kühnen Entschluß, den vom Rhein vorstoßenden Feind
in das badische Unterland zu locken und ihn dort zu einer Entscheidungsschlacht zu stellen. Ein spektakulärer Erfolg wurde gebraucht, um den
Stillstand der Bewegung zu verhindern und der schwindenden Zuversicht
im Lande neue Impulse zu geben. Diese Impulse waren bitter nötig! Immer alarmierender klangen die Meldungen der Zivilkommissare aus den
einzelnen Bezirken. Immer schwieriger war es für sie, die ersten Aufgebote zum Ausmarsch und zu einer Teilnahme am bewaffneten Kampf zu
bewegen. Ganze Gemeinden verweigerten gar den Gehorsam und unpo-
puläre Exekutionszüge in die betreffenden Ortschaften waren die Folge.

In Riedlingen bei Lörrach lieferten sich beispielsweise am 24. Juni
Exekutionstruppen aus dem Amt Freiburg mit dem dortigen ersten Auf-
gebot, das den Ausmarsch verweigert hatte, eine regelrechte Schlacht
mit zwei Toten und einigen Verwundeten. Mannheim, einst Vorort der
Demokratie, nunmehr Zentrum der Konterrevolution, hatte bereits Kontakt mit den anrückenden preußischen Truppen aufgenommen und bereitete in aller Offenheit die kampflose Übergabe der Stadt vor. Auch aus
anderen Gemeinden ähnlich beunruhigende Nachrichten. Die verspro-
chenen Hilfslieferungen für die an der Front stehenden Volkswehreinheiten trafen, wenn überhaupt, nur zögerlich ein. Der Mangel an Waffen,
Munition, Ausrüstungsgegenständen und Nahrungsmitteln war allgemein, ja selbst mit der Auszahlung der Löhnung haperte es allenthalben.
Die Beschlagnahme verschiedener öffentlicher Kassen konnte diesem
Übelstand nur kurzzeitig Abhilfe schaffen.

Waghäusel, 21. Juni 1849 –
Die Entscheidung gegen die Revolution

Den Rhein mit dem besetzten Philippsburg hinter sich, setzte das Armeekorps Hirschfeld seinen Vormarsch in zwei getrennten Stoßkeilen fort.
Eine Division rückte auf Bruchsal vor, um der Neckararmee den Rückzug

auf Karlsruhe und die südlichen Landesteile abzuschneiden, während die Division Hannecken den Auftrag hatte, auf Schwetzingen vorzurücken und Mieroslawski, den man vom II. preußischen Armeekorps gebunden wähnte, im Rücken anzugreifen. Mieroslawski, die strategischen Absichten des Feindes wohl erkennend, ließ schwächere Kräfte unter Johann Philipp Becker zur Sicherung der Neckarlinie bei Heidelberg zurück und rückte mit dem Gros seiner Armee in einem Gewaltmarsch gegen den Feind an. Sein Plan war, das I. preußische Armeekorps zu schlagen, ehe der zu erwartende Angriff des II. und des Neckarkorps begonnen hatte. Am 21. Juni 1849 entbrannte um Waghäusel, einem kleinen Flekken, der bis dato lediglich durch die Eremitage der Speyrer Bischöfe und die dort ansässige große Zuckerfabrik bekannt war, eine kriegerische Auseinandersetzung, die zur Entscheidungsschlacht der Revolution werden sollte. Anfänglich schienen die taktischen Maßnahmen Mieroslawskis von Erfolg gekrönt zu sein. Die in bewundernswertem Mut und ungewöhnlicher Disziplin operierenden Revolutionseinheiten setzten den Feind massiv unter Druck. In vorderster Front dabei die Freischaren und Freiwilligeneinheiten, die allerdings auch schwere Verluste erlitten. Es schien nur noch eine Frage der Zeit zu sein, bis er die von ihm noch gehaltene Zuckerfabrik räumen und sich geschlagen in Richtung Rhein zurückziehen mußte.

Am frühen Nachmittag verschoben sich die Ausgangsbedingungen, womit sich das Kriegsglück wendete. Die nach Bruchsal vorrückende preußische Division Brun erschien auf dem Schlachtfeld und griff den linken Flügel der Revolutionsarmee an, auf dem Sigel mit dem 4. Infanterie-Regiment operierte. Vom Kampflärm alarmiert, war die Division sofort in Richtung Waghäusel abgedreht, ohne daß pfälzische Volkswehreinheiten unter General Sznayde die Chance ergriffen, diese Kräfte des Gegners zu binden und damit Entlastung für die in Waghäusel kämpfenden preußischen Truppen zu verhindern. Das Überraschungsmoment war somit auf Seiten der Preußen, die mit ihren frischen Kräften Sigel stark in Bedrängnis brachten. Um dem preußischen Angriff auf Sigel die Spitze abzubrechen, befahl Mieroslawski den badischen Dragonern unter Oberst Beckert die Attacke auf den anrückenden Feind. Auf dem Schlachtfeld verließ den Obersten jedoch der Mut. Unter dem Ruf „wir sind umgangen" drehte die Kavallerieabteilung unvermittelt ab und zog sich im Galopp in Richtung Hockenheim zurück. Dieses Beispiel verfehlte seine ansteckende Wirkung nicht. Innerhalb weniger Minuten war die Schlacht-

Schlacht bei Waghäusel am 21. Juni 1849

160

161

ordnung in Auflösung begriffen, gerieten immer mehr Truppeneinheiten in den Sog der zurückflutenden Soldaten. Auch wenn die Preußen der fliehenden Armee nicht nachsetzten, sondern selbst Erholung von der Schlacht benötigten, stand das Resultat am Abend jenes 21. Juni 1849 unverrückbar fest. Eine fast schon gewonnen geglaubte militärische Auseinandersetzung hatte sich innerhalb weniger Minuten zu einer Niederlage der Revolutionsarmee gewandelt. Auch wenn ein anderer Ausgang des Treffens bei Waghäusel das militärische Scheitern der revolutionären Bewegung in Baden aufhalten, nicht jedoch hätte verhindern können, ist Waghäusel bis heute von einem schaurigen Mythos umgeben. Vor allem für die in die Emigration gezwungenen Demokraten blieb der Ort und die Schlacht ein Beweis für die Verwundbarkeit der fürstlichen Heere und damit zugleich ein Hoffnungsschimmer für die Erfolgsaussichten zukünftiger demokratischer Aufstandsversuche. Doch noch in anderer Hinsicht entwickelte Waghäusel eine geradezu „hygienische" Wirkung. Mit der Reduzierung der Verantwortung für die Niederlage auf den Verrat eines Einzelnen, des Obersten Beckert, – Mieroslawski sprach in seinem Armee-Bulletin vom „schamlosesten (Verrat), welcher je nach einem Siege ausgeführt war" – war man der Notwendigkeit enthoben, sich allzu kritisch mit den eigentlichen Ursachen für das militärische Scheitern der revolutionären Bewegung auseinanderzusetzen. Dies verstellte auch den Blick für die Erkenntnis, daß Revolutionsversuche, die an ihren inneren Widersprüchen politisch scheitern, auf militärischem Wege nur noch temporär und ohne Aussichten auf Erfolg am Leben erhalten werden können.

Der Endkampf an der Murg – Einschließung Rastatts

Mit dem unglücklichen Ausgang der Schlacht von Waghäusel war die ursprüngliche Taktik Mieroslawskis hinfällig und der Rückzug auf eine im Süden des Landes neu aufzubauende Verteidigungslinie unausweichlich geworden. In einer großen Bogenbewegung zog sich das im doppelten Wortsinne empfindlich getroffene Revolutionsheer über Sinsheim, Eppingen, Bretten und Durlach weiter nach Süden zurück. General Szaynde erhielt mit seinen Truppen den Auftrag, die in der Bruchsaler Gegend stehenden Preußen in kleinere Scharmützel zu verwickeln und so eine Einkesselung der auf Durlach zueilenden Reste des Revolutionsheeres zu verhindern. Doch wiederum kam er den Befehlen nur unvollständig nach, begünstigten Unentschlossenheit, Zaudern und mangelnde Kommunikation die Aufgaben des Feindes. Daß dennoch die beabsichtigte Umklammerung nicht gelang, war dem schlechten Wetter und der Tatsache zu verdanken, daß der polnische Oberbefehlshaber Mieroslawski seine Truppen in Gewaltmärschen in Richtung Rastatter Festung antrieb. Am 25. Juni mußte Karlsruhe unter Mitnahme der Staatskassen von der Regierung und den Freischaren geräumt werden. In kräfteraubenden Eilmärschen suchte Mieroslawski dem Feind zu entkommen, dem er in einer offenen Feldschlacht deutlich unterlegen war. Die vom Generalstab dabei provozierten Scharmützel waren Nachhutgefechte mit dem Ziel, den Vormarsch der Bundestruppen zu verzögern und den geordneten Rückzug der Hauptstreitmacht hinter die Murglinie zu ermöglichen. Hier, an der engsten Stelle des Landes, gedachte Mieroslawski eine neue Verteidigungslinie aufzubauen. In der Tat bot die Gegend zwischen der Murgmündung am Rhein, mit Rastatt als schier uneinnehmbarer Festungsanlage, und dem Oberlauf des Flusses beste Voraussetzungen, den Vormarsch auch eines zahlenmäßig weit überlegeneren Feindes aufzuhalten. Voraussetzung für einen erfolgreichen Abwehrkampf war allerdings die Neutralität des benachbarten Württemberg, das bislang den Bundestruppen den Durchmarsch durch sein Territorium verweigert hatte. Innerhalb weniger Stunden überfluteten die Reste der revolutionären Armee am 26. Juni Rastatt und die Ortschaften entlang der Murg. Von Organisation oder planvoller Dislozierung der Truppen konnte keine Rede sein. Vor allem Volkswehreinheiten aus den südlichen Landesteilen, von ihren Führern getrennt oder von ihnen im Stich gelassen, nutzten die heillose Verwirrung beim Rückzug und traten ohne Erlaubnis den Heimweg an. Mit ihnen verbreitete sich die Nachricht von der prekären Lage der Armee und damit der Revolution insgesamt. Die zurückflutenden Deserteure aufzuhalten war für die Kriegs- und Zivilkommissare ein schwieriges Unterfangen. Ihre Autorität war im Schwinden begriffen, die Bereitschaft, sich im letzten Moment noch auf der offensichtlich falschen Seite zu engagieren, sank in den einzelnen Gemeinden rapide.

Die Serie der Rückzugsgefechte und Niederlagen zehrte am Selbstverständnis der revolutionären Armee. Besonders bitter empfanden die Soldaten, daß die gerechte Sache des Volkes, ihre Sache, dem Ansturm der „Tyrannen" nahezu widerstandslos erlegen war. Die Ursachen dafür konnten nicht allein in der numerischen und strategisch-taktischen Überlegenheit des Feindes liegen. Das Wort vom Verrat machte schnell die Runde, Verantwortliche für das Desaster wurden gesucht. Die Enttäuschung der Soldaten über den scheinbar unerklärlichen Verlauf des Feldzugs wandelte sich in Wut. Ins Visier der angestauten Aggressionen gerieten die bereits von Brentano abschätzig titulierten „hergelaufenen Fremden", insbesondere die Polen, denen allein schon aufgrund der bestehenden Sprachbarrieren mit Mißtrauen begegnet worden war. Bereits Anfang Juni war es in Rheinsheim zu ersten Spannungen zwischen badischer Bevölkerung und der deutsch-polnischen Legion gekommen. Die bei Philippsburg gelegene Gemeinde hatte sich nämlich nachhaltig geweigert, den „Fremden", die unisono mit dem schmückenden Beiwort „Gesindel" belegt wurden, Quartier und Verpflegung zur Verfügung zu stellen. Als die Soldaten sich mit Gewalt nehmen wollten, was ihnen ihrer Meinung nach zustand, war es zu wüsten gegenseitigen Beschimpfungen und Schlägereien gekommen. Ende Juni rumorte es in fast allen Truppenteilen, in denen polnische Offiziere dienten. Vergessen war der heldenhafte Einsatz des polnischen Oberstleutnants Tobian, der beim Gefecht in Käfertal schwer verwundet worden war, vergessen auch der Bravourstreich des Hauptmanns Adam Mieroslawski, der unter Einsatz seines Lebens die Mannheimer Rheinbrücke in die Luft gesprengt und damit die Eroberung der Stadt durch die Preußen um einige Tage verzögert hatte. Im Gegenteil: Von der Unfähigkeit und Feigheit der fremden Offiziere war nunmehr überall die Rede. Seltsam verkehrte Welt! Hatten noch vor wenigen Tagen eine fremde Nationalität, die französische oder polnische Sprache beinahe allein schon genügt, um deren Inhaber für Führungsaufgaben in der revolutionären Armee zu prädestinieren, gerieten diese Attribute nun zum Makel.

Selbst Mieroslawski, der „Abgott des Heeres", wie ihn der polnische Demokrat Heltmann noch am 26. Juni charakterisierte, blieb vom Imageverlust der Polen in der öffentlichen Meinung nicht verschont. In Meckesheim hatte er es Franz Sigel zu verdanken, daß einer Revolte der Obersten Thomé und Beckert kein Erfolg beschieden war. Noch ehe er mit seinem Stab verhaftet werden konnte, hatte sein Generaladjutant die Meuterer entwaffnen können. Grund genug allerdings für Mieroslawski, am 27. Juni in Rastatt eine nunmehr rein polnische Legion zu bilden und sie als seine Leibwache einzusetzen. In anderen Einheiten artete die Unzufriedenheit mit den polnischen Offizieren, die natürlich von einigen, im Herzen großherzogtreu gebliebenen Offizieren nach Kräften gefördert wurde, in regelrechte Jagdszenen aus. So wurde General

Sznayde in Graben von Soldaten des Leib-Infanterie-Regiments unter roher Gewaltanwendung aus einem Haus gezerrt und mitten unter das marschierende Regiment geschleppt. Dort mußte er sich Beschimpfungen und Verhöhnungen ob seines am Vortage bei Ubstadt-Weiher gezeigten „feigen Verhaltens" gefallen lassen, woran sich sogar die Offiziere des Regiments tatkräftig beteiligten.

Eine seltsame Endzeitstimmung hatte das Heer ergriffen. Selbst die höheren Offiziere glaubten in ihrem Innern nicht mehr an einen militärischen Erfolg der Bewegung. Max Dortu, ehemaliger preußischer Leutnant, Adjutant im Generalstab und revolutionärer Asket, der von Mieroslawski ins Murgtal beordert worden war, um die offensichtlichen Schlampereien der dortigen lokalen Behörden bei der Aushebung der ersten Aufgebote zu unterbinden, gab in privaten Gesprächen mit den Führern der in Gernsbach einquartierten Tübinger Studentenlegion die Aussichtslosigkeit des revolutionären Kampfes durchaus zu. In seinen öffentlichen Auftritten dagegen keine Spur von Selbstzweifel. Unerbittlich unternahm er alles, um den ihm übertragenen Auftrag zu erfüllen. Dabei schreckte er keineswegs vor revolutionärem „Terrorismus" zurück; dies war für ihn im Gegenteil das einzige Mittel, mit dem die so notwendige Disziplin in der Armee wie im Lande selbst aufrecht erhalten werden konnte. Schon allein der Gedanke an eine freiwillige Kapitulation war für ihn Verrat an der gerechten Sache des Volkes. Viele, auch höhere Offiziere, verließen jedoch das sinkende Schiff und setzten sich ins benachbarte Frankreich oder in die Schweiz ab.

Und dennoch bauten die verbliebenen Teile der Revolutionsarmee, etwas weniger als 20 000 Mann, in großer Eile die Murgstellung aus, die zum unüberwindlichen Bollwerk Badens werden sollte. Während auf ihrem linken Flügel und im Zentrum die Festungsgeschütze von Rastatt die Rheinebene und damit den angreifenden Feind bestreichen konnten, blieb der rechte Flügel zwischen Kuppenheim und Gernsbach der neuralgische Punkt in der Mieroslawskischen Strategie. Im vollen Vertrauen auf die württembergische Neutralität hatte der Obergeneral den Abschnitt im Murgtal nur mit zahlenmäßig schwachen Kräften belegt, die lediglich die Aufgabe hatten, eventuelle Stoßtruppunternehmen des Feindes zu unterbinden. Doch damit beging Mieroslawski einen entscheidenden strategischen Fehler. Zwar traten – wie vorgesehen und erwartet – am Morgen des 29. Juni die beiden preußischen Armeekorps in breiter Front nördlich von Rastatt zum Angriff an und eroberten innerhalb weniger Stunden die Dörfer Ötigheim, Rauental, Muggensturm und Bischweier. Zur allgemeinen Überraschung ging in den Nachmittagsstunden das revolutionäre Heer zum Gegenangriff über und eroberte in blutigen Kämpfen das wenige Stunden zuvor verlorene Terrain. Diese Erfolge, die Mannschaften trotz ihrer physischen Erschöpfung mit neuem Mut und Zuversicht erfüllend, waren jedoch spätestens dann Makulatur, als auf dem rechten Flügel Rauchwolken eine Schlacht ankündigten und einige Zeit darauf Teile der bei Gernsbach stationierten Einheiten in wilder Flucht das Murgtal hervorpreschten und mit der Nachricht von der Gernsbacher Katastrophe die gesamte Murgtalfront in Unordnung brachten. Zeitgleich mit dem preußischen Angriff im Norden Rastatts hatte sich das Bundeskorps über württembergisches Gebiet Gernsbach genähert und die Stadt aus Richtung Loffenau angegriffen. Das unzugängliche Murgtal begünstigte zwar die Verteidiger, das Freikorps Blenker, einige wenige Linienkompanien, schwache Volkswehreinheiten und die Schwäbische Legion, die sich heldenhaft der großen Übermacht entgegen stemmten. Erst als Gernsbach umgangen werden konnte und die Bundestruppen das revolutionäre Kontingent auch von Westen her unter Feuer nahmen, wankte die Front. Schrittweise wichen die Revolutionäre in der Stadt zurück, die von preußischen Geschützen in Brand gesetzt wurde. Mit der Räumung Gernsbachs war die rechte Flanke der Abwehrfront zusammengebrochen.

Damit hatte die gesamte Murglinie ihre strategische Bedeutung verloren. Von der Fluchtbewegung wurde nach und nach die gesamte Armee ergriffen. In völliger Unordnung zogen sich ihre Hauptteile in den Süden zurück, dicht gefolgt von der Vorhut der fürstlichen Truppen. Etwa 6 000 Mann, drei Fünftel davon Liniensoldaten, zwei Fünftel Volkswehr und Freikorps, konnten sich in die sicheren Mauern der Rastatter Festung retten.

Der Widerstandswille des revolutionären Heeres war nun endgültig gebrochen, die Lage vollkommen hoffnungslos geworden. Mieroslawski legte in Offenburg sein Amt als Oberbefehlshaber nieder und emigrierte mit Teilen seiner polnischen Leibgarde nach Frankreich. Sein Nachfolger, Franz Sigel, versuchte verzweifelt, auf den unwegsamen Höhen des Schwarzwaldes eine neue Verteidigungslinie aufzubauen. Innerhalb weniger Tage zerstoben jedoch alle Hoffnungen, das Oberland und den Seekreis zu mobilisieren. Die geforderten 10 000 Mann Volkswehr blieben aus, die Armee selbst löste sich zunehmend auf. Ganze Einheiten hatten bereits im benachbarten Ausland Schutz gesucht. Die Reste der geschlagenen badischen Revolutionsarmee überschritten am 11. Juli 1849 bei Baltersweil die Schweizer Grenze, wo sie ihre Waffen ablegten. Damit war auch jede Chance auf Entsatz von Rastatt zunichte gemacht.

Die belagerte Festung – Rastatt 1. – 23. Juli 1849

Mit der Belagerung der Festung Rastatt war das II. preußische Armeekorps unter Generalleutnant von der Gröben beauftragt worden. An eine Erstürmung des ausgeklügelten Festungswerkes war allerdings nicht zu denken, angesichts der artilleristischen Dominanz der Festungskanonen. Gröben begnügte sich damit, den Ring um Rastatt hermetisch zu schließen mit der Absicht, sie ohne großen Kampf zur Aufgabe zu zwingen. So der Tenor eines am 2. Juli an den Festungsgouverneur Tiedemann gerichteten Schreibens, in dem er binnen 24 Stunden die Übergabe der Festung verlangte. Zugleich ließ er seine Korpsartillerie durch schwere, aus Koblenz herantransportierte Festungsgeschütze verstärken, mit denen er Rastatt bombardieren konnte.

In der belagerten Festung hatte sich derweilen ein Kriegsrat gebildet, bestehend aus den militärischen Führern der eingeschlossenen Einheiten. In täglichen Sitzungen wurde die Lage analysiert und darüber beraten, wie sich die eingeschlossene Festung weiter verhalten sollte. Differenzen ergaben sich bei der Frage über den Sinn einer weiteren Fortführung des Kampfes. Während Ernst von Biedenfeld, Major und Kommandeur der Linientruppen, eine ehrenvolle Kapitulation durchaus ins Kalkul zog, lehnten der Festungsgouverneur Tiedemann und vor allem Ernst Elsenhans die Übergabe der Festung solange ab, bis tatsächlich jede Möglichkeit des Entsatzes ausgeschlossen war. Trotz aller internen Auseinandersetzungen über den richtigen Kurs gegenüber den preußischen Belagerern herrschte in den beiden ersten Wochen eine bewundernswerte Disziplin von Bevölkerung und Besatzungssoldaten in der Stadt. Die Neuorganisation der Truppen in der Festung, die vom Generalstabschef Corvin in die Wege geleitet worden war, trug erste Früchte. Das plündernde Auftreten der Truppen beim Ausfall in die Rheinau am 6. Juli blieb die unrühmliche Ausnahme. Am 7. Juli begannen die Preußen, die Stadt mit Brandgeschossen zu bombardieren. Tote und verwundete Zivilisten waren zu beklagen. Die Absicht war eindeutig, wie der „Festungsbote", das von Ernst Elsenhans redigierte Organ der Übergabegegner am 9. Juli klarstellte: „Die Sache ist die, daß dieser rücksichtslose Beschuß und die Verwendung von Brandgeschossen Politik ist – eine kühle wohlberechnete Politik des Schreckens, die nicht dazu bestimmt ist, die unzerbrechbaren Wälle von Rastatt zu brechen, sondern den Willen und die Herzen seiner Bevölkerung". Auch wenn es der „Festungsbote" nicht wahrhaben wollte oder mit flammenden Appellen dagegen anzukämpfen suchte: Die Stimmung wurde immer schlechter in der Festung, vor allem nachdem die Ausfallsversuche vom 6. und 8. Juli in Richtung Rheinau und Niederbühl erfolglos geblieben waren. Fatalismus paarte sich mit Unzufriedenheit, erste Auflösungserscheinungen der mühsam wieder hergestellten militärischen Disziplin waren zu konstatieren.

Kühne Optimisten, an ihrer Spitze Elsenhans, wiesen immer wieder auf die Möglichkeit des Entsatzes durch die revolutionäre Armee hin. Die Teile, die von ihr übrig geblieben waren, hätten sich sicher in die „bestgesinnten Bezirke des Schwarzwaldes" zurückgezogen, wo im Schutze der engen Täler und der unzugänglichen Höhenzüge neue Truppen ausgehoben werden sollten. Das ganze Oberland, Resonanzboden für die Erhebungen der Jahre 1848, hatte sich an den diesjährigen Ereignissen bislang kaum beteiligt. Trotz vielfältiger Anstrengungen des Hauptquartiers der Volkswehreinheiten des Seekreises in Stockach, trotz flammender Appelle zur Solidarität, war die Bereitschaft der einzelnen Gemeinden dieser Gegend, der Revolution im Unterland zu Hilfe zu eilen, nicht besonders ausgeprägt gewesen. Das Beispiel von Ewattingen, wo der Pfarrer Braun an der Spitze des ersten Aufgebots in den Freiheitskampf zog und deswegen auch disziplinarischen Ärger mit dem Ordinariat in Freiburg in Kauf nahm, blieb die rühmliche Ausnahme. Ansonsten herrschte Gleichgültigkeit vor; selbst einzelne Fälle, in denen sich Gemeinden offen weigerten, dem Ausmarschbefehl Folge zu leisten, waren zu konstatieren gewesen.

Dies alles war natürlich auch in der eingeschlossenen Festung bekannt, auch wenn niemand davon zu sprechen wagte. Sigel, so die offizielle Lesart, würde es schon verstehen, die Zögernden und Zaudernden mit neuem revolutionären Elan zu beseelen. Mit frischen Truppen aus dem Oberland wäre ein Aufsprengen des Belagerungsringes um die Festung sowie ein Zurückdrängen der Bundestruppen durchaus möglich. An diesen Strohhalm klammerte man sich je fester, desto aussichtsloser die Lage schien. Doch auch von anderer Seite konnte Hilfe eintreffen. Waren nicht

168

Ausfall der badischen Freischaren aus der Festung Rastatt, am 8. Juli 1849

unmittelbar vor der Belagerung der Festung Nachrichten vom ungarischen Revolutionsschauplatz kolportiert worden, die von glänzenden Siegen der dortigen Revolutionäre über die Österreicher berichteten und den Vormarsch eines vielköpfigen Heeres nach dem Rhein zur Rettung der Revolution in Baden als ziemlich sicher darstellten? Zumindest konnte man diese Neuigkeiten einer Proklamation des Oberbefehlshabers Mieroslawski entnehmen, die am 29. Juni zu Tausenden verteilt worden war.

Jede außergewöhnliche Erscheinung, die auf den Festungswällen wahrnehmbar war, ob ein Licht in den Vorbergen des Schwarzwaldes oder unerklärbarer Lärm aus Richtung der Rheinauen, wurde daher als sicheres Indiz für die unmittelbar bevorstehende Hilfe interpretiert. Anlaß genug auf jeden Fall, neue Durchhalteparolen im „Festungsboten" zu veröffentlichen und den Mutlosen und Übergabewilligen mit unnachsichtigem „Terrorismus" zu drohen.

Daß die Zeichen niemals das hielten, was die „Entschiedenen" in ihnen sehen wollten, dafür fand sich nachträglich ebenfalls eine Erklärung. In der Regel vermutete man dahinter üble Täuschungsmanöver des Feindes, mit dem Ziel, den Durchhaltewillen der Festungsbesatzung zu untergraben.

Als nach der zweiten Belagerungswoche die Lebensmittel in der Stadt rationiert wurden, gewannen die Unmutsäußerungen und die Forderungen nach Übergabe der Festung an Vehemenz. Gleichzeitig lockerte sich die militärische Disziplin weiter. Entsatz war nicht mehr zu erwarten, die aus dem Lager der Belagerer durchgelassenen Nachrichten klangen für die Revolutionäre hoffnungslos. Das von Generalleutnant von der Gröben unterbreitete Angebot, zwei Offizieren eine Besichtigungsreise in Baden zu ermöglichen, um sich mit eigenen Augen von der Niederlage der Revolution in Baden zu überzeugen und die Sinnlosigkeit jeder weiteren Verteidigung der Festung einzusehen, wurde vom Kriegsrat letztendlich akzeptiert. Otto von Corvin und Major Lang begaben sich auf eine dreitägige Reise, die sie bis nach Konstanz führte und sie aller Illusionen beraubte. Die Revolution in Baden war tatsächlich vollständig besiegt, die preußischen Truppen waren überall Herr der Lage.

Der umfangreiche Bericht Corvins war Gegenstand der letzten Sitzung des Kriegsrates am 22. Juli 1849. Noch am selben Tage wurden Verhandlungen über die Übergabe der Festung aufgenommen. Die Hoffnungen, dabei annehmbare Bedingungen zu erreichen, bestätigten sich nicht. Außer der vagen Formulierung, für eine „ehrenvolle Behandlung der Festungsbesatzung" bemüht zu sein, zeigte sich von der Gröben nicht bereit, den „Insurgenten" darüber hinausgehende Zusagen zu geben. Angesichts der Aussichtslosigkeit jeder weiteren Verteidigung bestimmte der preußische General die Regeln des Spiels, die geschlagenen Revolutionäre mußten sich ihnen zwangsläufig fügen. Die Übergabe der Festung vollzog sich nach den Bestimmungen der Kapitulationsurkunde daher auf „Gnade und Ungnade". Mit klingendem Spiel, in geschlossener Formation, ihre Waffen geschultert, zogen am 23. Juli knapp 6 000 Mann aus den drei Toren der Festung, wo sie von den Belagerungstruppen erwartet wurden. Das letzte, würdevolle Auftreten der Revolutionsarmee, die Deutschland zwei Monate in Atem gehalten hatte, war nur von kurzer Dauer. Die Feierlichkeit wich schnell der harten Wirklichkeit. Die Musik wurde untersagt und kaum waren die Waffen abgelegt, mußten die Kolonnen in die Festung zurück marschieren, unter preußischer Bewachung natürlich. Auf dem Weg in die Kasemattengefängnisse der Forts A, B und C, waren Kolbenstöße, Verhöhnungen und Beleidigungen an der Tagesordnung.

Badische Freischärler in den Kasematten von Rastatt, im Juli 1849

Schon wenige Tage in den dunklen und feuchten Kasematten bei wenig Brot und schlechtem Wasser genügten, um unter den Gefangenen Typhus ausbrechen zu lassen. Ende Juli wurden die Gefangenen schriftlich aufgenommen. Die zu diesem Zwecke angelegten Verzeichnisse führen, trotz aller Ungenauigkeit und Fehler, die in ihnen enthalten sind, Kasemattengefangene aus 29 Staaten des Deutschen Bundes und des Auslandes auf, die in Baden für die Freiheit gekämpft hatten und in der Festung Rastatt eingeschlossen worden waren. Auffallend die geringe Zahl von lediglich drei gefangenen Polen. Um das Schicksal der zahlenmäßig recht großen deutsch-polnischen Legion rankten sich wilde Gerüchte und Vermutungen. Noch Jahre danach sprach man in Rastatt hinter vorgehaltener Hand davon, daß die Polen in einer Nacht- und Nebelaktion von preußischen Truppen ohne Verfahren erschossen worden seien. Neue Nahrung fand dieses Gerücht durch Funde von Menschenknochen beim weiteren Ausbau der Bundesfestung in den 60er Jahren des vorigen Jahrhunderts.

171

Schlaf mein Kind, schlaf leis ...
Die Reaktion in Baden

Auch sonst war die Rache der Sieger gründlich. Restauration stand als Leitmotiv dahinter, und die Gelegenheit, der deutschen Revolution wie der demokratischen Bewegung ein für allemal einen vernichtenden Schlag zuzufügen, war so günstig wie nie. Preußische Interessen erwiesen sich dabei als deckungsgleich mit denen des badischen Großherzogs und seiner Entourage. Den fremden Invasionsarmeen beigegeben waren vom Großherzog ernannte Zivilkommissare, Staatsbeamte, die den Eid auf die revolutionäre Regierung verweigert und danach das Land verlassen hatten. Ihnen oblag die Aufgabe, den Übergang von der revolutionären zur großherzoglichen Verwaltung in die Wege zu leiten, die revolutionären Elemente in den Amtsbezirken aufzuspüren und die Verantwortlichen für die „hochverräterischen" Ereignisse zur Rechenschaft zu ziehen. Zahllose Bürgermeister wurden von ihnen abgesetzt, ganze Gemeinderatsgremien suspendiert und Tausende in die Gefängnisse eingeliefert. In einem mühseligen Ermittlungsverfahren wurden die Verantwortlichkeiten der an der Revolution Beteiligten ermittelt und eine Ausscheidungskommission entschied darüber, ob vor den ordentlichen Hofgerichten Anklage zu erheben war. Da in der Regel „Fluchtgefahr" unterstellt wurde, füllten sich in den Monaten Juli und August die Gefängnisse von Mannheim bis Konstanz mit zahllosen Untersuchungsgefangenen.

Im Rahmen des für Baden geltenden Kriegsrechts hatten die preußischen Militärkommandeure das Recht, in ihrem Zuständigkeitsbereich Kriegsgerichte einzusetzen, die nach dem Standrecht urteilen durften. Den mit preußischen Militärs besetzten und nach badischem Kriegsrecht urteilenden Gerichten arbeiteten die Untersuchungs- und Anklagebehörden zu, deren Personal sich aus badischen Beamten zusammensetzte. Damit war das Großherzogtum in die nun einsetzende militärgerichtliche Verfolgungswelle eingebunden. Zugleich blieb die Anwendung der Gesetze „in den zuverlässigen Händen unserer Offiziere", wie Karl Friedrich von Savigny, preußischer Botschafter am Hofe des Großher-

zogs, befriedigt notieren konnte. Vor das Kriegs- und Standgericht gezerrt wurden die Soldaten der revolutionären Armee und alle die
„Hauptträdelsführer", denen Unternehmungen zum Nachteil der Inva-
sionstruppen vorgeworfen wurden. Angesichts der zahlreichen, vor den
ordentlichen Gerichten in den Jahren 1849 bis 1852 stattgehabten politischen Verfahren fallen die in den Monaten Juli bis Oktober 1849 vor
die Standgerichte in Mannheim, Rastatt und Freiburg tretenden Angeklagten numerisch kaum ins Gewicht. Dennoch bestimmen ihre Urteile
bis heute das Bild vom rachsüchtigen Sieger. Und dies zu Recht, vor
allem wenn man die ersten Standgerichtsverfahren gegen Ernst Elsenhans und Ernst von Biedenfeld einer genaueren Prüfung unter rechts-
staatlichen Maßstäben unterzieht. Mit ihnen wurde im wahrsten Sinne
des Wortes „kurzer Prozeß" gemacht. Nirgends war die Möglichkeit einer
effektiven Verteidigung gegeben. Die außerordentliche Eile, mit der die
Verfahren, die zu Todesurteilen führen sollten, innerhalb weniger Stunden durchgepeitscht wurden, lassen durchaus auf Vorverurteilung schließen, bei der nicht Personen wegen tatsächlich begangener Verfehlungen
und Verbrechen, sondern Symbolfiguren der Revolution auf dem Altar
der Reaktion geopfert werden sollten.

Insgesamt 27 Personen fielen der badisch-preußischen Standge-
richtsbarkeit zum Opfer:

Bauer, Gottfried	Gissigheim	Pionier	22.9.1849	Rastatt
Bernigau, Karl v.	Mühlhausen	Leutnant	20.10.1849	Rastatt
Biedenfeld, Ernst von	Bühl	Offizier	9.8.1849	Rastatt
Böhning, Georg	Wiesbaden	Kommandeur der Volkswehr	17.8.1849	Rastatt
Cunis, Andreas	Pforzheim	Dragoner		Rastatt
Dietz, Heinrich	Sachsen	Klempner		Mannheim
Dortu, Max	Potsdam	Auskultator, Unteroffizier	31.7.1849	Freiburg
Elsenhans, Ernst	Stuttgart-Feuerbach	Literat	17.8.1849	Rastatt
Günthart, Joseph	Konstanz	Soldat	22.9.1849	Rastatt
Heilig, Konrad	Pfullendorf	Kommandant der Festungs-artillerie	11.8.1849	Rastatt
Höfer, Karl	Brehmen	Lehrer		Mannheim
Jäger, Peter	Aglaster-hausen	Soldat	22.9.1849	Rastatt

Jakobi, Karl	Mannheim	Kommandant des Mannheimer Arbeiterbataillons	11.8.1849	Rastatt
Jansen, Johann	Köln	Geometer	20.10.1849	Rastatt
Kilmarx, Joseph	Rastatt	Feldwebel	8.10.1849	Rastatt
Kohlenbecker, Ludwig	Karlsruhe	Soldat		Rastatt
Kromer, Gebhard	Brombach	Soldat	21.8.1849	Freiburg
Lacher, Peter	Bruchsal	Soldat	28.8.1849	Mannheim
Lenzinger, Konrad	Durlach	Soldat	25.8.1849	Rastatt
Mniewski, Theophil	Polen	Offizier	25.8.1849	Rastatt
Neff, Friedrich	Rümmingen	Student	9.8.1849	Freiburg
Schade, Ludwig	Karlsruhe	Soldat	12.9.1849	Rastatt
Schrader, Friedrich	Mansfeld	Soldat	20.10.1849	Rastatt
Streuber, Valentin	Mannheim	Wagmeister		Mannheim
Tiedemann, Gustav N.	Landshut	Gouverneur der Festung Rastatt	11.8.1849	Rastatt
Trützschler, Wilhelm A.	Gotha	Jurist	14.8.1849	Mannheim
Zenthöfer, Philipp	Mannheim	Soldat	25.8.1849	Rastatt

Zusätzliche vier Todesurteile wurden nicht vollstreckt, der Schuster Augustin Rimberger, Otto von Corvin, der Soldat Ludwig Gerhardt und der schwäbische Ökonom Theodor Mögling stattdessen zu langjährigen Zuchthausstrafen verurteilt. Insgesamt verhandelten die drei Standgerichte gegen 238 Personen. Am 27. Oktober 1849 wurden sie aufgelöst, der Rest der Angeklagten vor die ordentlichen Straf- und Kriegsgerichte überwiesen.

Denn die „Pazifizierungsmaßnahmen" gingen weit über die standrechtliche Aburteilung der „Hauptträdelsführer" hinaus. Auch wenn die ordentliche badische Militär- wie Strafgerichtsbarkeit sich sichtlich mühten, ein humaneres Vorgehen an den Tag zu legen, und selbst keine vollstreckbaren Todesurteile mehr aussprachen, breitete sich das Leichentuch der politischen Inquisition über das Land. Bis auf die untersten Ebenen der Gemeinden spürten die lokalen Kommissare nach Revolutionären und deren Sympathisanten. Das Abonnement einer demokratischen Zeitung, die Mitgliedschaft in einem Turnverein, die Teilnahme an Volksversammlungen, die Übernahme von Funktionen in der revolutionären Verwaltung, all dies waren Verdachtsmomente, die weitere Ermittlungen nach sich zogen. Der Denunziation war Tür und Tor geöffnet. Die politischen Anstifter, die Wegbereiter der Demokratie, hatten sich in der Regel flüchten können, nun gerieten die „kleinen Leute" – einmal mehr – ins Visier der großherzoglichen Strafverfolgungsbehörden. Dabei stand nicht einmal so sehr der Gedanke an Bestrafung im Mittelpunkt des staatlichen Interesses als vielmehr die Hoffnung, möglichst viele Demokraten zum Verlassen des Landes bewegen zu können. Regelrechte Umfragen unter den Angeklagten wurden durchgeführt, wer denn bereit sei, sich zur Auswanderung „begnadigen" zu lassen. Tausende ergriffen die Gelegenheit und wanderten nach Übersee aus. Der Rest, nach amtlichen Statistiken knapp 1000 Personen, wanderte in die großherzoglichen Gefängnisse. Sie büßten dort für ihren Traum von der Freiheit und für ihre „Anmaßung", ihn verwirklicht haben zu wollen. Doch mit der Gefängnisstrafe allein war es nicht getan. Die Kosten des Aufstandes, nach Berechnungen des Finanzministeriums mehr als drei Millionen Gulden, wurden auf die verurteilten Teilnehmer der badischen Revolution umgewälzt, der einzelne, je nach Grad der Verwicklung, mit teilweise astronomischen Entschädigungsforderungen konfrontiert. Deren ökonomischer Ruin war die unausweichliche Folge.

Schon am 23. Juli waren sämtliche Vereine als mit der „Staatsordnung" unvereinbar für aufgelöst erklärt worden. Bis Ende 1850 wachten 18 000 preußische Besatzer darüber, daß die Badner wieder auf den rechten Pfad der obrigkeitlichen Tugend zurückkehrten, bis 1852 stöhnte das Land unter dem Belagerungszustand. Das badische Militär bekam derweilen Gelegenheit, sich in Pommern und Brandenburg von der Infektion durch den „Freiheits-Bazillus" zu kurieren, wohin die Regimenter zur Umerziehung geschickt worden waren. Die Pressezensur kehrte zurück, jede freie Meinungsäußerung, die Kritik am Vorgehen der preußischen Besatzungsarmee und den großherzoglichen Behörden äußerte, wurde unterdrückt. Das Tragen des Heckerhutes war offene „Insubordination", das Singen des „Hecker-Liedes" ein strafwürdiges Vergehen. Tanzveranstaltungen, überhaupt jede kulturelle Versammlung, waren, wenn überhaupt, nur unter strengen Auflagen erlaubt. Medaillen, im Volksmund „Brudermordmedaille" genannt, regneten auf diejenigen herab, die auf der vermeintlich richtigen Seite der Demokratie den Garaus gemacht hatten. Baden war ruhig gestellt, schlief in „guter Ruh", wie es das Badische Wiegenlied des Schwaben Ludwig Pfau so bitter, und doch so präzis und unmittelbar verständlich ausdrückte. Selbstredend war auch das Singen dieses Liedes verboten.

Badisches Wiegenlied.

Schlaf', mein Kind, schlaf' leis,
Dort draußen geht der
Preuß'!
Deinen Vater hat er um=
gebracht,
Deine Mutter hat er arm
gemacht,
Und wer nicht schläft in
guter Ruh',
Dem drückt der Preuß' die
Augen zu.
Schlaf, mein Kind, schlaf leis,
Dort draußen geht der Preuß'!

Schlaf', mein Kind, schlaf' leis,
Dort draußen geht der Preuß'!
Der Preuß' hat eine blut'ge Hand,
Die streckt er über's bad'sche Land,
Und Alle müssen wir stille sein,
Als wie dein Vater unter'm Stein.
Schlaf', mein Kind, schlaf' leis,
Dort draußen geht der Preuß'!

Schlaf', mein Kind, schlaf' leis,
Dort draußen geht der Preuß'!
Zu Rastatt auf der Schanz',
Da spielt er auf zum Tanz',
Da spielt er auf mit Pulver und Blei,
So macht er alle Badener frei.
Schlaf', mein Kind, schlaf' leis,
Dort draußen geht der Preuß'!

Schlaf', mein Kind, schlaf' leis,
Dort draußen geht der Preuß'!
Gott aber weiß, wie lang' er geht,
Bis daß die Freiheit aufersteht,
Und wo dein Vater liegt, mein Schatz,
Da hat noch mancher Preuße Platz!
Schrei, mein Kindlein, schrei's:
Dort draußen l i e g t der Preuß'!

L. Pfau.

176

Schlußbetrachtung

Die badische Revolution der Jahre 1848/49 wurde unter den Stiefeltritten der preußischen Infanteristen und unter den Kanonenschlägen der preußischen Artillerie zerquetscht. Doch dies ist nur die eine Seite der Medaille. Die badische Revolution zerbrach auch an ihren inneren Differenzen, an ihren Zielkonflikten; ja sie war schon entscheidend geschwächt, noch ehe die militärische Intervention ihr den Garaus machte. Daß sie wie kaum eine andere demokratische Bewegung im 19. Jahrhundert große Hoffnungen und Leidenschaften zu wecken in der Lage war, beweist ihre große Popularität, ihre Massenbasis und die Selbstverständlichkeit, mit der Tausende von Menschen bereit waren, ihr Leben für die Ideen der Demokratie und der Freiheit einzusetzen. Die badische Revolution hat demokratische Standards gesetzt und Bürgertugenden mitbegründet, die bis in unsere Zeit nichts von ihrer Attraktivität verloren haben und wesentlich die politische Kultur unserer Demokratie bestimmen. Das machte sie so „gefährlich" und zwang die Vertreter der alten Gewalten dazu, sie mit aller Macht zu unterdrücken. Dies ist ihnen fast dauerhaft gelungen. Das Trauma der Revolutionsfurcht von 1849 bestimmte lange Jahrzehnte die politische Kultur Deutschlands und war wichtige Voraussetzung für die Ausbildung und Verfestigung obrigkeitlicher Strukturen. Damit einher ging das erzwungene oder zwangsläufige Vergessen der freiheitlichen Traditionen in der eigenen Geschichte. Lediglich „Randgruppen" der Gesellschaft, „Reichsfeinde" wie die sozialdemokratische Arbeiterbewegung nach 1871, beriefen sich auf die Wegbereiter der Demokratie, stellten sich in deren politische Tradition und verhinderten somit, daß durch das historische Vergessen diejenigen, welche in der äußersten Südwestecke Deutschlands in den Jahren 1848 und 1849 „Demokratie gewagt" hatten, noch einmal besiegt wurden.

    Amand Goegg schrieb lange Zeit nach der Revolution die prophetischen Worte: „Ja, es wird ein Tag kommen, …, an welchem die republikanischen Vertreter des souveränen deutschen Volkes den Beschluß fassen werden, daß sich die in den Jahren 1848 und 1849 gefallenen

Vorkämpfer um das Vaterland verdient gemacht haben, und daß ihre Namen mit goldenen Buchstaben in den Freiheitstempel zu verewigen sind." Daß noch mehr als hundert Jahre ins Land gehen sollten, ehe im Rastatter Schloß mit der Erinnerungsstätte an die Freiheitsbewegungen in der deutschen Geschichte ein deutscher „Freiheitstempel" eröffnet wurde, ist traurig genug. Doch dies ist eine andere Geschichte!

Literaturhinweise und Anmerkungen

Die neue badische Krone

Fritz, Johann Michael und Schwarzmaier, Hansmartin: Die Kroninsignien der Großherzöge von Baden (Krone, Zepter, Zeremonienschwert). In: Zeitschrift für die Geschichte des Oberrheins (125/1977), S. 201–223.

Staatsgründer, Lebemänner, Bürger, Bauern, Handwerker. Ein Panorama der badischen Gesellschaft

Sigismund von Reitzenstein

Eibach, Joachim: Der Staat vor Ort. Amtmänner und Bürger im 19. Jahrhundert am Beispiel Badens. Frankfurt, New York 1994 (zit. S. 52).

Furtwängler, Martin: Die Standesherren in Baden (1806–1848). Frankfurt/M., Berlin, New York, Paris, Wien 1996.

Gall, Lothar: Gründung und politische Entwicklung des Großherzogtums bis 1848. In: Badische Geschichte. Vom Großherzogtum bis zur Gegenwart. Hrsg. v. d. Landeszentrale für politische Bildung. Stuttgart 1979, S. 11–36 (zit. S. 19).

Großherzog Leopold von Baden, 1790–1852. Regent – Mäzen – Bürger. Ausstellungskatalog. Hrsg. v. d. Badischen Landesbibliothek Karlsruhe, Karlsruhe 1990 (bes. S. 30, 33).

Haas, Rudolf: Stephanie Napoleon. Großherzogin von Baden. Ein Leben zwischen Frankreich und Deutschland 1789–1860. Mannheim 1976 (bes. S. 36).

Hardtwig, Wolfgang: Vormärz. Der monarchische Staat und das Bürgertum. München 1985.

Hippel, Wolfgang von: Wirtschafts- und Sozialgeschichte 1800–1918 (zit. S. 489). In: Schwarzmaier, Hansmartin (Hrsg.): Handbuch der baden-württembergischen Geschichte. Stuttgart 1992 (S. 477–784).

Price, Roger: 1848. Kleine Geschichte der europäischen Revolutionen. Berlin 1992 (engl. 1988).

Schnabel, Franz: Sigismund von Reitzenstein. Der Begründer des Badischen Staates. Heidelberg 1927 (zit. S. 76, 123).

Schwarzmaier, Hansmartin: Monarchie und Staat. In: Baden. Land – Staat – Volk 1806–1871. Hrsg. v. Generallandesarchiv Karlsruhe, Karlsruhe 1980, S. 32–74 (bes. S. 28, 32, 47).

Schwarzmaier, Lore: Der Badische Hof unter Großherzog Leopold und die Kaspar-Hauser-Affäre: Eine neue Quelle in den Aufzeichnungen des Markgrafen Wilhelm von Baden. In: Zeitschrift für die Geschichte des Oberrheins (134/1986), S. 245–262.

Der Spiegel Nr. 48 vom 25. 11. 1996: Kaspar Hauser. Der entzauberte Prinz, S. 1, 254–271.

Ullmann, Hans-Peter: Baden 1800 bis 1830. In: Schwarzmaier, Hansmartin (Hrsg.): Handbuch der baden-württembergischen Geschichte. Stuttgart 1992, S. 25–77.

Moritz von Haber

Beleuchtung der Streitsache zwischen Moritz von Haber und Freiherrn Julius Göler von Ravensburg. Wesel 1843 (zit. S. 3 f.).

Deutsch-Französische Jahrbücher, hrsg. v. Arnold Ruge und Karl Marx 1844, Neue Aufl. Frankfurt/M. 1982 (zit. S. 304 u. 306).

Fenske, Hans: Baden von 1830–1860. In: Schwarzmaier, Hansmartin (Hrsg.): Handbuch der baden-württembergischen Geschichte. Stuttgart 1992, S. 79–132.

Frevert, Ute: Ehrenmänner. Das Duell in der bürgerlichen Gesellschaft. München 1991.

Haber, Moritz von: Die reine Wahrheit über die Streitsache zwischen Moritz von Haber und Freiherrn Julius Göler von Ravensburg. Straßburg 1843 (zit. S. 49, 87, 151 f. u. 193).

Sacharaga, Georg von: Georg von Sacharaga's Vermächtniß oder neue Folgen in der Göler – Haber'schen Sache. Stuttgart 1843 (zit. S. 61).

Schnee, Heinrich: Hofbankier Salomon von Haber als badischer Finanzier. In: Zeitschrift für die Geschichte des Oberrheins (109/1961), S. 341–359 (zit. S. 348 f.).

Verhandlungen in Sachen der Staatsbehörde gegen Moritz von Haber und Consorten; Duell betreffend. Frankfurt/M. 1844.

Wirtz, Rainer: Widersetzlichkeiten, Excesse, Crawalle, Tumulte und Skandale. Soziale Bewegung und gewalthafter sozialer Protest in Baden 1815–1848. Frankfurt/M., Berlin, Wien 1981 (zit. S. 134 f., 144).

Friedrich Daniel Bassermann

Asche, Susanne/Hochstrasser, Olivia: Durlach – Staufergründung, Fürstenresidenz, Bürgerstadt, Karlsruhe 1996.

Fassnacht, Frank: Die Revolution in Baden 1849: Volksvereine und Verfolgte. Ms. Universität Freiburg 1996.

Festung, Fürsten, freie Bürger. Hrsg.: Städt. Reiss-Museum Mannheim (Ausstellungskatalog). Mannheim 1995.

Fischer, Wolfram: Der Staat und die Anfänge der Industrialisierung in Baden 1800–1850. Bd. 1. Die staatliche Gewerbepolitik. Berlin 1962 (zit. S. 381–401).

Gall, Lothar: Bürgertum in Deutschland. Berlin 1989 (zit. S. 257 u. 306 f.).

Glaeser, Wolfgang (Red.): Unser die Zukunft. Dokumente zur Geschichte der Arbeiterbewegung in Karlsruhe 1845–1952. Hrsg. v. d. Industriegewerkschaft Metall, Verwaltungsstelle Karlsruhe. Heilbronn 1991 (zit. S. 262).

Rotteck, Karl von/ Welcker, Theodor (Hrsg.): Staatslexikon, Bd. 11, 3. Aufl., Leipzig 1864 (zit. S. 323 f.).

Siemann, Wolfram: Die deutsche Revolution von 1848/49. Frankfurt/M. 1985.

Vollmer, Franz X.: Vormärz und Revolution 1848/49 in Baden. Strukturen, Dokumente, Fragestellungen. Frankfurt/M., Berlin, München 1979 (bes. S. 20).

Gustav Struve

Bundesarchiv, Außenstelle Frankfurt: FN 17/1–43.

Hambacher Fest 1832, Freiheit und Einheit, Deutschland und Europa. Katalog zur Dauerausstellung zur Geschichte des Hambacher Festes. 5. Aufl., Neustadt a. d. Weinstraße 1990.

Kunze, Michael: Der Freiheit eine Gasse. München 1990 (bes. S. 16–344).

Rotteck, Karl von/ Welcker, Theodor (Hrsg.): Staatslexikon, Bd. 11, 3. Aufl., Leipzig 1864.

Städtisches Reiss-Museum: Mannheimer Zeitungen des 18. und 19. Jahrhunderts. Beispiele und Dokumente. Zusammengestellt von Jürgen Hespe, Mannheim 1988.

Thielbeer, Heide: Universität und Politik in der Deutschen Revolution von 1848. Bonn 1983.

Die Bauern von Sulzfeld

Hochstuhl, Kurt: Sulzfeld in der Revolution 1848/49. Erscheint in der Sulzfelder Ortsgeschichte 1997.

Vollmer, Franz X.: Vormärz und Revolution 1848/49 in Baden. Strukturen, Dokumente, Fragestellungen. Frankfurt/M., Berlin, München 1979 .

Handwerker: Simpert Speer

Grießinger, Andreas: Schuhmacher. In: Reith, Reinhold: Lexikon des alten Handwerks. München 1990 (2. Auflage 1991), S. 224–230.

Reith, Reinhold: Der Aprilaufstand von 1848 in Konstanz. Zur biographischen Dimension von „Hochverrat und Aufruhr". Versuch einer historischen Protestanalyse. Sigmaringen 1982 (bes. S. 28 f., 40–45).

Steinitz, Wolfgang: Deutsche Volkslieder demokratischen Charakters aus sechs Jahrhunderten. Bd. 2, Berlin 1962 (zit. Bd. 2, S. 58).

Zang, Gert: Konstanz in der Großherzoglichen Zeit. Bd. I: Restauration, Revolution, liberale Ära. Konstanz *1994*.

Ein kleines Hambacher Fest.
Von der Offenburger Versammlung 1847 zum Hecker-Zug

Becker, Johann Philipp: Geschichte der süddeutschen Mairevolution des Jahres 1849. Genf 1849 (bes. S. 116–124).

Rehm, Clemens: Die katholische Kirche in der Erzdiözese Freiburg während der Revolution 1848/49. Freiburg, München 1987.

Siemann, Wolfram: Die deutsche Revolution von 1848/49. Frankfurt/M. 1985 (zit. S. 174).

Struve, Gustav: Geschichte der drei Volkserhebungen in Baden 1848/1849. Erstausgabe Bern 1849. Nachdruck Freiburg 1980 (zit. S. 41, 53–58, 83).

Valentin, Veit: Geschichte der deutschen Revolution 1848–1849, Bd. I/II, Neuausgabe Darmstadt 1968 (bes. Bd.1, S. 449 und Bd. 2, S. 52, 54).

Vollmer, Franz X.: Der Traum von der Freiheit. Vormärz und 48er Revolution in Süddeutschland in zeitgenössischen Bildern. Stuttgart 1983.

Vollmer, Franz X.: Vormärz und Revolution 1848/49 in Baden. Strukturen, Dokumente, Fragestellungen. Frankfurt/M., Berlin, München 1979.

Wirtz, Rainer: Widersetzlichkeiten, Excesse, Crawalle, Tumulte und Skandale. Soziale Bewegung und gewalthafter sozialer Protest in Baden 1815–1848. Frankfurt/M., Berlin, Wien 1981 (bes. S. 189–195).

„Steht wirklich Deutschland im Frühlingsflor?"
Die Demokratiebewegungen 1848

Berner, Herbert: „Hebet mich fescht, suscht wer' i zwild". Volkserhebungen 1848/ 49. In: Berner, Herbert: Singen. Dorf und Herrschaft. Singener Stadtgeschichte. Bd. 2, S. 502–509, (zit. S. 504 f.).

Canevali, Ralph: The „False French Alarm": Revolutionary Panic in Baden, 1848. In: Central European History (18/1995), S. 119–142.

Fleck, Robert: Gleichheit auf den Barrikaden. Die Revolution von 1848 in Europa. Versuch über die Demokratie. Wien 1991 (zit. S. 95 f.).

Frei, Alfred Georg/ Schott, Dieter/ Sräga, Gudrun: Geschichte und Gegenwart des Bodenseeraums. In: Leip, Hans u. a. dtv–Merian Reiseführer Bodensee. Hamburg, München 1984, S. 25–51.

Götz, Franz/ Beck, Alois: Schloß und Herrschaft Langenstein im Hegau. Radolfzell 1972 (bes. S. 224).

Hansjakob, Heinrich: Mein Sakristan. In: Schneeballen. Erzählungen vom Bodensee. Freiburg 1969, S. 99–209 (zit. S. 146).

Hecker, Friedrich: Die Erhebung des Volkes in Baden für eine deutsche Republik. Straßburg 1848.

Heine, Heinrich: Sämtliche Schriften in 12 Bänden (hrsg. v. Klaus Briegleb), München, Wien 1976.

Herwegh, Emma: Zur Geschichte der deutschen demokratischen Legion aus Paris. Von einer Hochverrätherin. Grünberg 1849.

Krausnick, Michail: Die eiserne Lerche. Die Lebensgeschichte des Georg Herwegh. Weinheim, Basel 1993 (zit. S. 121).

Langewiesche, Dieter: Europa zwischen Restauration und Revolution 1815–1849. 3. Aufl., München 1993.

Leuenberger, Martin: Muttenz: die erste Station in Friedrich Heckers Exil. In: Frei, Alfred G.: Friedrich Hecker in den USA. Eine deutsch-amerikanische Spurensicherung, Konstanz 1993, S. 43–59.

Lindner, Anette/ Hartmann, Michaela/ Haumann, Heiko/ Treskow, Rüdiger von/ Zoche, Hartmut: Der „Makel des Revolutionismus" und ein Ende mit Schrecken (1815–1849), in: Haumann, Heiko/ Schadek, Hans (Hrsg.): Geschichte der Stadt Freiburg im Breisgau. Bd. 3: Von der badischen Herrschaft bis zur Gegenwart, Stuttgart 1992, S. 61–129 (bes. S. 74, 90).

Real, Willy: Die Revolution in Baden 1848/49. Stuttgart 1983 (bes. S. 87).

Revellio, Paul: Die Revolution der Jahre 1848 und 1849. Sonderdruck aus den Schriften des Vereins für Geschichte und Naturgeschichte der Baar (22/1950), (zit. S. 174, zit. nach 181, 182 f.), auch erschienen in Beiträge zur Geschichte der Stadt Villingen, hrsg. v. d. Stadt Villingen im Schwarzwald 1964.

Scheffel, Josef Victor von: Josef Victor von Scheffel's Briefe an Karl Schwanitz. Leipzig 1906 (zit. S. 109).

Schwinge, Gerhard: Evangelische Pfarrer und die Revolution von 1848/49, Beispiele aus Baden. In: Zeitschrift für bayrische Kirchengeschichte (62/1993), S. 36–46.

Siemann, Wolfram: Vom Staatenbund zum Nationalstaat. Deutschland 1806–1871. Neue Deutsche Geschichte. Hrsg. von Peter Moraw, Bd. 7, München 1995.

Sigel, Franz: Denkwürdigkeiten des Generals Franz Sigel, hrsg. v. Wilhelm Blos, Mannheim 1902 (zit. S. 26 -28).

Syré, Ludger: Karl Mez (1808–1877), Fabrikant und Sozialpolitiker aus christlicher Verantwortung. In: Ausstellungskatalog Protestantismus und Politik, hrsg. v. d. Badischen Landesbibliothek Karlsruhe 1996, S. 167–182.

Zang, Gert (Hrsg.): Provinzialisierung einer Region. Zur Entstehung der bürgerlichen Gesellschaft in der Provinz. Frankfurt a. M. 1978.

Zang, Gert: Konstanz in der Großherzoglichen Zeit, Bd. I: Restauration, Revolution, Liberale Ära. Konstanz 1994 (zit. S. 81, 168, 172).

Von der Reichsverfassungskampagne zur Revolution.
Baden im Frühsommer 1849

Vorgeschichte der Offenburger Versammlung

Bericht aus Karlsruhe vom 29.10.1847 in: HStAS, E 50/01 Bü 626.
Blos, Wilhelm: Die deutsche Revolution. Geschichte der deutschen Bewegung von 1848 und 1849. Stuttgart 1893.
Blum, Hans: Die deutsche Revolution 1848–1849. Leipzig 1898.
Häusser, Ludwig: Denkwürdigkeiten zur Geschichte der Badischen Revolution. Heidelberg 1851.
Leitmotiv des Gernsbacher Turnvereins, ausgegeben am 18. Februar 1849 beim ersten Turnerball des neugegründeten Vereins, zit. nach: Helmut G. Langenbach, Vom Werden des Turnvereins 1849 in Gernsbach, in: 110 Jahre Turnverein 1849 Gernsbach, Gernsbach 1959, S. 10.
Meldungen aus den Bezirksämtern 1848/49: GLA 236/8201, 236/8211.
Real, Willy: Die Revolution in Baden 1848/49. Stuttgart 1983.
Schneider, Regine: Die politischen Vereine in Baden. Oktober 1848 – Mai 1849. Zulassungsarbeit Stuttgart 1976.
Valentin, Veit: Geschichte der deutschen Revolution von 1848–49, 2 Bde., Berlin 1930–31.
Vollmer, Franz X.: Der Traum von der Freiheit. Vormärz und 48er Revolution in Süddeutschland in zeitgenössischen Bildern. Stuttgart 1983.

Militärrevolte

Becker, Johann Philipp; Essellen, Christian: Geschichte der süddeutschen Mai-Revolution des Jahres 1849. Genf 1849.
Demokratisches Glaubensbekenntnis, bei den Soldaten in Mannheim im Winter 48/49 verbreitet, in: GLA 69 Mone Nr. 24.
Goegg, Amand: Nachträgliche authentische Aufschlüsse über die Badische Revolution von 1849, deren Entstehung, politischen und militärischen Verlauf. Zürich 1876.
Schilling von Cannstadt, Karl L. Freiherr: Die Militärmeuterei in Baden. Aus authentischen Quellen zusammengetragen von einem badischen Offizier. Karlsruhe 1849.

Offenburg

Engels, Friedrich: Die deutsche Reichsverfassungskampagne, in: Marx/Engels-Werke (=MEW), Bd. 7, Berlin 1960.
ders., Revolution und Konterrevolution in Deutschland, MEW Bd. 8, Berlin 1960
Raveaux, Franz: Mitteilungen über die Badische Revolution. Frankfurt 1850.
Zuverlässiger Augenzeuge: So der Abgesandte der württembergischen Volksvereine, der Landtagsabgeordnete Becher, in einer Rede vor der Kammer der

württembergischen Abgeordneten am 16. Mai 1849. S. Verhandlungen, 1845–1849, Bd. IV, S. 3060.

Karlsruhe

Hochstuhl, Kurt: Karlsruhe 1848–1849. Aus den Lebenserinnerungen Emil Glockners, in: Badische Heimat, Heft 4 (1995), S. 699–706.
Karlsruhe 13./14. Mai: GLA 213/3491 II.
Struve in Baden-Baden: GLA 213/3769.

Revolutionäre Politik und Suche nach Verbündeten

Mobilisierung der 1. Aufgebote: GLA 270/35.
Patriotische Beiträge: GLA 237/2809.
Peiser, Jürgen: Gustav Struve als politischer Schriftsteller und Revolutionär. Frankfurt 1973.
Proklamation: GLA 237/4041.
Wimmer, Susanne: Die Politik der revolutionären Regierung in Baden, Mai bis Juli 1849. Hausarbeit, Frankfurt 1992.

Provisorische Regierung

Bauer, Sonja-Maria: Die Verfassunggebende Versammlung in der Badischen Revolution von 1849: Darstellung und Dokumentation. Düsseldorf 1991.

Militär in der Revolution

Die Armee formiert sich

Charakterisierung Eichfelds bei: Valentin, Bd. 2, S. 519.
Hildebrandt, Gunther: Zur Rolle Mieroslawskis in den Kämpfen der Reichsverfassungskampagne im Frühsommer 1849 in Südwestdeutschland, in: Revolutionäre Demokraten in Deutschland und Polen im Vormärz und während der Revolution von 1848/49, Teil 2, Leipzig 1989, S. 246–256.
Krapp, Berthold: Ludwik Mieroslawski, Obergeneral der Revolutionsarmee. Die Mitwirkung von Polen an der badischen Volkserhebung des Jahres 1849 im Lichte des gesamtpolnischen Freiheitskampfes, in: ZGO 128 (1975), S. 227–241.
Sigel, Franz: Denkwürdigkeiten aus den Jahren 1848 und 1849. Hg. von Wilhelm Blos. Mannheim 1902.

Das Militär in der Offensive

Aufruf an die hessischen Soldaten, abgedr. bei Vollmer, Traum von der Freiheit, S. 318.

In Erwartung des Angriffs

Augenzeuge des Rheinübergangs der pfälzischen Truppen: Becker, Mai-Revolution, S. 310.
Eingreifen Brentanos in die militärischen Belange: Schreiben Beckers vom 2.6.1849, GLA 206/3194.
Vorgänge in Riedlingen: Bauer, Verfassunggebende Versammlung, S. 120.

Waghäusel

Mieroslawski, Ludwik: Berichte über den Feldzug in Baden. Bern 1849.

Endkampf an der Murg

Abgott der Armee, zit. nach: Krapp, Ludwik Mieroslawski, a.a.O., S. 237.
Pabst, Christian: Der Feldzug gegen die badisch-pfälzische Insurrection im Jahre 1849 mit bes. Beziehung auf das Neckarcorps, namentl. die Grossh. Hess. Armeedivision. Darmstadt 1850, v.a. für Gernsbach.
Verhältnis zwischen Polen und Badenern: GLA 238 Zug. 1991/38.
Wermuth, Otto: Wir habens gewagt. Die badisch-pfälzische Revolution 1849. Freiburg 1981.

Die belagerte Festung

Corvin, Otto von: Erinnerungen aus meinem Leben. 4 Bde., Leipzig 1880.
Fickler, Carl B.A.: In Rastatt 1849. Rastatt 1853.
Hildebrandt, Gunther: Rastatt 1849. Eine Festung in der Revolution. Berlin 1976.
D., H.: Rastatter Casematten-Erzählungen eines Freigewordenen. Meisenheim 1850
Stadt Rastatt, Ernst Elsenhans (1815–1849). Ein schwäbischer Revolutionär in Rastatt. Rastatt 1995.

Schlaf mein Kind, schlaf leis … Die Revolution in Baden

Reaktion in Baden und Schlußbetrachtung

Richter, Günter: Revolution und Gegenrevolution in Baden 1849, in: Zeitschrift für die Geschichte des Oberrheins, 119 (1971), S. 387–425.
Statistik der Standgerichte, Straf- und Kriegsgerichte: GLA 233/33620.

Nachwort und Dank

Dieses Buch soll Appetit darauf machen, sich vertieft mit der Badischen Revolution zu beschäftigen. Zum Weiterlesen empfehlen wir das Buch von Rainer Wirtz über den Vormärz in Baden und Wolfram Siemanns kompakte und analytische Zusammenfassung über die deutsche Revolution von 1848/49. Unentbehrliche Nachschlagewerke sind die Arbeiten von Franz Xaver Vollmer, unter anderem sein neuestes Buch zu badischen Biografien von 1848/49. Wir danken ihm herzlich für die von ihm freundlicherweise zur Verfügung gestellten Abbildungen.

Sollte unser Büchlein dazu beitragen, die Erinnerung an die verschütteten demokratischen Traditionen in unserer Geschichte freizuschaufeln und sie dauerhaft in der Gegenwart unserer Gesellschaft zu verankern, können sich die Autoren leichter darüber hinwegtrösten, daß aufgrund der erzählerischen Form manches akzentuierter, manches allenfalls andeutungsweise in dem Buch angeschnitten wurde.

Alfred Frei hat die ersten Teile bis zum Ende des Jahres 1848 entworfen, Kurt Hochstuhl die anschließenden Teile, die vom Jahr 1849 und der Nachgeschichte handeln.

Das Buch wäre nicht ohne Hilfe anderer zustande gekommen. Zuerst ist Gabriele Queck zu nennen, die das Buch mit Rat und Tat von Anfang an begleitet hat. Sie hat auch das von Roland Dauber vorbereitete Register erstellt. Weiter haben zahlreiche Kolleginnen und Kollegen als Kritiker und Ratgeber an dem Manuskript mitgearbeitet: Grit Arnscheidt, Wolfgang Glaeser, Heiko Haumann, Franz Müller, Eva Nitsche, Carin von Plehwe, Ursula Richardt, Peter Rieber, Hansmartin Schwarzmaier, Harald Siebenmorgen, Volker Steck, Rosemarie Stratmann-Döhler, Rainer Wirtz, Claudia Woschée, Gert Zang und Anne Ziegenbein. Wir danken allen, daß sie uns dabei halfen, den *Traum von der Freiheit* ein kleines Stück weiterzutragen.

DATE DUE

MAY 0 8 1998		
MR 27 '06		
GAYLORD		PRINTED IN U.S.A

BREAKING THE RULES

BREAKING THE RULES

The NCAA and Recruitment in America's High Schools

by Ted Weissberg

FRANKLIN WATTS

A Division of Grolier Publishing

New York London Hong Kong Sydney

Danbury, Connecticut

Photographs copyright ©: Reuters/Bettmann: p. 8; UPI/Bettmann: pp. 14, 57, 64, 83, 85, 86, 87, 104, 111; University of Kansas: pp. 21, 82; Comstock/Robert Houser: p. 25; University of Michigan Athletics, Public Relations: p. 28; University of Notre Dame: pp. 36, 95; Photo Researchers, Inc.: pp. 41 (Will and Deni McIntyre), 72 (Barbara Rios); Randy Matusow: p. 46; Southwest Conference: pp. 50, 76; Duke University: pp. 68, 102; Florida State University, Moore Athletic Center: p. 78; University of California, Los Angeles, Athletic Department: p. 84; Georgetown University/Mitchell Layton: p. 103; University of Nevada, Las Vegas: pp. 107, 109.

Library of Congress Cataloging-in-Publication Data

Weissberg, Ted.
Breaking the rules : the NCAA and recruitment in
America's high schools / by Ted Weissberg.
p. cm.
Includes bibliographical references and index.
ISBN 0-531-11235-7
1. National Collegiate Athletic Association—Rules and practices.
2. College sports—United States. I. Title.
GV351.W45 1995
796'.04'30973—dc20   95-14676   CIP

CONTENTS

1

HE SHOULD HAVE BEEN A STAR

Eric Manuel was 6 feet, 6 inches, tall in 1987 when he graduated from Southwest High in Macon, Georgia. He was fast, a great jumper and well coordinated—extremely athletic. And Manuel could play basketball. He was one of the nation's top five college prospects in 1987. When Manuel decided to attend the University of Kentucky, the whole state, which has traditionally prided itself on the excellence of its college basketball teams, felt very lucky.

However, Manuel's basketball talent could not help him with the Scholastic Achievement Tests (SATs). He took the tests twice during his junior high school year and both times scored under 700 on the math and English segments *combined*. Most University of Kentucky Wildcat fans could not have cared less about Manuel's SAT scores. They were more eager to see Manuel's basketball scores, and they envisioned Manuel leading the university's basketball team to a national championship.

In fact, if it had been four years earlier, none of the Wildcats' rabid boosters would have paid the slightest bit of attention to Manuel's poor performance on the SATs. But in 1983, the National Collegiate Athletic Association (NCAA) adopted a controversial rule—Proposition 48. "Prop 48" asserts that to participate in college athletics, incoming college freshmen have to score at least a combined 700 on the math and English sections of the SATs and must have maintained at least a C average throughout high school.

The reasoning behind the rule is that student-athletes who do not meet these academic standards probably are not ready for college-level academics and would be better off spending their freshman year concentrating on their studies. According to this thinking, after spending a year adapting to college life, the student-athlete will be better prepared to meet the difficult challenge of playing college sports while carrying a full academic course load during the following years.

Prop 48 was enacted when universities throughout the country and the NCAA itself were facing a great deal of criticism for failing to educate student-athletes effectively. The rule also was enacted at a time when the NCAA's governing body was composed entirely of white men and women. Critics of Proposition 48 say that college entrance tests are culturally biased and argue that the NCAA's reliance on the tests is racist. They point out that a disproportionate number of prospective black student-athletes are affected by the rule and that the rule therefore decreases the availability of athletic scholarships for blacks. The controversy continues to this day and has even intensified as the NCAA has made the consequences of poor performance on the SATs more serious for prospective student-athletes. Now, those who do not meet certain NCAA standards lose not only a year of eligibility but also the opportunity to receive an athletic scholarship. For students from impoverished backgrounds, this could mean the loss of an opportunity to achieve a higher education.

By the spring of 1987, Manuel was on the verge of losing a year of eligibility on the Wildcats because of Proposition 48. The NCAA only sanctions tests taken on specific dates, and Manuel was down to his last chance to gain athletic eligibility for his freshman year. He and the University of Kentucky boosters started to worry. He decided that instead of taking the SATs again, he would try his luck with the American College Test (ACT), a similar exam also sanctioned by the NCAA. Manuel, who was spending the summer at the university in Lexington, Kentucky, headed to Lafayette High School for the ACT on the morning of June 13, 1987. The scoring system is different for the ACT but its content is similar to the SATs. A few weeks later, Manuel received his ACT scores. Manuel had achieved a 23, well above the NCAA's minimum score of 15 and a huge improvement over his previous efforts on the SATs. His two prior SAT scores combined would have translated to only a 3 and a 7 on the ACTs.

Initially, no one at the NCAA noticed, or at least no one challenged Manuel's unlikely improvement. Wildcat fans and the team's coach simply were thrilled to have Manuel in uniform for his freshman year. He played well, cracking the team's starting lineup for the last ten games of the season. It was not until the spring of 1988, when the University of Kentucky's basketball program was embroiled in a recruiting controversy regarding highly regarded Chris Mills of Los Angeles, that Manuel's ACT performance was investigated.

It seems that Mills had been sent $1,000 in an Emery Express overnight package that was traced to Kentucky Wildcat assistant coach Dwane Casey. The NCAA strictly forbids universities to give money to recruits. A scandal erupted, leading to an intensive NCAA probe into Kentucky's basketball program. A team of ten investigators began scrutinizing the program so closely that Manuel's ACT scores eventually were questioned.

Manuel's ACT answer sheet was unearthed and then compared to that of the student sitting next to him on the test date—Chris Shearer. Two hundred eleven of Manuel's 219 answers, both correct and incorrect, were the same as Shearer's. Seven of the eight answers that did not correspond were in the same column of the answer sheet. These findings were brought to the attention of ACT officials at the Iowa City, Iowa, headquarters. Only a two-in-one-million chance of this occurring without some kind of cheating existed. The odds did not look good for Manuel.

The NCAA stepped up its investigation. Manuel, acting on the advice of his coach, Eddie Sutton, denied that he cheated and did not say much else. But when the NCAA started looking into the test situation, Manuel enlisted the help of Ed Dove, a public defender in Lexington. Dove believed in Manuel's innocence, although he did not like Coach Sutton's advice that Manuel clam up during the NCAA investigation. Dove figured that the NCAA had all the evidence it needed with the similar answer sheets. Someone was going to pay for the cheating that apparently took place, and if Manuel refused to link anyone else to the incident, Dove knew that Manuel alone was going to suffer the consequences.

During his very first meeting with Manuel, Dove suggested that the young man forget about the University of Kentucky and the NCAA and go to a National Association of Intercollegiate Athletics (NAIA) college, where he could get an education and play basketball, instead of putting his life on indefinite hold while his case was being reviewed by the NCAA. How much does college basketball mean in a town like Lexington and in a state like Kentucky? Dwane Casey, the Wildcat assistant coach implicated in the Emery package/Chris Mills situation, had joined Manuel in this first meeting with Dove. The day after the meeting, Dove got a call from one of Lexington's biggest, most prestigious law firms, Greenebaum, Doll and McDonald. Dove was advised to go over to the firm's offices as quickly as possible. He was told that Manuel and Casey were already there, and they had decided that the firm would handle Manuel's defense against the NCAA. Dove went directly to the Greenebaum, Doll offices. He explained his advice to Manuel to attend an NAIA college while waiting for his case to be reviewed. Why should Manuel waste his best college years while fighting the NCAA? He should attend a different school and proceed with his education, Dove believed. This did not sit well with Robbie Stilz, a Greenebaum attorney and ardent Wildcat booster. It did not take much reading between the lines to figure out that Stilz was not going to advise one of the top five prospects from the class of '87 to pack himself and his basketball shoes off to another school.[1]

Manuel should have followed Dove's advice. The NCAA felt it had enough proof to discipline Manuel, even without an admission of guilt. Manuel, the NCAA determined, had cheated on the test. He was banned for life from playing NCAA-sponsored athletics.

Manuel never admitted to cheating, even after the penalty was handed down, and there are some good reasons to believe his claims of innocence. By all accounts, Manuel was a good, honest, and responsible young man when he graduated high school. He had been raised by a single mother in the Macon, Georgia, housing projects. His high-school basketball coach, Donald "Duck" Richardson, was close to Manuel and played an active role in his upbringing. Together, Mrs. Manuel and Richardson seemed to have done a good job with Manuel. He was a young man who was easy to like.

Quiet, reserved, and polite, Manuel had none of the trash-talking arrogance of some top high school athletes (or star college and professional athletes, for that matter). Manuel was a talented athlete, but he was also just a regular kid. By all accounts, he was also a good kid. For example, during his high school years he took a job at a local McDonald's to help his mother pay the bills. He never assumed, like some other young, talented athletes, that because he was such a great basketball player, he should get a free ride financially or academically, at home or at school.

Those who knew Manuel found it hard to believe that he would cheat on his college entrance exams. Cheating seemed so out of character for Manuel, and there did not seem sufficient motive for him to take such a risk with his future. If he could not get his test scores up to the minimum level before his freshman year at the University of Kentucky, all he would lose was one year of NCAA eligibility. He would still have three left. And he would still have his scholarship. Weigh that against what he lost—three years of eligibility as well as his scholarship—and it is hard to understand why Manuel would do what he was accused of.

Five proctors monitored the ACT test that Manuel took. All five of them presumably would have had a hard time missing Manuel's copying the answers from his neighbor. There was an empty chair between Manuel and Shearer, as there were between all students taking the test. Manuel, seated to Shearer's right, would have had to look over the right-handed Shearer's right shoulder to see his answers, 4 feet away. The copying of 118 answers over a four-hour period would have been hard for a proctor to miss. "It's so obvious if they look at someone's paper," one of the proctors said afterward, discounting the possibility that the proctors missed Manuel's alleged neck-craning. And if, somehow, the proctors missed it, then the students sitting directly across from Manuel and Shearer would have picked up on what was going on. But no one who had the opportunity to see cheating claimed to have noticed anything suspicious.[2]

The fact remains, however, that Manuel's test answers were uncannily similar to Shearer's. Fellow students are traditionally reluctant to play stool pigeon in situations such as this. And proctors, no matter how vigilant they are, often miss cheaters. Manuel himself, although he might have been a good kid, could easily have succumbed to the pressure of the test and cheated for the same reasons another student would not cheat—he felt his future at a prestigious college was in jeopardy if he did not pass. Mature foresight is not the hallmark of the average high-

The University of Kentucky Wildcats, one of the finest basketball teams in the NCAA, have been involved in numerous recruiting scandals.

school student. And a collaboration between Shearer and Manuel was a possibility. Some of Manuel's defenders believe that a conspiracy between Shearer and the University of Kentucky had been arranged. Manuel said he signed two sheets of paper the day of the test—his test paper and a blank sheet that an autograph seeker handed him. One theory has it that Shearer somehow used this second signature for a second answer sheet. Shearer might have handed in his answers under Manuel's name without Manuel ever being aware of it. However, there is no proof of this, and Shearer denied to the NCAA that he helped Manuel cheat in any way. However, Shearer, who was entering his senior year at Lafayette High, is said to have bragged about the cheating after the test to his friends at Lafayette. He also refused to allow NCAA investigators to test the back of his answer sheet to determine whether a second sheet of answers had been placed beneath it.[3] Another theory has it that Manuel was persuaded to cheat by persons connected with the University of Kentucky basketball program. Again, there is no proof of this allegation. But given Kentucky's history, pressuring an incoming student-athlete to cheat on his college entrance exam would hardly be the most dishonest act the university's sports program and its boosters committed for the sake of the sacred Wildcats.

Basketball is nearly a religion in Kentucky. And because there are no professional basketball teams in the area, most of the state's enormous rooting energy is funneled into the college game. An example of the enthusiasm was evident in 1978, when Coach Joe B. Hall led the Wildcats to the NCAA championship. Kentuckians sipping mint juleps in celebration around the state were heard to say—and not completely in jest—that

Hall could have won the governor's seat in a landslide that year. When it was learned years later that Kentucky's basketball program was guilty of scores of recruiting violations, it did little to damage the reputation in the state of any of the coaches involved. Most Wildcat fans blamed the local newspaper, the *Lexington Herald-Leader*, for uncovering the scandal in a Pulitzer Prize–winning series of articles. They also blamed university president David Roselle for participating with the NCAA in the investigation. The pressure to maintain a level of excellence in basketball at the school is enormous, and many men have buckled morally under this pressure.

Eric Manuel may well have succumbed to the pressure as well. But if he did, he probably did not act alone. This is no excuse. Nonetheless, as so often occurs when NCAA violations take place, the student involved, who may have been a victim of circumstances, manipulation, and bad advice, shoulders the consequences. No one else involved in the situation suffered nearly as much as Manuel—not the Wildcat coach at the time, Eddie Sutton, who advised Manuel to keep quiet at the NCAA investigation because, Sutton figured, nothing could be proved; not Sutton's son, Sean, who was also about to join the University of Kentucky basketball team, and who drove with Manuel to the test site and then denied doing so because he feared he had violated NCAA regulations; and not Shearer.

Coach Sutton took the head coaching job at Oklahoma State, as the pattern of recruiting violations started to catch up with Kentucky and landed the school on probation from the NCAA. His son Sean followed. Shearer, who was not a college athlete, was not subject to an NCAA investigation. In the end, Manuel wound up at an

NAIA school, Oklahoma City, but not because he followed Dove's advice. Manuel got the "death penalty"—permanent ineligibility—from the NCAA, so the NAIA was all that was left available to him.

Choosing the right counselors is critical for high school athletes selecting a college. This is not an easy task. Top football and basketball players, in particular, are recruited with a bewildering level of intensity that often leads to rule breaking. A highly regarded college football or basketball prospect can help bring millions of dollars to his university in a number of ways. Such players help their teams succeed in lucrative postseason tournaments; they improve their schools' athletic programs and help draw alumni contributions; they boost ticket sales and television deals with networks; and they help promote sales of team-related jerseys, pennants and other goods. They can even increase enrollment by drawing national attention to the school. Because so much money is involved, the process can easily become corrupted.

Eric Manuel is far from the only high school athlete who lost the opportunity to play major college sports because of a rule violation. Obviously, the NCAA cannot allow students who cheat on college entrance exams to participate in college athletics. But while the NCAA can be excused for looking at this case in a cut-and-dried manner, Manuel's situation brings to light some common criticisms of its enforcement policies and actions. The NCAA made little or no effort to get to the root of the violations. This is typical of the NCAA. The apparent attitude is that whatever the reason for the violations, they are the student-athlete's problem. Student-athletes, it often seems, are held to a higher standard than others involved in college sports. For example, the NCAA does not allow student-athletes to appeal its decisions, although colleges can appeal on behalf of students. Coaches and schools, on the other hand, have the right to appeal NCAA actions brought against them.

The message, therefore, is that the student-athlete must look out for himself or herself. That means being very suspicious of anyone who could possibly have an ulterior motive for offering advice. In particular, people representing colleges and universities who appear just before one enters college should be treated with skepticism. In the end, the wisest course of action for a student-athlete is to learn the NCAA rules and obey them to the letter. Anyone who recommends breaking these rules should be ignored. As Phil Weber, an assistant coach of Iona's men's basketball team and a former star point guard at North Carolina State, advises, "Be careful about who you listen to. Look at the motives of your advisors and ask yourself, 'Is there a payoff down the line for them?'"[4]

Manuel's predicament also shows how critical it is for athletic-scholarship candidates to concentrate on their academic performance. In the sports that do not generate millions of dollars, the trend among universities is to focus on academic performance as well as athletic ability. Anyone who does not meet the NCAA's academic standards is far less likely to receive scholarship aid than someone who has compiled a strong academic record in high school.

2

ACADEMIC STANDARDS

From the time of its founding in 1905, setting academic standards for student-athletes has been one of the NCAA's primary challenges. As soon as rivalries between schools started to be played out on the fields as well as in the classrooms, universities started to value athletic ability so much that talented student-athletes' academic failings often were ignored. From the start, one of the NCAA's principal tasks was to try to ensure that the academic standards of the universities involved were not compromised by the recruitment of student-athletes who were not capable academically.

The challenge became increasingly difficult as college athletics developed into a multimillion-dollar business with far more at stake than mere on-the-field bragging rights. Now, with huge sums of cash, television deals, a college's entire image, and sometimes the expectations of an entire state, such as Nebraska, Kansas, Kentucky, and Indiana, not to mention coaches' and athletic directors' jobs, riding on the success of athletic programs, the pressure to recruit talented athletes,

regardless of their academic ability, is more intense than ever. And when players bring in millions of dollars for their universities and are idolized for their athletic talents, it is easy for them and their colleges to put sports ahead of schoolwork. Yet the NCAA clings to the ideal of the student-athlete who is a student first and an athlete second. The ideal is for the student-athlete to learn valuable lessons from sports— such as teamwork, competition, and sacrificing for a shared goal—and to implement these lessons in a life outside of athletics after graduation.

It is hard to say for what percentage of college student-athletes, coaches, alumni boosters, and faculty this is a realistic ideal. In an attempt to ensure that student-athletes achieve and are capable of achieving at least a minimum level of academic progress in college, the NCAA has created a number of regulations governing academic eligibility upon entering school and maintenance of this eligibility during schooling.

The NCAA rule Eric Manuel was found guilty of breaking was Proposition 48. The rule includes several academic standards, aside from a minimum performance on college entrance exams, that incoming student-athletes must meet to receive athletic scholarships and to be eligible to participate in NCAA sports.

The student-athlete must graduate from high school. In addition, he or she must have a high-school grade point average (GPA) of at least 2.0 on a scale of 1.0 to 4.0—the equivalent of a C average. This average is based on the best eleven grades in academic courses known as the "core curriculum." Student-athletes must also *pass* each of the courses in the core group, which is slated to be expanded to thirteen courses in August 1995. The extra two courses will be

English, mathematics, or natural or physical science. The curriculum includes at least three years of English, two of math, two of social science, and two of biology, chemistry, or physics (one of which must be a laboratory class, if offered at the high school). The minimum SAT score is a combined 700 out of a possible 1,600 on the math and verbal sections of the test. The corresponding ACT minimum is a combined 17 out of 38 on the math and verbal.

The standards are scheduled to be changed in August 1996. Depending on the student's grade point average, the NCAA has set a sliding minimum standard for performance on the college entrance exams. In addition, the minimum standardized test scores will be lowered for students with good enough grades. A student-athlete with a GPA in the core curriculum of 2.75 or above will be required to achieve a 600 or higher combined SAT score, or a 15 combined ACT score. A student-athlete with a GPA in the core curriculum of only 2.0 must do considerably better on the college entrance exams to prove his or her ability to perform college-level academic work. He or she must score a combined 900 on the SATs, or a combined 21 on the ACTs. For GPAs in between 2.0 and 2.5, the college entrance exam requirements slide from 700 to 900 on the SATs and from 17 to 21 on the ACTs. While the changes do not seem drastic, a *Sports Illustrated* study conducted just after the changes were approved in 1992 determined that nearly four out of ten college freshman football and basketball players in 1988 *would not* have been eligible under the new guidelines.[1]

Prospective student-athletes' eligibility is monitored by the initial eligibility clearinghouse, a centralized data bank of test scores and high school transcripts. Student-athletes must register with the clearinghouse before they begin participating in college sports. The NCAA recommends that people apply early in their senior year, so if an eligibility problem is discovered, there is still time to do something about it.

The idea of prohibiting freshmen from participating in sports is not new. Nor are minimum requirements for performance on the college entrance exams. The Atlantic Coast Conference, which includes schools such as North Carolina, Duke, and Georgia Tech, set a 750 combined SAT minimum for incoming student-athletes in 1960. Over the years, eligibility rules have changed frequently. Freshmen were not allowed to participate in NCAA sports at all from 1922 through 1944, or from 1947 to 1968 (until 1972 for football and men's basketball players). Many present-day educators and coaches think freshmen should be prohibited from NCAA competition, to ensure that the student-athletes handle college academics—as well as college social life—before being thrown into the high-pressure, competitive sports environment that takes up so much of their time and energy.

Despite its historical precedents, Proposition 48 has been extremely controversial. Several coaches, led by four black basketball coaches— Georgetown's John Thompson, Temple's John Chaney, USC's George Raveling, and Marian Washington of Kansas—say the standardized tests discriminate against inner-city, minority kids who have not had the same academic opportunities as others in high school. These four have implied the standard is therefore often racist.

Student-athletes such as Rumeal Robinson exemplify another side to the story. Robinson came out of Cambridge (Massachusetts) Rindge

Every year, high school students take the SAT, an exam that helps colleges evaluate their academic standing. In 1983, the NCAA enacted Proposition 48, requiring that incoming student-athletes score at least 700 out of a possible 1,600.

and Latin in 1986 as a star basketball player without many academic accomplishments. He was heavily recruited nonetheless, and decided to attend the University of Michigan. Robinson was in one of the first classes that had to comply with Proposition 48. Because of his low test scores, he had to sit out his first year of college sports. And in his case, Proposition 48 worked as it was intended to. Robinson adjusted to college life and got himself on track to receive a degree, which is exactly what he did when he graduated in 1990, the year after leading the Wolverines to the NCAA title.

For every Rumeal Robinson story, however, there is a corresponding story of a student-athlete who was denied a college scholarship because no schools wanted to use up a scholarship slot while he or she sat out in compliance with Proposition 48. High-school student-athletes must be exceptional talents for universities to give up a scholarship for a year while waiting for them to gain eligibility to play. And if Proposition 48 has been controversial, its cousin, Bylaw 14.3, better known as Proposition 42, has been even more so. Proposition 48 merely denies those who fail to meet the academic requirements a year of eligibility. Proposition 42 denies them the opportunity even to receive an athletic scholarship at a Division I college—the most competitive division in the NCAA—if their academic records do not meet NCAA standards.

According to Proposition 42, high-school student-athletes who fail to meet the grade point standard of Proposition 48—those who do not maintain at least a 2.0, or C average, in the core curriculum in high school—are not eligible for athletic scholarships at Division I universities even if the students and the institution are willing to wait a year before the student is allowed to participate in sports. Student-athletes who meet the overall grade point standard but not the core course GPA minimum or the college-entrance-exam standard can receive financial aid based on financial need, not on athletic ability, and are not eligible to play NCAA sports in their freshman year. Starting in August 1996, such "partial qualifiers" will be eligible to receive athletic scholarships, although not to practice or compete in their freshman year.

The intention of Proposition 42 is to keep students who are not qualified for university-level academics out of Division I schools. Prop 42 also is meant to motivate high-school athletes to pay attention to academics and maintain at least a C average. This rule is particularly controversial because, its critics argue, it denies some student-athletes who have not benefited from good learning environments in high school—through no fault of their own—the chance to blossom in college. Proposition 42 opponents maintain that inner-city or impoverished rural kids—many of whom come from single-parent homes—often have to work and take care of younger brothers and sisters to help support their families, leaving little time for schoolwork. These kids often attend the worst schools, where learning is most difficult, and they receive very little, if any, individual academic attention. A high percentage are from inner-city slums, where they grow up amid rampant crime, violence, and drug use. Athletic scholarships traditionally have promised a way out for such kids, one that critics claim is no longer as readily available because of Proposition 42.

Proposition 42, however, is not so rigorous for Division II schools. Student-athletes who pass only one of the two academic standards, either the grade-point-average test or the standardized test, can win athletic scholarships at Division II schools. They cannot, however, participate in sports their first year. And those who do not meet either academic requirement can still receive financial aid from Division II schools, so long as the aid is not based on athletic ability. Division III athletes are not allowed to be awarded financial aid based on athletic ability under any circumstances but only aid based on need.

Many high-school student-athletes who do not meet the NCAA eligibility standards for Proposition 48 or 42 attend junior colleges (which

Many charge that Proposition 48 discriminates against minority students, who they feel have not had equal academic opportunities. Because of this policy, Rumeal Robinson of the Michigan Wolverines had to sit out his freshman year, but after adjusting to college life, he led his team to an NCAA title.

are not regulated by the NCAA) with the goal of improving their academic performance and transferring to an NCAA school. Basketball stars Keith Smart, who helped Indiana win the NCAA championship in 1987, and Larry Johnson, who led the University of Las Vegas at Nevada to the title in 1990, both attended junior colleges before going on to Division I universities. They were able to play basketball at the junior colleges and transfer to Division I universities without losing any eligibility.

It is critical for high-school student-athletes to know all the eligibility rules and to try to fulfill them in order to keep open as many college options as possible. Following are the key details of the regulations.

> • In assessing athletic scholarship eligibility, the NCAA considers core curriculum courses taken in grades nine through twelve.
> • Summer-school classes can be included, so long as they are not taken after the twelfth grade.
> • Student-athletes who repeat an entire year can use the grades achieved in the makeup year for their GPA.
> • Courses for the learning disabled or handicapped may be included in the core group, so long as the high school's principal writes a letter stating that the courses cover similar material and apply comparable grading standards to classes given to students who are not learning disabled or handicapped.

The NCAA has set a number of standards, aside from the minimum performance requirements, for the college entrance exams.

> • The tests must be taken before the July 1 immediately preceding the student's entrance into college.
> • Six dates a year are sanctioned for taking the SATs, and a seventh is allowed in eleven states.

• Five dates a year are sanctioned nation-wide for taking the ACTs.
• Student-athletes may take the tests as often as they desire and use the best math and verbal scores achieved, even if they were not scored on the same date.

Of all the academic requirements, taking the test on one of the sanctioned days would seem the easiest to fulfill. But that does not mean student-athletes always do. Through either carelessness or ignorance of the rule, some student-athletes have suffered because they took their college entrance exams on the wrong day. Tracy Graham lost a season of eligibility on the Iowa State women's volleyball team because her ACT test date was not sanctioned by the NCAA. A strong B+ student with no academic problems in high school, she took her ACTs in July 1986 after her junior year of high school. Although Graham easily surpassed the combined 17 minimum, the NCAA refused to recognize her scores. She had been competing in a high-school track meet on the prior approved testing date in April—otherwise she probably would have taken the test then. She did not know the July test date was not sanctioned.

The most casual observer can see that Graham was a strong student, but even though universities throughout the country recognized her ACT test score as legitimate, she was deemed ineligible for NCAA competition because of the technicality. Graham and Iowa State appealed the decision to four different NCAA committees. They all turned her down. Instead, the NCAA unanimously passed a measure to create a council of experts who can make exceptions in eligibility cases when superior academic records are involved. Graham immediately appealed to this council and had her eligibility restored, but not before missing a volleyball season.

The NCAA has sought to create a system of rules that guide the eight-member Committee on Infraction—which judges all alleged violations of NCAA rules—in how to handle every imaginable eligibility situation, even while recognizing that circumstances can arise where the rules fail to accomplish their goals. As the Graham case shows, always strictly following the rules sometimes forces the NCAA to act in ways that defy common sense.

The Graham case was particularly controversial because at the same time that the NCAA was taking what seemed to be an unnecessarily hard line with her, it accepted the appeals of three college football players who faced suspensions for much more serious offenses. Teryl Austin, a former University of Pittsburgh defensive back, was suspended for taking $2,500 from a pro agent, Norby Walters, in violation of NCAA rules. Former Auburn University quarterback Jeff Burger was suspended for being bailed out of jail by an Auburn assistant football coach after getting into a fistfight. And University of Minnesota quarterback Ricky Foggie was suspended for taking a plane ticket from an assistant coach as a loan. Burger had his entire eligibility restored; Austin and Foggie's suspensions were reduced to two games once Austin repaid the $2,500 to Walters and Foggie repaid the money for the plane ticket.[2]

The punishment of these football players, who played in major programs that brought millions of dollars to their schools, seemed suspiciously light when compared to the tough sentence imposed on Tracy Graham, who played a sport that generated little money for her school. Indeed, the comparison helped support some NCAA critics' arguments that a double standard for NCAA enforcement exists: one set of guidelines for bigtime, big-money sports and another for smaller, less popular sports programs. The NCAA denies this is the case.

The NCAA does not lose interest in student-athletes' academic performance once they enter college. However, the standards are set by the individual schools as much as by the NCAA. As the 478-page NCAA manual says, to be eligible to play intercollegiate sports, "A student-athlete shall be enrolled in at least a minimum, full-time program of studies, be in good academic standing and maintain satisfactory progress toward a baccalaureate or equivalent degree."[3] But for the most part, *each college* determines what constitutes a "minimum program of studies," "good academic standing," and "satisfactory progress."

The NCAA, however, also has some jurisdiction in this area. The NCAA requires college students to take a full-time course load and has set up rules to try to ensure that student-athletes stay on track to graduate from their schools. For example, student-athletes entering their third year of college must have completed at least 25 percent of their degree requirements, and student-athletes entering their fourth year must have completed at least half of the degree requirements. In addition, student-athletes entering their third year must have a cumulative grade point average of at least 90 percent of the college's minimum GPA for graduation. And by the start of the fourth year, the GPA must be at least 95 percent of the college's minimum. At Division II schools, GPA requirements are spelled out even more clearly. To be eligible to continue to participate in Division II athletics, student-athletes must maintain GPAs of at least 1.6 (on a scale of 1.0 to 4.0) after their first season, 1.8 after their second season, and 2.0 after their third season. Student-athletes at Division I and II schools also must choose a major by the beginning of their third year and make satisfactory progress from then on toward meeting the specific degree requirements of that major.

There are exceptions to the full-time course-load rule. A student-athlete who still has eligibility can continue to play on a team even after graduating from college if he or she is working full-time or part-time toward a postgraduate degree at the same school. This rule most often affects student-athletes who were "red-shirted" their freshman year—that is, student-athletes who were eligible but did not play during the year. They sometimes graduate after four years with a year of athletic eligibility remaining. They can take advantage of this rule to keep studying and keep playing. Another exception to the full-time course-load rule holds that student-athletes who have accu-mulated extra credits can take fewer than the standard number of course hours in their final year, so long as they are taking enough courses to graduate.

Most student-athletes who transfer from one school to another have to give up a year of eligi-bility and spend a year at the new school before participating in NCAA athletics. Student-athletes who have not participated in athletics at their old school who transfer to Division III schools are not subject to the one-year residence requirement. And transfers from two-year junior colleges can avoid the one-year residence requirements as well. If the student-athlete met the high-school academic and standardized test requirements that would have allowed him or her to participate in Division I sports as a freshman and either received a two-year degree with at least a 2.0 GPA or spent at least two semesters at the junior college, while averaging twelve credit hours per semester and maintaining a 2.0 GPA, he or she is eligible immediately for NCAA sports. Junior college student-athletes who would not have been eligible for NCAA sports upon entering college as freshmen can avoid the one-year residence requirement if they earn a junior college degree with a 2.0 GPA and spend at least three semesters or four quarters at a junior college.

3

ACADEMIC COMPROMISES

Propositions 42 and 48 and all of the NCAA's other academic rules are designed to make sure that student-athletes get a legitimate college education that is up to the standards of their universities. Unfortunately, the rules are not always effective. Some student-athletes and universities try to get around the regulations through outright cheating. Other students and sports programs, with the encouragement of their schools, work to sidestep the rules, skating on the edge of what the NCAA allows. Doing this may be in the best interest of coaches and athletic departments, who want to keep the best players eligible, but it rarely is in student-athletes' best interest. They wind up without legitimate educations and with limited job prospects after their eligibility is used up.

At many colleges, coaches and athletic departments apply pressure on professors and academic deans to do what is necessary to keep student-athletes eligible. The result is that many student-athletes take the bare minimum of academic

courses and never exert themselves in their schoolwork. Student-athletes are famous for taking "gut" courses—classes in which it is relatively easy to make good grades. They often are encouraged to do so by their coaches. Even the brightest student-athletes face pressure to avoid tough courses so they will not be distracted from their athletic training and practicing.

As far back as 1961, when Arthur Ashe entered the University of California at Los Angeles with the intention of pursuing an architecture or engineering major, his tennis coach, J. D. Morgan, persuaded him that doing so and playing tennis would be too demanding. And so Ashe, clearly a very bright and motivated student, became a business administration major. However, he took his education seriously. His courses in his major undoubtedly helped him become a successful businessman during and after his tennis career. But he was encouraged to sacrifice his academic goals so he could better meet his school's athletic demands. There are many more-extreme examples of student-athletes putting sports ahead of learning, often with the encouragement of their schools, to the point that they hardly were students at all. Kevin Ross, a former Creighton University football player, for example, sued the school for failing to teach him even how to read.

Academic problems among student-athletes usually emerge before college. And the student-athletes often begin on a course of cheating to get around the rules in high school or before. Wayne Buckingham led his Atlanta high school, Southside Comprehensive, to the Georgia state basketball championships in 1990 and was a hotly recruited prospect. He wound up going to Clemson, but he lost eligibility when it was discovered that he had not met his high school's academic requirements. The investigation that ensued looked into alleged recruiting violations by Southside, altered transcripts at the high school, misuse of booster funds, and allegations that Southside players were "sold" to colleges. Without a national high school sports authority, such investigations, which are outside the NCAA's normal sphere of responsibility, are rare, so it is easier for high schools to get away with improper practices aimed at keeping student-athletes eligible than it is for colleges.[1] The NCAA is set up and funded by its members, colleges, and universities. It does not receive outside financing, although given the huge sums of money involved in college sports, it has access to plenty of capital. The NCAA does not define its role, however, as policing anything but college sports.

The experiences of J. R. (later to be renamed Isaiah) Rider at summer school and the University of Nevada at Las Vegas (UNLV) in 1992 and 1993 are a good example. In 1993, Rider was discovered to have cheated to retain his college eligibility the year before. Rider earned just nine credit hours in the 1991–92 school year and faced a tough challenge to retain eligibility for the 1992–93 basketball season. He needed to accumulate fifteen credit hours in the 1992 summer session at a local community college, no mean feat, considering that the normal summer-session course load is ten credit hours. But there were plenty of people in Las Vegas interested in seeing the basketball team's best player take on the heavy course load and pass.

The summer session was a disaster. One of Rider's teachers said she had been pressured into giving him a passing grade. Then the *Las Vegas Review-Journal* published photographs of three handwritten tests that Rider submitted during the summer term. It was obvious the handwriting on each test was not the same. One of Rider's tutors, Kevin Campbell, came forward to admit he had taken one of the tests for Rider.

UNLV accused Rider and the tutor of academic fraud. Rider was suspended from the school, but not until the basketball season was over. He was defiant about the subject, holding a news conference in which he blamed UNLV for the scandal: "I have been hung out to dry publicly by the university administrators who refuse to accept their own responsibilities. I obviously didn't choose the courses without input from the university staff; I obviously didn't choose to take classes at the community college without input from the university staff. I obviously did not obtain a tutor without input from people at the university."[2]

While Rider must be held responsible for cheating, there is something to his argument. Until it was publicized that he had cheated, the university did whatever it could to keep Rider eligible. After all, he was a huge source of income and prestige on the basketball-crazy campus of UNLV. Once the basketball season ended and the cheating was uncovered, however, UNLV cut Rider loose as fast as possible. The school's attitude is evident in the way it handled an investigation into a claim made by Rider's summer-school English teacher. She told UNLV that she had been coerced to pass Rider by unnamed university officials. She made the accusation the day before the Big West Conference postseason basketball tournament was to begin at the end of the 1993 season. A three-day investigation by UNLV's athletic department deemed Rider eligible to play. It was not until the school faced pressure from outside, brought on by the newspaper article, that it took action on Rider's cheating.

The *Review-Journal* did not publish Rider's tests until after the Big West tournament was over, at which point Rider's UNLV basketball career also was over. The school had little to lose by taking a sanctimonious and harsh attitude. It had gotten from Rider what it wanted. Rider did not suffer terribly for his allegiance with UNLV either. He was chosen by the Minnesota Timberwolves in the first round of the National Basketball Association (NBA) draft and signed to a multimillion-dollar pro contract. A less talented student-athlete, however, could have lost his or her chance for a college degree while concentrating on retaining athletic eligibility.

Professors at schools with major sports programs often will admit off the record that they are pressured from time to time to pass student-athletes. Another incident where a college's coercion created a big stir occurred at the University of Georgia. Jan Kemp worked at the school's remedial studies program for several years, frequently dealing with student-athletes, until she was let go in 1983. She claimed afterward that she was fired because she gave failing marks to some student-athletes after the school directly told her to find a way to pass them or at least give them "incompletes." She sued the school, claiming her right to free speech was violated by the handling of the situation, and won a $2.5 million settlement. Ironically, Kemp was a sports fan. She loved being

The NCAA has set rigid academic requirements for students so that they may profit from the learning atmosphere colleges and universities have to offer.

at Georgia and going to watch the school's teams. But that did not mean that she was willing to compromise her ethical standards by awarding a passing grade to a student-athlete who had not earned one. Many professors do not care at all about sports. They no doubt find the pressure some schools place on them to treat student-athletes differently even more disturbing.

One result of applying this type of pressure on professors is that many instructors wind up in an adversarial relationship with student-athletes. The situation hurts those student-athletes who take their academics seriously. Many professors are not terribly fond of, or friendly with, student-athletes. According to Gary Fink's *Major Violation: The Unbalanced Priorities of College Sports*, 55 percent of all Division I college football and basketball players believe their professors do not think of them as serious students.[3]

And it is not only the professors who feel that way. Student-athletes, used to being heroes in their high schools, find they are not universally loved once they get to a university. In an environment of serious learning, where most of the students are there to study, many student-athletes are looked down upon as "dumb jocks." By funneling the student-athletes into the same courses, housing them in the same dormitories, and scheduling as much as thirty hours a week of practice, most schools almost ensure that their student-athletes will be separated from the rest of the student body. An atmosphere is created where schoolwork is looked upon by student-athletes as a necessary evil, something they have to do—or at least pretend to do—to continue to play their sport.

Other students, even if they cheer their hearts out every Saturday at the football game, resent it when a group of football players in one of their classes rarely show up for class and have a tutor to take notes for them on the few occasions that they do attend. Student-athletes who take their education seriously must prepare for the roadblocks they may face, and should look for a school where student-athletes are integrated into regular campus life as much as possible.

The vast majority of college student-athletes, even those at elite Division I universities, will never be good enough to turn professional. For them, the opportunity to get a good education free or at a reduced rate should be a reward for representing their school in sports. Because student-athletes are not allowed to receive money for their athletic contribution while in school, a degree is one of the few tangible rewards that most of them obtain from college. Student-athletes, therefore, should keep this goal in mind at all times.

Since the NCAA enacted Propositions 42 and 48, universities have become concerned about high-school athletes' academic records in a way they never were previously. Universities often pay for tutors to help high-school student-athletes who have committed to attend their institution and who are having trouble meeting the academic requirements imposed by Proposition 42 or 48. The universities want to help the students prepare for the college-entrance tests so they will be eligible to play sports in their freshman year. But the NCAA does not allow its member schools to pay for high-school tutoring. One popular SAT coach, Dr. Charles Offertl, tutored Derrick Phelps and Brian Reese, both University of North Carolina basketball stars, as well as Dennis Scott of Georgia Tech. Dr. Offertl, it has been charged, was paid by the universities.

Much of the NCAA rule breaking regarding the college-entrance exams is more obvious. Vic

Adams and scores of other so-called street agents, are known for befriending great inner-city high-school basketball players by hanging around with them, going to their games, buying them sneakers and other gifts, and even giving them spending money when they are as young as thirteen years old. The street agents build and maintain friendships with the kids. When the kids are old enough to go to college, the street agents' "advice" on which school to attend often plays a big role in the choices made.

Adams, and several of the other alleged middlemen, are said to charge a fee for their influence. Figures as high as $20,000, sometimes more, are quoted for delivering a top prospect to a given college. Sometimes the fee is split with the student-athlete; sometimes the student-athlete is not even aware that an auction for their services is taking place. When so much money is at stake, the street agents are going to do everything they can to prevent letting some inconvenience like an imperfect academic record undermine the time and energy spent cultivating a young athlete. At least two college coaches said that Adams boasted he could solve any transcript problems for incoming students, according to *Raw Recruits.*[4] When it seems clear that academic records can be altered without the student-athlete's involvement, Eric Manuel's claim that he was not involved in any cheating in his ACT test becomes more credible.

Most universities, however, put far more effort into ensuring that student-athletes are eligible after they have enrolled. Usually this is done legitimately—special tutors help student-athletes with their courses, and advisors help them choose which classes to take. These tutors are particularly important for the many student-athletes who enter college with a weaker academic background than other students. And unlike the incidents at UNLV with Rider or at Georgia with Jan Kemp, the tutors usually are encouraged by their schools to do their jobs within NCAA rules. A somewhat less innocent, but still legal practice, according to NCAA rules, is pushing student-athletes into the easiest courses. Some of these classes are so easy that getting a passing grade merely requires showing up a few times a semester.

The Introduction to Architecture class at Oklahoma State University had a reputation for being just such a free-ride class in the 1980s, according to *Major Violation*. One year, however, the teacher got fed up with what was occurring in his classroom. Twenty or so football players would sit in the back of the class, if they showed up at all, and would either talk loudly to each other or sleep, sometimes snoring noisily enough to disrupt the rest of the class. The teacher started giving a quiz during each class, telling the students that their quiz scores would go a long way to determining their grades. After several such quizzes, all twenty of the football players were failing, and the teacher started to get a little worried that he might have to assign too many Fs. He decided to ask the easiest question possible on the next quiz: "What is the name of this class?" At least six of the football players did not know the answer.[5]

The NCAA has not ignored the problem of colleges emphasizing student-athletes' eligibility rather than their education. And several high-school and college coaches agree that the increased public awareness and outrage at colleges that do not take teaching student-athletes seriously have forced changes. The NCAA rules that require student-athletes to take a percentage of their courses in their major make it nearly

It is important that incoming student-athletes adjust to the social environment of a college campus as well as academics and their sports training.

impossible to take a course load full of "guts," according to Iona's assistant basketball coach, Phil Weber. There has been a significant change in the area over the past five to ten years, he stresses. Michael Huey, the soccer, tennis, and basketball coach at Mattituck High in Long Island, agrees that there has been an improvement during the period and notes that it has affected how colleges recruit high-school student-athletes. The universities are much more interested in academics because they do not want to waste scholarships on student-athletes who will not be able to handle the academic course load, Huey believes.

Nonetheless, some schools still do not take educating student-athletes seriously. There are several things a prospective student-athlete can look for to get a sense of whether his or her education will be deemed important by a given school, or whether he or she will be looked upon merely as an athlete who has to go to class to remain eligible to play sports. First off, the graduation rate of student-athletes at the school and in one's sport should be considered. According to the NCAA, the proportion of students who participate in NCAA-sanctioned sports who graduate is comparable to that of students in general. As of the end of 1992, 54 percent of all students who entered NCAA colleges between 1983 and 1986 graduated, and 53 percent of all student-athletes graduated. However, only 41 percent of men's basketball players graduated, and 47 percent of football players. African-American football and men's basketball players graduated at significantly lower rates—36 percent and 32 percent, respectively. The overall statistics include some truly alarming numbers for many individual universities. At Texas A&M, for example, only 14 percent of the African-Amercan football and men's basketball players who had enrolled between 1983 and 1986 had graduated by the end of 1992.

Another indication of academic integrity are the most popular majors for the student-athletes. The traditional majors at most universities require that students take and pass a number of core courses. These are standard courses that require hard work and concentration. Many universities that want to make it as easy as possible for their student-athletes to maintain eligibility allow specialized, less rigorous majors. Schools in which the majority of student-athletes are "General Studies," "Social Science," or "Social Science General" majors may well be trying to pave a simple academic path for their student-athletes that will not give them a decent education. Student-athletes in these majors can choose whichever courses they please and avoid difficult classes. In addition, many schools help their student-athletes accumulate "cheap" credits by holding minisemesters, which offer relatively easy courses during vacation.[6]

While the greatest level of academic abuse takes place in the top-level Division I schools and in the most profitable sports, a tennis coach at a Division II school would feel much of the same pressure to win as the basketball coach at the University of Kentucky. Both coaches are allowed only a certain number of scholarships. Both want to get as much talent and production out of each scholarship as possible because both have to produce winning teams to keep their jobs. All coaches, therefore, try to ensure that all of their players stay eligible. At too many institutions student-athletes are encouraged to think of academics only as a means of maintaining athletic eligibility.

RECRUITING

Marcus Dupree was special. Even when he was a seventeen-year-old entering his senior year of school, it was obvious. He had a rare combination of speed, elusiveness, power, and competitive fire, all packaged in a 6-foot, 3-inch frame. Great athletic prospects often are reduced to numbers by recruiters, sports reporters, and fans. And Dupree's "numbers" were phenomenal: 4.3-second speed in the 40-yard dash, 360-pound bench press, and a 6-foot-3, 222-pound body, even as a high-school junior. But all these figures would not have meant a thing to college football recruiters if Dupree could not play football. The most important numbers were 5,284 and 87. Those were the total yards he "rushed" for and touchdowns he scored in his high-school career. The TD tally was a high-school record, barely beating the previous mark, which had been set by future University of Georgia and Dallas Cowboys star Herschel Walker only a few years before. During his four years in high school, Dupree averaged 8.3 yards per carry. He scored a total of fourteen touch-

downs in his last three games to take Walker's record. He was a tremendous talent, and he was wanted by college football programs around the country.

Dupree's recruitment was a circus. The carnival started when he was in eleventh grade—over 100 colleges contacted him—and intensified as his decision loomed. As Dupree narrowed down his choices, the competition among the remaining colleges became truly cutthroat. School representatives spread rumors about other colleges, trying to steer Dupree away from any university that appeared to be getting an edge. Meanwhile, the people of Philadelphia, Mississippi, became involved in the process. Dupree was bringing them a degree of national attention they had not experienced since thirty days after his birth in 1963, when Philadelphia was the site of three infamous murders. One local African-American man and two New York whites were working together on a voter registration drive of African-Americans in the area when they were murdered in one of the saddest, most shocking events of the civil rights movement. The vicious killings tarnished the area's reputation throughout the country. In 1981, the townspeople were immensely proud of Dupree, an African-American, and relieved he was able to turn the national spotlight on their village in a positive way.

The townspeople desperately wanted the best football player their state had ever produced to stay close to home. But the University of Mississippi, known as "Ole Miss," had a great deal to overcome to lure Dupree. The institution had to fight against its own racist reputation—a reputation fueled by its insistence on flying the Confederate flag at football games even after many African-American students protested. The students complained the flag represented the South's history of slavery, and flying it was insensitive and racist. Nonetheless, Dupree said Ole Miss was one of the contenders. He also said he was considering Mississippi State, which had a much less established football program. But neither would wind up with Dupree.

Once the talk in Philadelphia had it that Dupree was leaving the state, rumors started to circulate through the town that he was getting paid to go elsewhere. Several townspeople simply could not accept that Dupree would play football outside Mississippi; they were spiteful and wanted to punish him and whichever school he attended. Dupree himself did not do much to defuse the situation, though he can hardly be blamed. He was overwhelmed. He did not know what to make of all the conflicting advice he was receiving and found it difficult to come to a decision. Dupree wavered between schools, delayed his decision as long as possible, and acted in a way that made the process even more chaotic.

In a seemingly endless process, he whittled down the schools in contention to twelve, then to eight, then to five. He made a verbal commitment to attend the University of Texas, but then retracted the commitment to consider his options further. The hype surrounding Dupree's choice made it seem that the future of football itself was on the line. "Spies" from the various colleges still in contention descended upon Philadelphia, monitoring whom Dupree spoke to, where, and when. Nasty calls were said to have been placed to the Duprees' home, bad-mouthing the University of Oklahoma, which, according to the freshest rumors of the day, had moved to the top of Dupree's list. As the story goes, the calls were placed by Oklahoma alumni, who figured Dupree's mother would suspect Texas boosters were behind the nasty calls and get angry at Texas![1]

In the end, Dupree did choose the University of Oklahoma, where he went on to have a disappointing, injury-hampered college football career, marred by disagreements with Coach Barry Switzer. But the totally unsubstantiated talk of payoffs and bribery influencing his choice dogged him throughout the rest of his days in football, and the terrible recruiting process remained a thorn in his side for years to come. Dupree, a bright but shy kid who scored A's and B's in high school, was branded with the reputation of being stupid because of the indecisive way he handled his college selection. Jokes were made about his quiet southern drawl. Dupree did not cheat or take money. He handled his recruitment well within NCAA rules. But he would never fully recover from the ordeal of high-stakes nationwide recruitment.

Though legal, the recruiting process was completely out of control, and Dupree suffered from it. His story shows just what the NCAA is up against in trying to ensure that recruiting is done fairly. Recruiting student-athletes plays such a major role in determining college sports programs' success that many coaches and schools will do just about anything to try to get an edge. The NCAA is fully aware of this and it has, as a result, put together a long list of rules and regulations to try to keep the process clean, but it often seems the NCAA faces a nearly impossible task. While Marcus Dupree was a one-in-a-million athlete, and very few high-school students are put through the kind of recruiting gauntlet he endured, many student-athletes confront a toned-down version of what Dupree faced. And the top student-athletes today come up against even more recruiting pressure than they did in the early 1980s, when Dupree entered college.

The basic idea behind most of the NCAA's recruiting regulations is simple: all colleges should be on as equal a footing as possible when approaching high-school student-athletes. Therefore, universities and their representatives are not allowed to compensate student-athletes to play for their school. In general, the recruiting rules are strictest for Division I colleges—which attract the most talented and sought-after student-athletes—and least strict for Division III institutions. The most Division I or II schools can provide is an academic scholarship consisting of free admission, free room and board, free books, and free transportation to and from school. Division III student-athletes may not even receive athletic scholarships, although they can get academic scholarships based on financial need. The rules also try to prevent schools from harassing student-athletes when trying to persuade them to attend their institutions.

Despite the rules, colleges are famous for giving highly sought student-athletes the royal treatment. It is not at all uncommon for talented student-athletes, including those with impoverished backgrounds, to drive around campus in fancy sports cars. Many college students who do not follow NCAA sports but see the way athletes are treated on their campuses are not even aware that student-athletes are not supposed to be paid because it is so obvious they are getting special treatment. The well-provided-for student-athlete has become a cliché of our society—one that even those most closely involved in the abuses ridicule. The legendary Adolph Rupp, who coached the Kentucky Wildcats' men's basketball team for over forty years, amassing more wins than any college basketball coach in history, once joked, after watching a poor game by the Wildcats: "I can't believe this. All the money we pay these boys, and they still can't get my defense right."

"Hundred-dollar handshakes," in which sports program boosters—usually wealthy alumni—congratulate student-athletes with cash after good games, were common as early as the 1950s. The hundred-dollar handshake comes in many different forms—all of which violate NCAA rules. A student found guilty of accepting such "handshakes" can be stripped of his or her eligibility. And colleges where the practice is discovered can be forbidden to participate in NCAA sports. Nonetheless, illicit payments have become so common that the NCAA tries to limit the contact between school representatives and prospective student-athletes in an effort to curb the opportunities for such abuse of the rules.

Even so, examples of schools' paying student-athletes to attend them continue to mushroom. One of the more notable cases in recent years involved the Auburn University football program and Eric Ramsey, a defensive back. Ramsey taped hours of incriminating conversations with Auburn coaches, which he made public after he graduated. The tapes included talk of illegal payoffs, gifts, and even free steaks. As a result, the NCAA placed Auburn's football program on probation for two years. The school's coach, Pat Dye, resigned. At the same time the NCAA charged Auburn with the Ramsey violations, it placed Lamar University's women's basketball team and Oklahoma State's wrestling program on probation for paying student-athletes. Not all illegal payoffs involve football and men's basketball.

While the school doing the recruiting is responsible for following the rules, any student-athlete recruited in a manner that breaks NCAA rules, even if the student does not know a violation is occurring, is also implicated and suffers the consequences. As the *NCAA Manual* asserts,

> *The recruitment of a student-athlete by a member institution or any representative of its athletics interests in violation of the Association's legislation, as acknowledged by the institution or established through the Association's enforcement procedures, shall result in the student-athlete's becoming ineligible to represent that institution in intercollegiate athletics.*[2]

So high-school student-athletes must take the responsibility for learning the rules and making sure that their own recruitment does not violate any of these rules. Following is a look at some of the most important rules.

BOOSTERS

In Division I, boosters, who are defined as representatives of a college's athletics interests who don't have an official affiliation with the school, are prohibited from playing any role in the recruiting process that differs from their involvement with prospective students who aren't athletes. That means no personal contact, no phone calls and

Legendary Kentucky Wildcats' coach Adolph Rupp amassed more wins than any other college basketball coach in history. He is said to have joked about money paid to his players, highlighting the special privileges many people feel are given to student-athletes.

no letters from boosters above and beyond what occurs in the normal admissions process.

Boosters also are banned from participating in off-campus recruiting at Division II schools, although prospective student-athletes may receive letters from boosters, faculty members, or college students after September 1 of their junior year of high school. In Division II, a limited number of telephone calls from coaches, boosters, and faculty members is also allowed after the July 1 following a prospective student-athlete's junior year in high school. In Division III, unlimited off-campus contact by a college's athletic department, alumni, or boosters is allowed after the completion of the junior year of high school.

CONTACTS

The number of off-campus "contacts," in which college coaches meet with prospective student-athletes or their parents or guardians and say anything more than hello, is limited to three in Divisions I and II. "Evaluations," in which a college's coaching staff visits a high school to rate a prospective student-athlete's academic or athletic ability, are limited to four per academic year. For both divisions there are "contact periods," and "evaluation periods" that restrict the recruiting of football and men's basketball players.

SCHOOL VISITS

There is no limit on how many times prospective student-athletes may visit a college. However, only one such visit may be paid for by the school, the so-called official visit. The official visit must be completed during a prospective student-athlete's senior year and may not exceed two days.

Prospective student-athletes may take expense-paid visits to no more than five schools. In addition, student-athletes are not allowed to make "official visits" unless they give the college they are visiting their scores from either a PSAT, ACT, or SAT test that was taken on an NCAA-approved test date. Prospective student-athletes and their parents or guardians (but not their friends) may receive food, lodging, and free admission to campus events on their official visit. A guide or student host can help acquaint the prospective student-athlete with campus life and spend up to twenty dollars a day to entertain the prospective student-athlete, although the money cannot be used to buy college souvenirs or mementos.

PROMOTIONAL MATERIALS
Division I and II schools face restrictions on the type of information they can supply to prospective student-athletes. The NCAA tries to prevent schools from making aggressive pitches for prospective student-athletes with fancy, eye-catching marketing material. Colleges can provide only the following: official academic, admissions, and student services publications; one annual athletics publication printed in one color; one student handbook printed in one color; one wallet-size schedule per sport; drug-testing information; summer-camp brochures; general correspondence, including letters or cards, but no photographs of athletics personnel or student-athletes; newspaper clippings, so long as they are not assembled in scrapbook form; pre-enrollment information regarding orientation, conditioning, academics, and practice, but only for student-athletes who have signed letters of intent to attend the school.

Strictly prohibited are posters, decals, T-shirts, hats, cups, calendars, books, pictures, highlight films, recruiting videos, and press releases. Division II schools, unlike Division I colleges, are allowed to provide game programs so long as they do not include posters.

TRYOUTS

Division II schools can conduct one tryout per student on campus, but only within the following guidelines: the prospect must have completed his or her high school eligibility in the sport for which he or she is trying out and received written permission for the tryout from his or her high-school athletics director; the tryout cannot last longer than two hours; and no competition is allowed in football, ice hockey, lacrosse, soccer, or wrestling.

LETTERS OF INTENT

Once a prospective student-athlete chooses a college, he or she signs a "letter of intent." The earliest dates on which such letters can be signed are designated for each sport. Before the signing date, colleges can let prospective student-athletes know they will be offered an athletic scholarship, but the student-athletes cannot sign any form acknowledging that they plan to attend the university. These restrictions are designed to ensure that the student-athlete has had time to make the important decision carefully.

Before prospective student-athletes sign a letter of intent, there are strict rules about how they can interact with college personnel. Coaches cannot comment publicly on a prospect's ability, for example, but can only acknowledge he or she is being recruited. Colleges may not publicize in any way a prospect's visit, nor can they announce his or her presence at any function at which the media are present, such as a game or awards banquet. The NCAA tries to prevent colleges from gaining influence over prospects by flattering them in the press.

Even after a letter of intent is signed, publicity concerning the signing is strictly regulated. The school is not allowed to hold a press conference, reception or dinner to make the announcement, for example. However, any *student* who signs a letter of intent may arrange such a press conference to announce his or her signing—provided the university is not involved.

SUMMER CAMPS

The NCAA realizes summer camps serve as valuable recruiting tools, so the association regulates them as well. Universities hold camps in practically every sport, from basketball to diving. The camps provide an added source of income for coaches, but, more importantly, they give the coaches the chance to meet high-school student-athletes. They also give universities the chance to show off their facilities to prospects, and, if the prospects have a good time at the camps, to highlight the pleasant lifestyle at their campus.

Colleges may not pay for student-athletes to attend their camps. In addition, high-school seniors whom a certain school has recruited may not attend that school's summer camp. Restrictions regarding college student-athletes' participation as counselors are also enforced. Division I football and men's basketball players are not allowed to work at their own schools' camps as counselors. And only one member of a certain college team can work at another school's camp. The NCAA does not want a school's star athletes to lure prospective student-athletes. The NCAA also does not want the camps to serve as an extended practice session. Only six men's Division I soccer players can work at their school's camp. For other sports, there are no restrictions on the number of student-athlete camp counselors. Student-athletes cannot be paid more than the going rate for counselors. And the camps can provide student-athlete counselors with travel and room-

and-board expenses only if these expenses are paid for all counselors at the camp.

Campers who are being paid or who are receiving any other kind of compensation are also restricted. In essence, they can get trophies, but nothing else. Violations of the rules are held against the students and can jeopardize their eligibility. This occurred at a camp in the summer of 1993. A camp offered students $100 gift certificates for participating, and several of New York City's top college basketball prospects almost lost their eligibility. The camp assumed all the blame for what it claimed was an oversight that led to the NCAA violation, and in the end the NCAA did not penalize the students involved, but there were some scary moments for several basketball players, who made the mistake of assuming the camp administrators would not do anything to jeopardize their eligibility.

5

DODGING AND MANIPULATING THE RECRUITING REGULATIONS

When Danny Manning graduated high school in 1984, he was one of the top basketball prospects in the country. He was big—6 feet, 9 inches tall, very well coordinated, and strong—and he knew the game. Manning had grown up surrounded by basketball—not just playing hours a day, but studying the game. His father, Ed, was a former NBA player and served as Danny's teacher throughout his childhood. Danny became an extremely smart player. He seemed able to anticipate his opponents' moves even before they knew what *they* were going to do. He was also always aware of where his teammates were on the court and in which direction and position on the floor they were moving, or "cutting." He had the rare talent of elevating his teammates' play. Manning reminded many basketball fans of the incomparable Larry Bird. Like Bird, Manning could run an offense, rebound well, and play "inside," close to the basket, just as effectively as he shot the ball from the outside.

Needless to say, plenty of colleges wanted Manning to lead their teams. Only one, however—

the University of Kansas, coached by Larry Brown at the time—hired Manning's father as an assistant coach. The recruiting process was over once this occurred. No cheating involved. No illegal payments or gifts. But Kansas sure had an advantage. Would Larry Brown have hired Ed Manning had Danny not been about to enter college? It is possible, although unlikely. Ed Manning had been working as a truck driver when he got the call from Brown. He was not receiving coaching offers every day, but, then again, his son was not choosing a college to attend every day either.

Danny Manning went on to have a fabulous career at Kansas. He led the school to an NCAA championship in 1988, was named college player of the year, and was a top pick in the NBA draft. There is no apparent reason why he should ever regret having attended Kansas, but the fact remains that his choice was obviously influenced by his father's hiring.

Even colleges with sterling recruiting reputations, such as Kansas, sometimes bend NCAA rules or violate their spirit while technically staying within the letter of NCAA law. Hiring athletes' parents, relatives, or high-school coaches to college staffs is only one way to circumvent the rules legally. Colleges more frequently find other, sometimes incredibly intricate ways to compensate those who wield influence over top student-athletes for steering them to their schools. Some colleges also have figured out ways of offering students financial rewards without breaking NCAA rules.

Don MacLean was a highly sought-after basketball prospect coming out of high school in 1988. His high-school coach, Bob Hawking, lorded over his recruitment like a mother bear tending to her cubs. All college coaches had to go through Hawking to get an audience with MacLean. At first glance, it appeared that Hawking was trying to protect MacLean from a recruiting circus, but a closer look reveals that Hawking may have had personal motives as well. MacLean, a Los Angeles kid, at the strong prodding of Hawking, wound up staying close to home and attending UCLA. Perhaps not coincidentally, Hawking was on the verge of being offered a prized assistant coaching job at UCLA. UCLA, however, balked at the last minute. Even though the UCLA coach, Jim Harrick, had offered Hawking a $40,000-per-year assistant's position, the school decided it did not like the appearance that MacLean was coming with Hawking as a package deal.

Hawking, of course, was not pleased by the development. When he learned Harrick had violated NCAA regulations by making an "improper contact" with MacLean—talking to him more often than is allowed—Hawking reportedly let Harrick know the incident would be made public if he did not get a college job somewhere. Harrick used his connections to land Hawking an assistant coaching job at Pepperdine, where Harrick had coached before taking the UCLA job. Harrick's former assistant, Tom Asbury, was Pepperdine's head coach at the time, and he apparently still owed Harrick some favors.

It is not certain whether MacLean would have chosen a different school if Hawking had not pushed UCLA on him. But it does seem clear Hawking had a stake in directing MacLean to UCLA. MacLean, most likely, was unaware that Hawking had his own motives for the advice he offered. Kevin O'Neill, who tried to recruit MacLean to attend the University of Arizona, said he sent MacLean at least 900 pieces of mail during the process. The letters, as requested by Coach Hawking, were sent through his office. According to O'Neill, he joked with MacLean after MacLean committed to attend UCLA. O'Neill said he bet no other school sent MacLean as much mail as Arizona, and MacLean responded that he did not receive one letter.[1]

College coaches and recruiters seek an advantage over schools competing for the same prospects wherever they can find one. It is not just high-school coaches and relatives who are compensated for wielding influence over prospective student-athletes. Summer-camp directors and sneaker companies also can play a huge role in a student-athlete's choice of college without the athlete's even being aware of the manipulation. And the currency of choice is not always coaching jobs; sometimes it is hard cash.

The athletic shoe business grosses more than $2 billion a year. That doubles the NCAA's landmark $1 billion television contract giving CBS the rights to the annual NCAA basketball tournament for seven years. The top companies in the field—Nike, Reebok, and Converse—wield considerable power. Coaches at the best basketball programs around the country are paid huge "consultant" fees by sneaker companies, officially to give their opinions on shoe designs. With the fees come an unlimited supply of sneakers and other athletic supplies bearing the shoe companies' names and logos. The coaches, it is expected, will outfit their players in these goods. It does not take a genius to figure out that the coaches are not really being paid for their insight into sneaker construction. Shoe companies pay professional athletes hundreds of thousands of dollars for endorsements. At the college level, they can get an entire team and plenty of free TV

Duke's basketball coach, Mike Krzyzewski,
reportedly signed a contract with Nike to outfit
his team with their footwear. Coaches are
often criticized when student-athletes
promote products yet see no profit.

time through one intermediary—a coach. The system also helps the sneaker companies build relationships with budding stars who may turn out to be valuable commercial spokesmen if they turn pro.

In 1992, Duke's basketball coach, Mike Krzyzewski, signed what was reported to be a $6 billion, fifteen-year contract with Nike. Nike knows as well as anyone that the kids they want to buy their sneakers are not going to buy them because Mike Krzyzewski approves of the brand.

But when Grant Hill, Antonio Lang, Cherokee Parks, and all of Duke's other stars are seen in Nikes, the company executives figure, kids around the country will want to be seen in them, too. The players, who actually sell the products by wearing them in games, get nothing. The university, too, gets nothing, although Krzyzewski, one of the most respected coaches in the business, is said to be splitting the proceeds of his deal with Duke's athletic department.

The use of "middlemen," or street agents, to influence prospective student-athletes is more common and more underhanded. At one time, middlemen helped schools uncover talent in inner-city neighborhoods in cities around the country, finding athletes who played in areas so crime ridden that coaches and recruiters were too scared to venture into them. From the start, some of them charged for their services, and others worked as brokers, making sure the kids they delivered to universities received as much money as the university could afford. As college sports has become more of a big business, there are fewer and fewer neighborhoods where recruiters fear to go. Money is a great way to overcome fear. The middlemen's role has changed: they no longer discover talent; now they *represent* talent, while influencing student-athletes and exacting a price for their services from colleges and universities.

Rob Johnson was such a middleman, operating out of New York City, according to *Raw Recruits.* His involvement with Conrad McRae, a 6-foot, 10-inch center who played basketball at one of New York City's top academic high schools, Brooklyn Tech, was typical of the way he operated and a perfect example of how young student-athletes with talent can be taken advantage of. Johnson attended a Brooklyn Tech practice in 1987 and introduced himself to the coach, Mark

Festberg, claiming to be Syracuse assistant coach Wayne Morgan. Johnson managed to buttonhole McRae during a break in practice. The next day, McRae missed a mandatory practice. Some of Festberg's friends told him they saw McRae sitting courtside with Johnson at the Tip-Off Classic between Syracuse and North Carolina, which was televised from Springfield, Massachusetts. Only then did Festberg realize that he'd been lied to, that Johnson was not who he had claimed to be. It was, however, too late for Festberg to step in and prevent the McRae-Johnson relationship.

Although the practice was Festberg's first meeting with Johnson, it was not McRae's. At the end of his sophomore year, he had gone to a Syracuse summer camp, where he met Johnson. After the Tip-Off Classic, McRae began to spend more time with Johnson, began to get used to being treated as someone special, and it went to his head. McRae, a bright kid who had been a decent student at an academically difficult school, started to ignore his studies altogether. Those who knew him noticed a big change in his personality as well. He started to expect to be treated like a celebrity and became unpleasant when he was not. Where did McRae wind up going to college? No big surprise—to Syracuse. The story is familiar. The most heavily recruited high-school students often see what their athletic skills can get them, and they take advantage of it. They change from kids who love to play their sport and excel at it into kids who play the system too. As Wayne Simone, a basketball junkie who befriends high-school stars and legitimately tries to help them with their college decisions, says in *Raw Recruits*, "Recruiting is as dirty as hell from every perspective. It's not fair to the kids. It makes good people bad."[2]

But if characters like Vic Adams and Robert Johnson have a bad influence on many of the high-school kids they come in contact with, then the high-school coaches who play a similar role are worse. For they have so much power it is nearly impossible for high-school student-athletes to protect themselves. Chicago is famous for its money-hungry high-school coaches. *Raw Recruits* cites the account of an undisclosed L.A. college coach: "In Chicago there's a circle of coaches who control everything. They're a lot smarter than the guys out here. They don't let these third parties get involved and they don't lose control of the summer situation. If there's any money to be had, they get it."

Landon "Sonny" Cox coaches Chicago's most successful high-school basketball team, Martin Luther King High. His squad always seems to be among the top high-school teams in the nation, and it sends an average of four kids a year to college with scholarships. Cox also has a reputation for monitoring how his former players are treated once they reach college, taking care of them even after graduation. The best high-school players in Chicago seem to find a way into the Martin Luther King school district so they can play on Cox's team. His reputation, however, is not just for helping his students. Martin Luther King had to forfeit several games in 1982 for using ineligible players. Competing coaches claim that Cox shuttles players to and from school and summer league games, despite Illinois High School Association rules that prohibit providing such transportation.

Recruiting players who are under Cox's wing is an even touchier issue. One college coach says it costs between $500 and $1,500 merely to get the privilege of speaking to one of Martin Luther

King's top players. Other coaches talk of $5,000 price tags to get King players to visit their campus. Figures as high as $40,000 have been quoted for buying access to other players. Cox, of course, denies he sells players or access to them. So does Illinois coach Lou Henson, whose school has wound up with many of Cox's best players. But if the coaches and recruiters who have not had so much success landing Martin Luther King players can be believed, the high school players do not ever see any money, but it surely does pass hands among Cox's coaches.

Kevin Williams is a former Martin Luther King student-athlete who spoke out against Cox. Williams attended the University of Cincinnati, a school coached by Cox's good friend Tony Yates. "I really didn't want to go to Cincinnati," he recalled in *Raw Recruits*. "I wanted to go to the University of Tennessee. [Cox] wouldn't let me take my visits. I only took visits to Illinois and Cincinnati." Williams has no proof that Cox was paid off to send him to Cincinnati, but he claims this was well known.[3]

Williams wound up leaving Cincinnati; attending Arizona Western, a junior college; and then enrolling at Long Beach State. He was never a top-flight prospect; he did not have a future in the NBA. But he could have enjoyed his college basketball career much more than he did, and he

Some great student-athletes get their start on outdoor courts in inner cities. Unfortunately, many are recruited by "street agents," middlemen who charge colleges thousands of dollars for delivering promising young ballplayers.

could have received a better education had he attended a school that provided a better fit for him from the start. Williams felt used by Cox. He felt his wishes and needs were not taken into account, and he felt he was powerless to change the situation. Fighting the coach's wishes and visiting the schools he wanted to attend probably would have made Cox angry at Williams, and that could have resulted in less playing time at Martin Luther King, making it difficult for Williams to get scholarship offers from *any* school.

However, high-school coaches who take money to send their players to certain colleges are the exception, not the rule. But prospective college student-athletes must be aware of the possibility that their high-school coach is not always going to give them impartial advice. The coaches' motives have to be questioned just like those of any other "advisers."

Considering the frequency of illegal payments to student-athletes or their representatives, it is almost surprising to learn that there are several ways of giving cash to student-athletes that do not violate NCAA rules. The rules allow for a full academic scholarship, room and board, and money for books. Many recruiting competitors of St. John's in New York and of other big-city teams claim the schools have an unfair advantage recruiting local kids. Often the kids are paid a housing stipend, which in New York can be quite high, even though they continue to live at home.

The NCAA stays busy trying to uncover and stop more obvious cheating without ever having a chance to examine questionable, but not obviously illegal activities. The frequency of cheating is clearly evident in a look at the Southwestern Football Conference, which includes several schools in Texas and Arkansas: University of Texas, Texas Christian, Texas A & M, Southern

Methodist University, Baylor, as well as Arkansas and Rice University. Football is to Texas what basketball is to Kentucky: a kind of religion. From 1940 to 1970, the University of Texas and Texas A & M, the two wealthiest schools in the conference, dominated football. This dominance, however, began to change in the seventies, when many alumni of Southern Methodist University, flush with money from the oil boom, took matters into their own hands to ensure that their alma mater would become a football power also. In 1970, SMU's endowment was $26.7 million. By 1986 it was $282.1 million. SMU's football team became a national powerhouse over the same period.

Between 1981 and 1984, the fruits of the cash influx became most evident. Led by future NFL running backs Eric Dickerson and Craig James, the team posted a 41-5-1 record over the period. Payoffs to SMU Mustang athletes and recruits became widespread over this time. And SMU was not particularly careful about hiding the illegal handouts. The university eventually was caught in what became a statewide scandal. The team received the strictest punishment the NCAA hands out: the "Death Penalty"—it was forced to suspend football for the 1987 season. SMU voluntarily extended the penalty into 1988. But that was not the worst of it. During the NCAA investigation, it was discovered that the school's most powerful alumnus at the time, Texas governor William Clements, had ordered the school to continue paying players *even after* the NCAA discovered the payments being made. Clements told the school to phase out the payments slowly, instead of halting them altogether.

The demise of SMU football quickly led to the downfall of the other powerful teams in the conference. SMU's alumni were a fiercely competitive bunch. If their Mustangs were going to fall, they

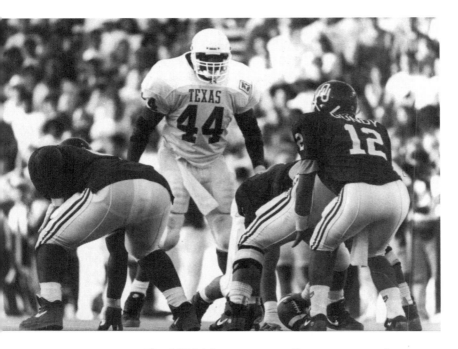

*The NCAA has repeatedly investigated
football teams in the Southwestern Conference
for illegal payoffs to players.*

were going to drag as many other schools down
with them as possible. An SMU alumni fund
reportedly was created to investigate the other
Southwestern Conference football team programs
and to notify the NCAA of any wrongdoing. Once
some cash and energy was devoted to an investigation of the Southwestern Conference, violations
were detected at a rapid pace. By 1990, every
school in the conference except Arkansas, Baylor,
and Rice had been penalized by the NCAA. The
conference's, and many of its schools' reputations
were destroyed. Even Texas-born and -bred football players, a group that typically includes some
of the top prospects in the land, began to go to
colleges and universities outside Texas.[4]

CHAPTER

6

NONACADEMIC DOS AND DON'TS

When University of Alabama assistant football coach Willie Ryles passed away in 1986, most of the players on the Crimson Tide's football team wanted to attend his funeral. The coaching staff and other athletic personnel encouraged the players to go, thinking that it was the right thing to do and that grieving together would help bring the team together. In what appeared at the time to be a generous gesture, Alabama chartered a flight to take the team to the funeral. The only problem was that such a flight was against NCAA regulations. "Transportation to a funeral is not one of the expenses an institution can provide a student-athlete," the NCAA said at the time, and an investigation of the incident followed.

The common perception among those not intimately familiar with the NCAA and its rules is that once a student-athlete enters college, all he or she has to do to remain eligible is keep up his or her grades, not accept any illegal payments, and not break any of the country's laws. But a host of other rules exist, some of which do not make much sense at first glance.

While the restriction that barred schools from providing transportation to funerals has been lifted, several other minor infractions still carry significant penalties. And student-athletes who do not become familiar with these rules can break them without ever knowing they are doing anything wrong. The problem plagues coaches as well as student-athletes. As Norm Sloan, the former head coach of the University of Florida's men's basketball team wrote in *Confessions of a Coach*, "It's almost impossible today to conduct business and operate a program without unwittingly bruising an NCAA rule."[1] The book was published after Sloan lost his job and the Florida basketball program was penalized when an NCAA investigation uncovered several minor NCAA violations. Perhaps Sloan is not the best authority on NCAA rules, but he makes a convincing argument.

A common, but seemingly trivial rule violation that has cost many players suspensions concerns giving away free tickets to their games. The NCAA is very strict about the matter, particularly as it concerns student-athletes who play in Division I. The NCAA hopes to prevent student-athletes from scalping tickets. Student-athletes are not even given free tickets; instead they have the privilege of placing four people on a free-pass list. The use of the list is meant to prevent free admissions from being sold. And the NCAA sets strict rules on who can be put on the list. Division II and III student-athletes can have more people on their lists—as many people as their school allows—but the names must be designated well beforehand.

In 1986, sixty University of Nebraska football players were charged with violating the ticket-gift regulations. The football players gave tickets to their girlfriends, fiancés, and neighbors. At the time three of the four people on any Division I student-athlete's list had to be relatives or fellow students. No scalping was involved, and no money passed hands. The spirit of the NCAA's regulations wasn't violated. Indeed, there is no obvious reason why the NCAA would prefer free passes to go to a student-athlete's family than to his or her neighbors, but the Nebraska players' actions did not conform to the letter of the NCAA law. The footballers each served a one-game suspension. The same thing has happened to football players at Tennessee and Texas, although never to so many at one time.

Enforcement actions such as these give the NCAA a bad name. Anyone who follows college sports closely knows that some egregious recruiting violations—such as huge payments for student-athletes—occur fairly routinely. When the NCAA spends its time enforcing petty rules, punishing student-athletes who are good NCAA citizens while allowing major recruiting scandals to occur unchecked, the association seems to have mixed-up priorities. But the NCAA is not inflexible. When a good argument is presented, the association sometimes will listen and often act, albeit at its own pace. That is what happened when Tracy Graham managed to get her eligibility restored despite her failure to take the ACTs on an approved test date. And it is what happened with Bonnie Frankel when she fought against a seemingly arbitrary eligibility regulation.

NCAA rules hold that a student-athlete can participate in only four seasons for any given sport, and that these must occur over no more than a five-year period. A student-athlete should not be going to college for six, seven, or more years while his or her coaches stockpile eligibility, waiting for the student athlete to develop his or her talents. Some exceptions to the five-year rule include a student-athlete's serving in the armed forces, on an official church mission, or with a foreign-aid service of the U.S. government, such as the Peace Corps. These years of service are not removed from five-year eligibility. A one-year extension to the five-year rule also is granted to female student-athletes who become pregnant. And because of the efforts of Bonnie Frankel, women who entered but did not graduate from college before 1981—when the NCAA began holding national women's championships—also can get an eligibility extension if they return to college to finish their education.

Frankel enrolled at Loyola Marymount in 1991, when she was forty-six years old, over twenty years after having dropped out of college to get married. In 1989 she had taken a course in recreational running taught by Tommie Smith, a 1968 Olympic gold medal winner. She was an accomplished runner by the time she got to Loyola Marymount. Frankel tried out for and made Loyola's track team. But when the school made a routine eligibility check, it learned Frankel's eligibility had run out twenty-four years before.

Frankel decided to take on the NCAA, lobbying for what would become known as the Bonnie Frankel amendment. She convinced the NCAA

Some of the NBA's best-known players were recruited from the ranks of NCAA schools: (photos on pages 82–87) Wilt Chamberlain graduated from the University of Kansas in 1959; Lew Alcindor, later to be known as Kareem Abdul-Jabbar, began his professional sports career in 1969, after graduating from UCLA; and Larry Bird of the Boston Celtics was drafted from the University of Indiana in 1978.

that it was not fair to hold her to the five-year standard because the opportunities for women student-athletes were so limited when she first attended college. This was five years before the NCAA enacted the landmark Title IX, which mandated gender equity in college sports—and which, most observers feel, still has not been lived up to. The Frankel amendment obviously is fairly limited in scope: there are not many women who entered college before 1981, dropped out, and then returned in the 1990s. And of these, very few are interested in participating in NCAA sports. But Frankel's success shows the NCAA will listen to valid arguments concerning regulations.

Similar to the NCAA's restrictions on free tickets are those that regulate the kinds of awards student-athletes may receive for their accomplishments. Again, the purpose of the rules is to prevent student-athletes from getting cash or goods that can easily be sold for cash. Student-athletes, therefore, may not receive money, gift certificates, merchandise, or memberships to country clubs or sports clubs. Universities are allowed to recognize their own student-athletes' achievements through banquets and other awards ceremonies, but no student can win awards with a total value of over $200. Other awards given for recognition of performance in tournament or bowl games are restricted.

Another method that the NCAA employs to prevent student-athletes from being compensated for their athletic talents is restricting what they can be paid for summer and part-time jobs. Colleges and their boosters are notorious for overpaying student-athletes for "work." According to the *NCAA Manual*, student-athletes may receive compensation "only for work actually performed, and at a rate commensurate with the going rate in that locality for similar services."[2] That these rules had to be stated at all is an indication of the level of abuse that exists in this area. In *Confessions of a Coach*, Norm Sloan writes how the University of Kentucky was infamous for getting its basketball players jobs as apprentices at horse farms in the Lexington area. Everyone involved knew that the farms had basketball hoops and that the basketball players spent more time working on their game than with the horses.[3]

This was a relatively mild abuse compared to many others. At least the Kentucky players were showing up for their "jobs," even if they were not working hard at them. Many other schools have developed reputations for hooking up their best student-athletes with no-show jobs that pay extremely high wages. Sometimes the players just get wildly overpaid for doing the usual kind of work college students do during their summers. Student-athletes typically are hired by local businessmen who are the teams' biggest fans. These are the same businessmen who hold the behind-the-bench season tickets, the same ones with the big banners hanging in front of their stores or car dealerships representing the local teams. By hiring and overpaying student-athletes, the local businessmen feel involved in the sports programs they love. They also rub elbows with the local student-athletes. The "friendships" can pay off in commercial relationships after the student-athletes graduate.

High salaries for "jobs" are an easy way of getting around rules against paying student-athletes. The practice is illegal, but hard to enforce. To try to prevent student-athletes from using their local fame to their financial advantage, the NCAA prohibits student-athletes from working sales jobs on a commission basis, unless the job conforms with several restrictions. Essentially, athletes must earn at "a rate generally equivalent to that paid to non-athletes."[4]

The NCAA also imposes restrictions on student-athletes' coaching or refereeing sports. In addition, the NCAA does not allow student-athletes to use their fame to profit from promoting products. They cannot sell equipment related to their sport if their name, picture, or reputation is used to advertise the equipment. Student-athletes are allowed, however, to participate in charitable, educational, and nonprofit promotions. They also may be reimbursed for normal expenses for doing so, although they may accept no compensation.

A number of educators and NCAA critics believe that the rules concerning student-athlete jobs and pay are too restrictive. Part of the controversy revolves around the fact that many student-athletes come from underprivileged backgrounds and need to obtain spending money while at college. During the student-athletes' season, a huge amount of their time is taken up practicing, traveling, and playing. It is very difficult for many student-athletes to find time to attend to their studies during the season, and nearly impossible to find time to work at a job as well.

These strict rules seem particularly hard when one looks at some of the activities the NCAA does allow. Some major college student-athletes, merely through their reputation and stardom, can borrow large sums of money from wealthy "friends" in a manner completely within NCAA rules. That is what University of Washington quarterback Billy Joe Hobart did as a twenty-one-year-old in 1992. He borrowed a total of $50,000 from a nuclear engineer from Idaho Falls named Charles Rice. Rice had no apparent connection with the Huskies, so the loans did not fall into the category of banned activities by boosters.

They slipped through the enforcement cracks. Washington coach Don James said at the time that he did not approve of the loans, or the way Hobart spent the money—primarily on cars, a hunting rifle, a semiautomatic pistol, and partying—but that he did not feel it was his business to interfere. The NCAA felt the same way. The Pacific Ten Conference, however, saw matters differently. The incident led to Washington's being suspended from league play and to Coach James's resignation.

Several restrictions are enforced limiting the amount of time student-athletes are allowed to practice and play, during both the regular season and the off-season. Essentially, student-athletes are not supposed to practice (including weight training and team meetings) more than twenty hours a week. They also are supposed to get one full day off per week. Nonetheless, a 1988 study commissioned by Martin Massengale, the chairman of the President's Commission of the NCAA, found that student-athletes spent an average of twenty-five hours per week at practice, competition, and other team-related activities during season, and that football and men's basketball players average thirty hours per week. Clearly, many overzealous coaches break the rules on practice time.[5] Several cases have come up in which student-athletes have complained about this. These athletes felt that they might be jeopardizing their future because the coaches were not allowing them enough time for their studies. Prospects should try to get a sense of how much time the teams at various schools spend at practice before selecting a college.

Some of the nonfinancial, nonacademic activities banned by the NCAA are fairly obvious in their intent. Student-athletes are prohibited from participating in organized gambling activities, particularly if they involve the student-athlete's sport. This includes student-athletes' providing information to individuals involved in organized gambling, as well as betting on sports events themselves. A great deal of money is wagered on college athletics. If students themselves bet, or hang out with gamblers, suspicions are raised that they may be throwing games or passing on information that may help gamblers, in return for cash or other "gifts." Several basketball players at the perennial powerhouse University of Nevada Las Vegas, including future pro Larry Johnson, were involved in a controversy merely for visiting with a known gambler, Richard "The Fixer" Perry, in 1991. Situated in the gambling capital of the United States, UNLV and its players have to be particularly careful about the appearance of association with gamblers. No evidence ever surfaced indicating that the players, who apparently were simply friends with Perry, gambled illegally or provided information to gamblers. No NCAA rules were violated, but it was generally accepted that they should not have been spending time with a known big-time gambler.

However, several very serious scandals involving student-athletes and gamblers have occurred over the years. Back in the 1980s, several Tulane University basketball players lost their eligibility and disgraced the school in an infamous point-shaving scandal.

Like gambling, taking illegal drugs is a fairly obvious abuse of NCAA rules—not to mention U.S. laws. Still, several student-athletes are caught every year using either recreational or performance-enhancing drugs. At Clemson University in the mid-1980s two coaches were suspended for distributing steroids to track-and-field athletes in a particularly ugly drug scandal. The sordid story became public only after an investigation of the track-and-field program that followed the death of cross-country runner Augustinius Jaspers in 1984. The investigation revealed that two Clemson coaches had given Jaspers a prescription drug (which may or may not have played a role in his death) even though they obviously were not doctors. As of its *1993–94 NCAA Manual*, the association had banned twenty-nine drugs categorized as stimulants, another seventeen in the anabolic steroid category, nineteen in the diuretic category, three in the "street drug" category, and four in the peptide hormone and analogue group. Eight additional drugs were banned for participants in riflery. The NCAA also restricts blood doping, which involves injecting blood or blood substitutes into athletes to increase respiratory capacity and stamina, and the use of local anesthetics. Any substances used to mask illegal substances in urine samples are also banned.

Because the NCAA takes these rules so seriously, teams are responsible for policing drug abuse by their members. If coaches or members of a team are proved to have known about or helped a student-athlete abuse the drug policy, it is considered a major violation and is punishable, at minimum, by a two-year probation; the elimination of expense-paid recruiting visits for the sport involved; the prohibition of off-campus recruiting; the requirement that university staff members who knew of the violation be fired, suspended without pay, or transferred to a different area of the school; a one-year sanction precluding postseason play in the sport; a one-year television sanction in the sport; and recertification that current athletics policies and practices conform to all NCAA regulations.

CHAPTER
7

RULES THAT JEOPARDIZE STUDENT-ATHLETES

Asked if they thought it was wrong to take money for participating in college sports, a stunning 61 percent of African-American college football and basketball players said no, according to *Raw Recruits*. Thirty-four percent of white student athletes said taking money was okay.[1] These statistics alone show the depth of the problems the NCAA is up against, and its inability, to date, to handle them. If such a large percentage of student-athletes do not accept one of the NCAA's most basic rules—that college sports should be amateur and unpaid—it is clear the rules will not work. It is also clear that there must be some problem with the rules if so many people feel justified in violating them if and when the opportunity presents itself.

The issue is not subtle—it is money. Student-athletes realize their participation in NCAA sports is making a lot of people a lot of money. The universities for which the student-athletes play obviously profit from their talent. The schools take in millions of dollars, from ticket sales, TV revenues, and alumni contributions, all of which increase when teams perform well. In addition, a school

with a top team gets national recognition, which can help draw students. Colleges also do a huge business selling university-related goods. They make money selling their teams' logos—on everything from T-shirts and sweats to banners, coffee mugs, and trading cards. The student athletes get none of the proceeds.

Coaches, particularly those who run successful men's basketball and football teams, also make huge amounts of money, partly because of the ability of the players they recruit. Coaches often are paid to do radio and television shows and frequently strike rich contracts to market products or services—on top of their healthy salaries.

The student-athletes see the bonanza going on around them. Naturally, many of them want a piece of the action. They feel they deserve it. And it does not help matters that once at school, they are thrown into an environment where their fellow students often have more money than they do. Many college kids have enough spending money to buy the things they want and need. Many scholarship student-athletes, if they follow the NCAA rules to the letter, do not. It is not merely a matter of walking-around money for going to movies, coffee shops, and restaurants— not only a lack of spare cash for personal items such as new clothes—but scholarship students often have to do without truly important things. If a student-athlete is attending a school far from home, for example, he or she may not have the money to go home for vacations or even to call home as much as he or she would like. This can be very hard, especially for freshmen, who may be away from home for the first time.

Coaches, particularly assistant coaches, try to keep close tabs on the student-athletes on their teams. The assistant coaches frequently wind up serving as their advisers and become their friends. They hear all the problems and are expected to help. Often they do, and often in violation of NCAA rules. An unwritten code among college coaches concerns illegal payments to student-athletes. The rule says that supplying student-athletes with a modest amount of spending money, enough to help them remain happy once at school, is fine even though it violates NCAA regulations. Coaches call such donations "taking care of your kids." A long tradition of coaches' making such payments exists. In *Confessions of a Coach*, Norm Sloan writes, "As a college player, I accepted cash from my coach. As a college coach, I gave cash to my players." And he suggests he feels he did not do anything wrong.

He recalls a few examples when he gave cash gifts. Once when a player on his team had the money stolen that he intended to use to go home for Christmas, and another time when a player's girlfriend became pregnant, wanted to have an abortion, but did not have the money to pay for it. In a third case, when a player's single mother was out of heating oil and could not afford to buy more. "Her son was already in my program," Sloan wrote. "It wasn't like I was trying to entice him to come with me.[2] Sloan, however, broke the NCAA's rules. But his argument has some appeal. Maybe student-athletes who come from underprivileged backgrounds should not be forced to live in need at college when so many around them are willing to help and so many around them are making money on the athletes' talent and name. Norm Sloan is far from the only coach who feels this way. A great deal of support exists for paying scholarship student-athletes a cost-of-living stipend on top of the room and board they already receive, and even if the NCAA will not endorse such a stipend, plenty of coaches will break the association's rules and give it out anyway. Support for making college sports professional or semiprofessional and paying student-athletes what the market will bear for their play is growing.

Many other NCAA rules aside from the strict limitations on providing cash seem to work against student-athletes. The nature of the athletic scholarships, for example, seems unnecessarily tenuous. There are two major reasons for this. First, scholarships are not guaranteed for an entire college career, and second, coaches often offer scholarships and wind up having to take back their offer.

All teams are limited in the number of athletic scholarships they can provide, and the restrictions create problems for coaches and athletic departments. Many colleges would be glad to offer more scholarships if they were allowed to. Yet, the trend at the NCAA is moving the other way, toward fewer scholarships, as the association tries to help its member colleges contain the costs of their athletic programs. The coaches certainly want to take greatest possible advantage of every scholarship slot available to them and will feel under greater pressure to do so if the number of scholarships they are allowed to offer continues to decrease.

Indeed, coaches are so eager to round up the best talent they can find that they often practice what is called "overbooking." They offer more scholarships than they are allowed to give, operating under the assumption that not all of the student-athletes to whom they offer scholarships will attend their school. From experience, the coaches know a certain percentage of incoming student-athletes will not meet the academic requirements to enroll at the school, will opt to go to another university, or will drop out of school before their season starts. However, it is a matter of guesswork to figure out exactly how many. A Division I basketball coach might offer seventeen scholarships when he is allowed to award only thirteen. Perhaps four student-athletes will not attend the school, and everything will work out. But frequently the overbooking does not work as planned. Sometimes, all the players who have been offered scholarships will want to attend the school and will be eligible to do so. In such circumstances, the coach has to withdraw scholarship offers. Whoever he figures is likely to be least useful to his team loses out.

The practice of overbooking is within NCAA regulations. But it works against student-athletes, especially those with marginal athletic talent. When such student-athletes lose their scholarships at the last minute, hundreds of other schools will not be flocking to them with scholarship offers. Most other coaches will have already used all their scholarship slots. Even if they have not, they may be reluctant to pick up their competitors' rejects. Overbooked student-athletes often wind up without any scholarship, and their plans to attend college can be ruined at the last second.

Student-athletes have difficulty protecting themselves against overbooking. They should try to assess their prospects on a given team. If it seems that they are destined to be one of the last players off the bench, then they ought to think twice about a particular scholarship offer. During recruiting they will probably be told how important they are to the team's plans. It takes a shrewd young man or woman to see through and resist such flattery. Student-athletes should only commit to attending a school where it seems they will be a depended-upon member of the team instead of one where being the last man or woman on the bench is all they can realistically hope for.

Student-athletes with poor academic records also face the steeper probability of losing out from overbooking. Indeed, if their grades are poor, their chances of getting an athletic scholarship at all are reduced. According to Mattituck High coach Michael Huey, "There's a trend [in recruiting] toward the overall individual." By this, Huey means that recruiters—especially during the past five years—have sought out athletes who are good students as well. Part of this philosophy has resulted from the NCAA's added emphasis on academics. And part of it has come from the decreasing number of athletic scholarships universities are allowed to award. "Coaches have only so much money, and they don't want to get burned by someone who will drop out and won't play," Huey explains.[3]

Perhaps more damaging to student-athletes than overbooking is the year-to-year nature of athletic scholarships. Athletic scholarships are not guaranteed for an entire college education. Student-athletes recruited one year can lose their scholarship the next if, say, they do not play up to expectations; if they do not get along well with the coach; if in the coach's opinion they are injured too often; or if the coach goes to a new school and the replacement coach wants to bring in different players of his own choice. This system reduces a student-athlete's future to the whims of the coach. Student-athletes therefore are well advised to "recruit" their college coaches as much as these coaches recruit them. In choosing a college or university, student-athletes should feel confident that they will get along well with their coach.

However, student-athletes have no real assurance that their coaches are going to stay put. Once a student-athlete commits to attend a given college, he or she cannot transfer to another school without losing a year of NCAA eligibility except under unusual circumstances. Coaches, however, can leave a school anytime they want, whenever they get a better offer. It is not at all rare for high school student-athletes to base their college choice on the team's coach and then find a different coach who did not recruit them at the helm of the team by the time they get to the school. The new coach may not like the player's skills or may employ a different playing strategy, a strategy that does not mesh with a given player's skills. Sometimes, a new coach simply wants to bring in as many handpicked players as possible in order to stamp his or her own coaching imprint on the team. Many NCAA critics have pointed out how unfair it is to hold the student-athletes to a tougher standard than the coaches. But so long as the rules remain the way they are, student-athletes should choose colleges where the coaching situation seems stable.

Even if the college coach stays on board, there's no guarantee that he or she will continue to offer each student athlete a scholarship until their eligibility runs out. However, it is uncommon for college coaches to cut players loose after a disappointing season, according to Phil Weber, an assistant men's basketball coach at Iona College. "I don't know anybody who doesn't honor his

No matter how talented student-athletes may be, their potential is limited without the guidance of a good coach. Shown on pages 102–104 are Mike Krzyzewski, of the Duke Blue Devils; John Thompson, of the Georgetown Hoyas; and John Paterno, of Penn State's Nittany Lions.

commitments," Weber said in an interview. "Most coaches do not, except in odd circumstances, let players go if they're disappointed." Weber admitted he has heard of a handful of schools and coaches who do not play by these unwritten rules and do indeed cut disappointing players. But such coaches quickly develop reputations that make future recruiting more difficult for them. However, just the ability to make such a decision gives coaches a great deal of power over their players. University of Miami players have stated that former football coach Jimmy Johnson, as a "motivational device," occasionally threatened to cut players from the team, in which case the student-athlete would lose his scholarship. But Johnson never carried out the threats.

The long-term nature of commitments to players, even though it is not enforced by NCAA rules, is a primary reason why coaches take recruiting so seriously, according to Weber. Most coaches figure a mistake will cost them a scholarship slot for four years. Character and potential, therefore, are key factors coaches look for when recruiting high-school athletes: character, because the coaches figure they are going to work with the student-athlete for four years, so they want kids who will be responsible and committed to their team; and potential, because coaches realize that many student-athletes who are mediocre during their freshman year may develop into stars by their senior season. The ability to detect the potential for improvement is a fundamental skill for a recruiter. Academic ability and high-school accomplishments also play major roles. "It definitely factors in. . . . It's great to say to your alumni and your boosters that this player was his student-body president, this one was a good student, a grade-A individual," Weber says. But that does not mean Iona and other schools will not look at high-school athletes who have had a troubled past. Indeed, most schools feel they have to take some gambles to get top talent. "We often recruit potential," Weber says. "Who's to say we can't work with a troubled kid and help him turn things around."[4] Of course, a prospective student-athlete with a troubled past has to have more athletic talent to attract recruiters' attention.

One of the more dangerous features of the existing system is that it encourages college-athletes to continue to play even when injured. A student-athlete who feels he or she is playing to keep his or her scholarship may be tempted to overlook an injury, even if doing so may cause long-term damage. The way coaches, reporters, sportscasters, and fans talk about athletes with injuries further promotes this dangerous practice. Athletes are praised for "playing through pain." They're called, with admiration, "tough" and "hungry," and labeled "warriors." Meanwhile, athletes who sit out with anything less severe than a broken bone are often ridiculed. Their willingness to sacrifice for their team and their determination to win are questioned. The NCAA has few rules to ensure that student-athletes competing are not risking serious injury by participating. When Loyola Marymount basketball star Hank Gathers died of heart failure during a basketball game, even though he had been diagnosed previously with heart problems, the dangers of this philosophy and the pressure it puts on student-athletes came into clear and tragic focus.

A player who suffers a major injury—which often occurs when athletes continue to play despite a *minor* injury—is not even guaranteed that his college scholarship will be maintained. Student-athletes often suffer injuries that will plague them for the rest of their life, but until 1991 they were not even guaranteed medical care or disability insurance. That changed when the NCAA signed its $1 billion contract with CBS. The NCAA decided to take out insurance that offers lifelong medical care and a lost-earnings benefit for athletes who become permanently disabled while playing NCAA sports. Prior to 1991, many universities and coaches took it upon themselves to help out players who suffered major injuries during their athletic careers, but they did so out of their own sense of responsibility, not because the NCAA said they must.

Some coaches abuse their student-athletes, either emotionally or physically. Abuse is particularly prevalent in the macho world of football,

Many student-athletes, fearing they may lose their scholarship, risk long-term physical damage when they continue to play with serious injuries.

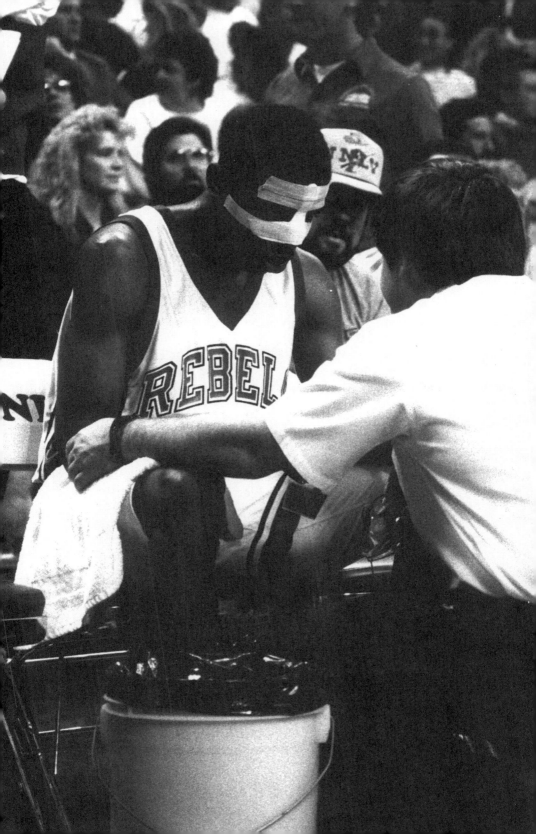

where it is expected that coaches will bark at their players to maintain order and control at practice and to motivate the team. The Massengale study found that 20 percent of men's football and basketball players reported one or more incidents of physical abuse, compared to 9.6 percent of other student-athletes and 8 percent of students participating in other extracurricular sporting activities. The emotional abuse numbers were even more startling. *Fifty percent* of all football and men's basketball players reported they were victims of emotional abuse, compared to 39 percent of all other student-athletes and 38 percent of other participants in extracurricular sports activities.[5]

When former Colorado State football coach Earle Bruce was dismissed in 1993 in the midst of an NCAA investigation, allegations of physical and emotional abuse started to surface. Bruce, near tears, denied the charges at a news conference, saying he was simply a "tough" coach. And regardless of whether he was abusive or not, it seems there is a good chance he believed he was not, because in coaching circles there is a fine line between being a tough motivator and an abusive adult. Colorado State was investigated for other alleged infractions, namely, holding practices that were too long (more than the twenty hours per week allowed) and failing to give student-athletes the required one day off per week. Oddly, the NCAA seemed to pay more attention to these abuses of its regulations than to the more severe charges of physical and emotional abuse.

In coaching, there is a fine line between being a tough motivator and an abusive adult. According to a recent study, 50 percent of football and men's basketball players felt they had been subjected to emotional abuse.

CHAPTER

REFORM

Former executive director of the NCAA Dick Schultz was one of the association's most respected figures when he chose to resign from the position in 1993. A scandal involving NCAA rule violations that occurred in the 1984–85 season while he was athletic director of the University of Virginia initiated his downfall. Even as he resigned, Schultz maintained he had nothing to do with the violations—twelve improper loans made to students and assistant coaches, some for as little as fifty dollars, for items such as airfare, a television, clothing, and car payments. According to Schultz, he resigned because he did not want to be responsible for damaging the image of the NCAA through a highly publicized investigation into the loan scandal. He was not the only respected NCAA figure to step down during the year. Don James, head football coach at Washington and one of the most admired men in his profession, left that school because it was put on probation by the Pacific Ten Conference for the loans made to quarterback Billy Joe Hobart.

And Auburn's head football coach, Pat Dye, also stepped down because of improprieties committed under his watch.

When such prestigious figures are involved in NCAA violations Norm Sloan's argument seems all the more valid: that it is nearly impossible to run a major college sports program without tripping up on some NCAA rules. Dick Schultz was widely regarded as an excellent director of the NCAA, one who brought about positive changes in his six years at the association's helm. His resignation created questions about the NCAA's viability under its current system of rules. As George Vecsey, a sports columnist for *The New York Times*, wrote, "If grubby practices involving money for athletes can drag down Schultz, what athletic director at a powerhouse university does not have some scandal ticking away? Isn't there something inherently wrong with a system that shoehorns marginal students into expensive schools and then asks them to live like paupers or risk breaking the rules?"[1]

The debate on how to reform college sports has been loud and enthusiastic for decades. Just about everyone involved agrees that some reform is necessary, and the arguments have only become more heated as college sports has become a bigger business. Restrictions on student-athletes receiving compensation appear more and more hypocritical as increasing sums of cash accumulate in the pockets of everyone involved but the student-athletes. While everyone else connected to college athletics seems to be rolling in the dough, so to speak, the student-athletes themselves are subject to a kind of double standard, living luxuriously in the areas where NCAA regulations allow schools to provide for them, while living in want in the areas of their lives where they are not allowed assistance. The same student-athletes who are housed in special lavish dormitories and fed huge steak dinners often do not have enough money to call home as much as they would like.

The obvious problems have spurred a wide range of possible solutions. A surprisingly large camp believes the current system should be junked altogether. They assert that the system simply does not and cannot work for big-time college sports (Division I basketball and football) so long as so much money is at stake. The temptation to cheat or bend the rules is simply too great, they argue. Two possible courses of action to do away with the present college athletic system are being discussed. One faction believes that college student-athletes should be paid as professionals because it seems exploitive to recruit them exclusively for their athletic ability when so many have no interest—nor are encouraged to develop any—in academics. This is a cynical but by no means a new argument—back in 1905, David Starr Jordan, president of Stanford University, said, "Let the football team become frankly professional. Cast off all the deception. . . . Let the teams struggle . . . with no masquerade of amateurism or academic ideas."[2] This philosophy has gained more converts in recent years as the problems with the current system have become more pronounced. It does not seem likely, however, that the NCAA is going to allow college sports to become professional anytime in the near future.

Another radical change in the current system would do away with athletic scholarships altogether, putting an end to Propositions 42 and 48, and all the other NCAA rules that treat student-athletes differently from other students. In a column in the *New York Observer*, Allen Barra calls for the NCAA to "abolish all preferential and

discriminatory rules of any kind for athletes."
College sports would still be big business, Barra
argues. But instead of the proceeds' going to athletic scholarships, fancy gyms, weight rooms, and
athletic dorms in a mad rush to lure top prospects who bring in more money to be poured
back into the athletic departments to lure even
more athletes, the receipts could go to academic
scholarships for minorities and others. Indeed,
the NCAA is phasing out athletic dorms. They will
not be allowed after 1996. Barra suggests that colleges are too concerned with producing players
for the NFL and NBA—schools are rated by their
ability to train athletes to play in the pros—and
that they, in effect, function as a pro minor
league.[3] While intriguing, Barra's ideas are also
unlikely to be implemented as NCAA policy. The
NCAA is governed by college representatives.
They have a stake in the system as it exists and
are not, for the most part, terribly interested in
drastic changes.

However, plenty of room for reform still exists
between the two extremes. One of the more common suggestions is to give student-athletes a
cost-of-living stipend in addition to athletic scholarships. This policy would erase one of the common excuses of student-athletes who take illegal
payments—that they need the money to live as
normal college students. That does not mean
schools would stop trying to lure top student-
athletes with cash, but at least the hypocrisy of a
system that makes millions from the athletic
skills of kids who themselves receive no benefits
aside from scholarships would be corrected. This
kind of reform has a lot of backers, including *The
New York Times*. The *Times* editorialized that
student-athletes'

poverty in comparison to their market value as college players and potential earning power as pros makes corruption inevitable. A sensible first step is to lift student-athletes out of poverty by giving them realistic scholarships based on the entire cost of keeping a student in school: tuition, housing, food, plus the allowances a parent would provide for clothes, transportation, social activities and spending money.[4]

One of the most active fields of debate regarding NCAA reform in the last several years has dealt with academic reform. A large circle of African-American coaches wants to keep athletic scholarships available for as many African-American and other minority high school athletes as possible. This group has fought new academic standards, such as Propositions 48 and 42, because they deny a disproportionate share of minority prospects the chance to receive athletic scholarships.

More recently the group of African-American coaches has been fighting a move by the NCAA to decrease the number of athletic scholarships Division I basketball teams can offer. During its 1993 meetings, the NCAA agreed to lower the number of basketball scholarships from fifteen to thirteen as a cost-cutting measure. A group calling itself the Black Coaches Association (BCA) was formed to protest this measure. For the most recent battle, the BCA threatened to boycott games in the 1993–94 basketball season if one of the two basketball scholarships taken away in 1993 was not restored. The threatened boycott drew tremendous publicity, although it never was put into effect. The point of the protest, influential coaches in the Black Coaches Association said, was that the extra scholarship would provide 330 kids, most of them African-Americans, a chance to go to college. "When you talk in terms of cost-cutting, why is it that the student-athlete is the one that suffers?" asked Stu Jackson, head coach at the University of Wisconsin, as the boycott threat was announced."What's wrong with this picture?"[5]

But cost cutting is as inevitable in the NCAA as it is in corporate America. Colleges, especially state and city colleges that rely on taxpayers' support, are reeling under financial pressures. Many are discontinuing hundreds of course offerings to try to meet budgets. Athletic departments will not be immune from the cuts. But there are several ways of cutting costs other than denying athletic scholarships to kids who would not be able to attend college otherwise. One strategy gaining momentum would base all financial aid to athletes on need, according to Claire Gaudiani, president of Connecticut College and a member of the executive committee of the NCAA's Presidents' Commission. Today, great student-athletes from wealthy families can land athletic scholarships. "The principle is to focus on demonstrated family hardship," Gaudiani wrote in a column in *The New York Times*. "This approach could put increasingly scarce funds where they would do the most good."[6]

Gaudiani wrote her letter just as Dick Schultz's successor, Cedric Dempsey, was taking over as the NCAA's executive director. Aside from the possibility of basing financial aid for athletes on need, Gaudiani points to several other trends in NCAA reform. Colleges are now being pressured to treat women's sports as equal to men's sports. Since 1972, when Title IX was passed legislating such equality, there has been a slow, and not terribly steady movement toward male-female parity in college sports. The pace has to be quickened, Gaudiani argues: "Colleges need more and better women's sports, more and better-paid women athletic directors and coaches, and even women coaching men."[7]

Aside from these trends, some very specific ideas for changes seem likely to be tackled in the near future. In 1989, Darren Krein signed a letter of intent to attend the University of Miami. Within a month of the signing, Miami's coach, Jimmy Johnson, had left the school to become the coach of the Dallas Cowboys. Krein, who expected and hoped to play for Johnson, sought to have his letter of intent voided. He failed and suffered greatly with his teammates for the effort. They resented his highly publicized effort to attend another school, taking it as an insult to them and to Miami football. Krein played through the problems, but the battle is not yet over. Krein is not the only NCAA observer who thinks the double standard regarding coaches' and student-athletes' commitments should be done away with. There are two methods to accomplish this: Either allow student-athletes to rescind letters of intent if a coach leaves the school or make coaches face a loss of eligibility for leaving a school in the middle of a contract.

Other methods exist to empower student-athletes without threatening college athletics' amateur ideals: Guaranteed five-year scholarships for student-athletes could be awarded to incoming freshmen. This would prove colleges take student-athletes' academic careers seriously. Freshman eligibility could be discontinued, and academic support for student-athletes could be increased while the amount of practice time coaches could impose on their teams could be decreased. To encourage academic integrity, the NCAA could also penalize schools that do not graduate their student-athletes at the same rate or close to the same rate as the rest of their student body. This might have the effect of increasing the pressure schools apply on their professors to give passing grades to student-athletes, but it also might improve the academic quality of student-athletes' college terms.

Another phenomenon that has mushroomed virtually unchecked by the NCAA is the growing commercialism of college sports. A new inroad has recently been made by sneaker companies. Instead of merely signing up coaches to contracts agreeing to outfit their players in a given brand, sneaker companies, particularly Nike, are working directly with universities. Nike has reached agreements with the universities of North Carolina, Southern California, and Miami. Coaches still profit from the arrangements, but the universities do even better. They sign multi-million-dollar contracts, licensing the clothing makers to use their name and logo on T-shirts, sweatpants, and jogging suits. The universities also agree to make the sponsor's brand the official brand of the school and to outfit all of its teams in the brand.

These arrangements result in student-athletes' functioning as living advertisements for large corporations. Inevitably, some student-athletes will fight this arrangement. It's not hard to imagine some politically active student-athletes' protesting against a sneaker company for, say, paying extremely low wages to workers in Malaysia or aggressively marketing to underprivileged kids who maybe should not be wasting their limited resources on sneakers. Other student-athletes may simply refuse to be used as free billboard space for sportswear corporations. Given the trend in commercial ventures, this type of protest would not merely affect the sneaker company. It would involve the student's university as well. Indeed, in at least one of the Nike contracts in place, the university "acknowledges its commitment not to permit taping and to insure that all Nike products remain unaltered." If this clause were ever tested, the university involved would find itself in a very difficult position. The student-athletes could make a strong claim that their right of free speech was being compromised by a financial arrangement they neither profit from nor had anything to do with arranging. The huge potential revenues involved in these ventures also could have a negative effect on college sports. They only put more emphasis on winning, increasing the pressure on schools to compromise their academic and moral standards in search of talented athletes.[8]

In her letter to the *Times*, Gaudiani states the NCAA's reform goals clearly. "The aim is to put athletic programs soundly in the context of education, helping presidents and chancellors do the right thing for student-athletes and all students."[9] An admirable goal. The question, given the ever mounting financial pressure on schools, coaches, and student-athletes to win, is whether or not it is a realistic one.

Source Notes

CHAPTER 1

1. Alexander Wolff and Armen Keteyian, *Raw Recruits* (New York: Pocket Books, 1990), 157.
2. *Ibid.*, 159.
3. *Ibid.*, 157.

CHAPTER 2

1. "Scorecard," Column, *Sports Illustrated*, January 20, 1992, 7.
2. *Ibid.*, September 28, 1987, 9.
3. Laura Bollig, ed., *1993–94 NCAA Manual* (Overland Park, Kans.: National Collegiate Athletic Association, 1993), 117.

CHAPTER 3

1. Katrine Adams, "A High School Fouls Out," *Newsweek*, June 10, 1991, 66.
2. William Rhoden, "When the Page Can't Be Turned," *New York Times*, April 2, 1993, B9.
3. Gary D. Fink, *Major Violation: The Unbalanced Priorities of College Sports* (Champaign, Ill.: Leisure Press, 1991), 36.

4   Alexander Wolff and Armen Keteyian, *Raw Recruits* (New York: Pocket Books, 1990), 174–196.
5. Fink, 4–5.
6. *Ibid.*, 77.

CHAPTER 4

1. Willie Morris, *The Courting of Marcus Dupree* (Garden City, N.Y.: Doubleday, 1983), 393.
2. Laura Bollig, ed., *1993–94 NCAA Manual* (Overland Park, Kans.: National Collegiate Athletic Association, 1993), 77.

CHAPTER 5

1. Alexander Wolff and Armen Keteyian, *Raw Recruits* (New York: Pocket Books, 1990), 134–135.
2. *Ibid.*, 75.
3. *Ibid.*, 46.
4. *Ibid.*, 203–214.

CHAPTER 6

1. Norman Sloan and Larry Guest, *Confessions of a Coach* (Nashville: Rutledge Hill Press, 1991), 21.
2. Laura Bollig, ed., *1993–94 NCAA Manual* (Overland Park, Kans.: National Collegiate Athletic Association, 1993), 69.
3. Sloan, 36.
4. Bollig, 69.
5. Irwin Molotsky, *New York Times*, November 30, 1988, A1.

CHAPTER 7

1. Alexander Wolff and Armen Keteyian, *Raw Recruits* (New York: Pocket Books, 1990), 132.
2. Norman Sloan and Larry Guest, *Confessions*

of a Coach (Nashville: Rutledge Hill Press, 1991), 19–21.

3. Personal interview with Michael Huey, n.d.
4. Personal interview with Phil Weber, n.d.
5. Irwin Molotsky, *New York Times*, November 30, 1988, A1.

CHAPTER 8

1. George Vecsey, "Sports of the Times," Column, *New York Times*, May 12, 1993, B8.
2. Rudolph Weingartner, Letter to *New York Times*, September 16, 1993.
3. Allen Barra, "Why Do Colleges Still Subsidize College Sports?" *New York Observer*, November 29, 1993, 13.
4. "Cleaning Up College Football," Editorial, *New York Times*, August 29, 1993, A14.
5. Malcolm Moran, "Boycott Threat Reflects Power Struggle in Colleges," *New York Times*, January 13, 1994, B9.
6. Claire Gaudiani, "Lights, Camera, Action on N.C.A.A. Reform, Part II," Column, *New York Times*, December 12, 1993, S9.
7. *Ibid.*
8. John Weistart, "The 90's University: Reading, Writing and Shoe Contracts," Column, *New York Times*, November 28, 1993, S9.
9. Gaudiani.

BIBLIOGRAPHY

Adams, Katrine. "A High School Fouls Out." *Newsweek*, June 10, 1991, 66.

Barra, Allen. "Why Do Colleges Still Subsidize College Sports?" *New York Observer*, November 29, 1993, 13.

Bollig, Laura, ed. *1993–94 NCAA Manual*. Overland Park, Kans.: National Collegiate Athletic Association, 1993.

Cleaning Up College Football." Editorial. *New York Times*, August 29, 1993, A14.

Fink, Gary D. *Major Violation: The Unbalanced Priorities of College Sports*. Champaign, Ill.: Leisure Press, 1991.

Gaudiani, Claire. "Lights, Camera, Action on N.C.A.A. Reform, Part II." Column. *The New York Times*, December 12, 1993, S9.

Jenkins, Sally. "Sorry State." *Sports Illustrated*, November 19, 1992, 70.

Katz, Donald. *Just Do It: The Nike Spirit in the Corporate World*. New York: Random House, 1994.

Molotsky, Irwin. *New York Times*, November 30, 1988, A1.

Moran, Malcolm. "Boycott Threat Reflects Power Struggle in Colleges." *New York Times*, January 13, 1994, B9.

Morris, Willie. *The Courting of Marcus Dupree.* Garden City, N.Y.: Doubleday, 1983.

Rhoden, William. "When the Page Can't Be Turned." Column. *New York Times*, April 2, 1993, B9.

"Scorecard." *Sports Illustrated*, September 28, 1987, 9, and January 20, 1992, 7.

Sloan, Norman, and Larry Guest. *Confessions of a Coach.* Nashville, Tenn.: Rutledge Hill Press, 1991.

Smith, Ronald A. *Sports & Freedom: The Rise of Big-Time College Athletics.* New York: Oxford University Press, 1988.

Vecsey, George. "Sports of the Times." Column. *New York Times*, May 12, 1993, B8.

Warfield, John. *NCAA Rule 48, Black Leaders, and Collegiate Student Athletes Bill of Rights: A Critique.* Austin: University of Texas, 1984.

Weistart, John. "The 90's University: Reading, Writing and Shoe Contracts." Column. *New York Times*, November 28, 1993, S9.

Wolff, Alexander, and Armen Keteyian. *Raw Recruits.* New York: Pocket Books, 1990.

INDEX